D1640082

Kohlhammer

Sybille Becker
Gesine Kleinschmit
Ilona Nord
Gury Schneider-Ludorff (Hrsg.)

Das Geschlecht der Zukunft

Frauenemanzipation und Geschlechtervielfalt

Mit Beiträgen von
Ute Gerhard, Cornelia Klinger, Gesine Kleinschmit
Antje Schrupp, Lena Lindhoff, Ulrike Bail
Annedore Prengel, Andrea Günter, Helga Kuhlmann

Verlag W. Kohlhammer

Die Deutsche Bibliothek – CIP-Einheitsaufnahme

Das Geschlecht der Zukunft : Frauenemanzipation und Geschlechtervielfalt / Hrsg.: Sybille Becker ... Mit Beitr. von Ute Gerhard ... - Stuttgart ; Berlin ; Köln : Kohlhammer, 2000
  ISBN 3-17-016612-3

Umschlagbild: Andrea Kalteis: Kakteenköpfe
               (1998); aus der Entwurfsreihe:
               Mischwesen, androgyne Wesen.
               © Andrea Kalteis, Wien

Alle Rechte vorbehalten
© 2000 W. Kohlhammer GmbH
Stuttgart Berlin Köln
Verlagsort: Stuttgart
Umschlag: Data Images GmbH
Gesamtherstellung:
W. Kohlhammer Druckerei GmbH + Co. Stuttgart
Printed in Germany

Inhalt

Vorwort 5

1. Teil: Zwischen Solidarität und Individualität

UTE GERHARD
Die Töchter der Emanzipation
Das Generationenproblem in der Frauenbewegung 15

CORNELIA KLINGER
Die Ordnung der Geschlechter und die Ambivalenz der Moderne 29

2. Teil: Zwischen weiblicher Selbstverwirklichung und Geschlechterperformance

GESINE KLEINSCHMIT
Zimmersuche
Weibliche Selbsthermeneutik und die theologische Rede
von der Sünde 67

ANTJE SCHRUPP
Jenseits von Autonomie und Widerstand oder:
Was ist eine politische Tat?
Weibliches Begehren und Weltveränderung im Denken
italienischer Philosophinnen 81

LENA LINDHOFF
Zwischen Hysterie und Androgynie
(Post-)Feministische Perspektiven und weibliche Autorpositionen
am Beispiel von Ingeborg Bachmann und Gertrude Stein 93

3. Teil: Neue Wirklichkeiten

ULRIKE BAIL
Dem Schweigen ins Wort fallen
Ps 55 als literarische Repräsentation von Vergewaltigung 119

ANNEDORE PRENGEL
Interpretationen der Geschlechterverhältnisse
Folgen für die pädagogische Forschung und Praxis 139

ANDREA GÜNTER
Postfeminismus, das Ende des Patriarchats und
frauenbewegte Politik 149

HELGA KUHLMANN
Neue Wirklichkeit?
Zum Modus der Rede und zur Relevanz der ver-rückten
Verheißung der Auferstehung des Leibes von den Toten 161

Herausgeberinnen und Autorinnen 179

Vorwort

„(Post-)Feminismus?" in dieser Anfrage verdichten sich Beobachtungen der Entwicklungen von Frauenbewegung und feministischer Forschung in den letzten Jahren. Autorinnen verschiedener Disziplinen setzen sich in diesem Band mit einem Paradigmenwechsel in der feministischen Theoriebildung auseinander, der von der poststrukturalistischen Kritik an der weiblichen Erfahrung als Ausgangsbasis der Frauenemanzipation ausgelöst wurde. Hatte die Frauenbewegung lange den Rahmen der Frauenforschung abgesteckt, Aufgaben formuliert und Interpretationsmodelle entwickelt, so ist es nun dringlich, darüber nachzudenken, ob die Verwurzelung in einer politischen Bewegung noch richtungsweisend ist oder ob sich – wie es die Soziologin Ute Gerhard ausdrückt – die Töchter von den Müttern gelöst haben und andere Wege gehen. Wenn es einen Generationenstreit unter Feministinnen gibt, dann findet er in diesen Konfliktlagen einen Ausdruck. Bei allem geht es aber darum herauszufinden und zu erfinden, welche feministischen Engagements zukunftsfähig sind – auch für Frauen und Mädchen, die sich selbst nicht als „frauenbewegt" verstehen.

Die zweite Frauenbewegung, wie sie nach 1968 entstanden ist, geht mit dem Motto „Das Private ist politisch!" gegen die bürgerliche Trennung von Privatsphäre und Öffentlichkeit an. Sie lenkt den Blick auf die Grenzen des politischen Raums und die machtvollen Ausschlüsse, die dieser durch die Setzung einer vorpolitischen, quasi natürlichen Sphäre schafft. Politisch – in einem weiten Sinne – scheint nämlich nur das zu sein, was öffentlich verhandelbar ist, kritisiert werden kann und der Gestaltung bedarf. Und von diesem Bereich sollte bis dahin das, was Frauen angeht, ausgeschlossen sein. Doch gleicht die Dynamik feministischer Politisierung einem rollenden Schneeball, der in der Beschleunigung unkontrolliert wächst und – so befürchten manche – auf diese Weise über das Ziel hinausschießt. Ist die Kategorie Geschlecht einmal als ideologische Ressource erkannt, deren naturhafte Festlegung bestimmten Machtinteressen dient, so wird fraglich, was hinter der Aufdeckung kulturell konstruierter Zuschreibungen und Mythen schließlich noch bleibt. Denn wo sind die Grenzen zu ziehen zwischen verwerfbarem patriarchalem Ballast und einer „eigentlichen Identität"?

Die zwei bewährten Optionen – der liberale Anspruch auf Gleichheit und das Insistieren auf der weiblichen Differenz – bieten noch weitgehende Sicherheit bezüglich der Grundlagen und politischer Ziele. Doch die Fundamente wackeln: Während dem sogenannten Gleichheitsfeminismus die vorschnelle Orientierung an männlichen Maßstäben zum Vorwurf gemacht werden kann, muss sich der Differenzfeminismus der Kritik stellen, wie seine geschlechtsspezifische Grundlage aussehen soll, ohne altbekannte

Idealisierungen des Weiblichen – wie beispielsweise Emotionalität und Fürsorglichkeit – unkritisch weiterzutragen. So rollt der Schneeball weiter und reißt die Optionen von Gleichheit und Differenz mit sich in immer neue Turbulenzen. Differenztheoretische Ansätze, wie aus dem Umkreis der italienischen Philosophinnengruppe Diotima, arbeiten daran, das als defizitär abgeurteilte weibliche Andere aufzuwerten. Postrukturalistische und dekonstruktivistische Ansätze verfolgen eine Vervielfältigung der Differenz, weil eine kollektive Rede von der Frau nicht mehr fassbar ist.

Im Gefolge der exemplarisch genannten Diskussionsstränge fällt es selbstverständlich schwer, politische Zielsetzungen für die Frauenemanzipation zu konkretisieren. Für die Zukunft wird viel davon abhängen, ob es gelingt, die ausdifferenzierten und gegensätzlichen Positionen gegenwärtigen feministischen Forschens in der Diskussion zu halten. Wir hoffen, dass die Lust an der Suche nach einem „Geschlecht der Zukunft" ansteckt, damit offen um jene realen und zugleich fiktiven Kategorien „Frauen" und „Geschlecht" gestritten werden kann. Zu einer solchen engagierten und weiterführenden Kommunikation soll der vorliegende Band beitragen.

So weist die Soziologin UTE GERHARD darauf hin, dass die gegenwärtige Krise der Frauenbewegung keineswegs neu ist. In einem Rückblick auf die Höhen und Tiefen der Bewegung seit Mitte des 19. Jahrhunderts macht sie deutlich, dass es zu einer sozialen Bewegung als Trägerin gesellschaftlichen Wandels gehört, dass auch sie selbst sich verändert mit dem Wechsel der Generationen und der Neuaneignung „ererbter" Errungenschaften. Wenngleich Gerhard anerkennt, dass eine Loslösung von den Müttern und eine eigenständige Orientierung der Töchter notwendig ist, muss nach ihrer Ansicht die gegenwärtige „postfeministische" Infragestellung politischer Emanzipation- und Solidaritätskonzepte kritisch reflektiert werden. Sollte die philosophische Dekonstruktion der Identität die soziologische Analyse und Kritik konkreter gesellschaftlicher Bedingungen ersetzen, ginge dem Feminismus ein wesentliches Rüstzeug für die Beseitigung bis heute bestehender Frauendiskriminierung verloren.

Die Philosophin CORNELIA KLINGER stellt fest, dass die konstitutive Rolle der Geschlechterdifferenz für die Formierung der Moderne weitgehend ausgeblendet worden ist. So sei die Polarisierung der Geschlechter nie zuvor in der Geschichte so tief gewesen und die Geschlechterdifferenz damit geradezu eine Erfindung der bürgerlichen Moderne. Klinger skizziert in ihrem Beitrag zentrale Entwicklungslinien der Geschlechterordnung und ihre Veränderung in der Moderne. Sie deckt den eklatanten Widerspruch auf, der in allen Ideen von Emanzipation, Autonomie und Egalität des Menschen verborgen ist: Zu einem Zeitpunkt, an dem die Menschenrechte erstmals ausdrücklich formuliert werden, vertieft und verschärft sich

Vorwort

der Gedanke einer biologischen Differenz zwischen den Geschlechtern so grundlegend, dass den Frauen der Status des Menschseins beinahe abgesprochen wird.

Die Theologin GESINE KLEINSCHMIT macht deutlich, dass die Fragwürdigkeit weiblicher Identität nicht nur in einer epistemologisch ausgerichteten Auseinandersetzung um deren Letztbegründung verhandelt werden muss. Die hermeneutische Selbstreflexion und -artikulation, wie sie in der Autobiografie und im religiösen Bekenntnis ihren Ort hat, sei nämlich schon immer durch die Fragwürdigkeit des eigenen Selbst motiviert. Gleichwohl wäre zu fragen, inwieweit die aus weiblicher Perspektive betriebene hermeneutische Suchbewegung durch das asymmetrische Verhältnis der Geschlechter geprägt ist. Kleinschmit führt aus, dass verschiedenen feministischen Entwürfen – auch dem von Judith Butler – gemeinsam ist, dass sie die „Enteignung" weiblichen Selbstverständnisses einklagen, sofern dessen Artikulation bislang eher hegemonialen Diskursen als den ausgegrenzten Subjekten selbst zukam. Andererseits scheint aber auch keine vollständig souveräne Selbstartikulation, ein „Zimmer ganz für sich allein" möglich zu sein. Indem sie das Selbstverhältnis in einer Beziehung zu Gott verankert, kann Kleinschmit den Ambivalenzen gelingender Selbstartikulation im Begriff der Sünde einen theologischen Ort geben.

Die Politikwissenschaftlerin ANTJE SCHRUPP stellt sich der Frage, wie Politik überhaupt noch möglich ist, wenn in postmodernen Theorien das autonome Subjekt und die kollektive Autonomie verabschiedet werden. Sie plädiert für die Wahrnehmung eines Konzepts des „weiblichen Subjektivismus", wie es im Umfeld der italienischen Philosophinnengruppe Diotima vertreten wird. Am Beispiel von Antigone zeigt sie auf, wie weibliches Begehren ein Potenzial der Weltveränderung in sich trägt. Weltveränderung ist möglich „im Hören auf das weibliche Begehren", das sich, von Lob und Tadel der männlichen symbolischen Ordnung unbeirrt, an den „glänzenden Gesetzen" orientiert, die „sich unserer Seele in Momenten gelungenen Zusammenlebens offenbaren". Schrupp bezieht sich auf die italienische Philosophin Annarosa Buttarelli, die als Kriterium der Weltveränderung nicht die Frucht des Willens oder des Werke schaffenden Bewusstseins, sondern das Wiederauffinden von Sinn nennt. Und sie resümiert: „Wenn mein Handeln – meine Tat, meine Worte, meine Weigerung, mein Schweigen – den Sinn der gegebenen Realität entdeckt und für andere, Frauen und Männer, sichtbar macht, dann habe ich politisch gehandelt. Und die Welt verändert."

Die Literaturwissenschaftlerin LENA LINDHOFF weist aus, dass die bürgerliche Autonomieästhetik seit dem späten 18. Jahrhundert ein männliches Autorsubjekt setzt, das das Weibliche als sein Anderes, als Stoff der Kunstproduktion benötigt. Ein Konzept weiblicher Autorenschaft trägt vor diesem Hintergrund in sich widersprüchliche Züge. Die feministische Literaturwissenschaft hat diese Beobachtung im Bild der Hysterikerin zusammengefasst, als emblematischer Figur weiblicher Nicht-Identität, die mit männlicher Stimme zu sprechen gezwungen ist und daran zu Grunde geht. Lindhoff kritisiert dieses poststrukturalistische Modell, das zwar einerseits geeignet ist, die weiblich konnotierten Abgründe der „phallogozentrischen" Ordnung hervorzukehren, andererseits aber weibliche Schreib- und Lebenspraxis ausweglos als tödlich kennzeichnet. Sie plädiert stattdessen für die Revision des Androgynie-Modells, das in feministischen Diskussionen eher mit Skepsis betrachtet wird, weil das Männliche in seinem Bild weiter dominiert. Mit einer Lektüre von Ingeborg Bachmann und Gertrude Stein verdeutlicht Lindhoff, dass im Rahmen der Gender-Theorien das Konzept des Androgynen aber auch für eine fruchtbare Überschreitung festgefahrener Geschlechterdichotomien steht.

Feministische Bibelexegese, wie sie die Theologin ULRIKE BAIL betreibt, hat es mit einem widerständigen Textkorpus zu tun. Wenngleich sich die historischen Entstehungkontexte nicht immer eindeutig rekonstruieren lassen, hat doch eine männlich geprägte Redaktions- und Rezeptionsgeschichte dafür gesorgt, dass eine Lektüre und Aneignung in weiblichen Erfahrungszusammenhängen zu einem eigenständigen hermeneutischen Problem wird. Bail zeigt am alttestamentlichen Psalm 55, wie sich durch eine Analyse geschlechtsspezifischer Arrangements auf der Textebene und über Bezüge zu weiteren biblischen Texten weibliche Stimmen zu Gehör bringen lassen. Durch diesen rezeptionsästhetischen Ansatz lassen sich die im Klagepsalm verwandten Bilder einer von Gewalt heimgesuchten und belagerten Stadt in Beziehung setzen zu weiblichen Erfahrungen der Vergewaltigung. Gegen die Sprachlosigkeit der Gewalt erhebt der Psalm die Stimme, die diejenigen, die zum Schweigen verurteilt sind, sprachmächtig macht.

Die Pädagogin ANNEDORE PRENGEL bringt Perspektivitätstheorien in die Interpretationen des modernen Geschlechterverhältnisses ein. Kognitive Situationen, zu denen auch die Analyse moderner Geschlechterverhältnisse gehört, sind stets perspektivischer Struktur. Wo dieser Einsicht adäquat Raum gegeben wird, eröffnet sich die Chance, Polarisierungen im Streit um die Bedeutung der Beobachtenden und des Gegenstands der Beobachtung aufzulösen und Aufmerksamkeit für differente Positionen zu gewinnen. Der pädagogischen Forschung und Praxis empfiehlt Prengel „Perspektiventriangulationen" – ein hermeneutisches Element, mit dem fremdes Wahrnehmen hochgeschätzt wird, ohne das eigene abzuwerten. Von hier aus überprüft Prengel Interpretationen des Geschlechterverhältnisses entlang der Charakterisierungen als „natürlich", „sozialisiert" und „konstruiert". Ein Augenmerk legt sie dabei auf die Bedeutung evolutionstheoretischer

Perspektiven. Nachdem die feministisch orientierte Sozialisationstheorie sich gegen die traditionellen, schließlich in nationalsozialistischer Herrenmenschendoktrin gipfelnden Lehren von der Natur der Geschlechterhierarchie gewandt habe, stehen nun auf neue Weise soziobiologische Naturlehren zur Diskussion. Ihre Deutung steht für Prengel aus, weil auch diese Theorien einen Beitrag leisten können, zu erklären, warum bestimmte gewollte oder ungewollte geschlechtsspezifische Verhaltensstrukturen hartnäckig wiederkehren.

Die Philosophin ANDREA GÜNTER setzt sich mit der historisch traditionsreichen Rede vom Ende des Patriarchats und dem Anfang frauenbewegter Politik auseinander. Sie hält es für falsch, Neues nur im Kontrast zum Ende des Alten konstatieren zu können und führt für eine Wahrnehmung fließender Übergänge zwischen beidem Hannah Arendts „Prinzip der Gebürtigkeit" an. Überdies stellt sie ihre Deutung des Begriffs Patriarchat zur Debatte. Die Rede vom Patriarchat braucht Konturen, damit sie, die sowieso nur noch zurückhaltend geführt wird, von standardisierten Floskeln befreit, wieder interpretative Kraft gewinnt. Ihr Beitrag zum Postfeminismus und dem Ende des Patriarchats gibt sich kämpferisch. In Anschluss an die Mailänderinnen fordert sie eine frauenbewegte Politik, eine feministische Praxis mit Konfliktorientierung. Die Hoffnung auf ein frauenbewegtes, harmonisches Paradies auf Erden wird von ihr verabschiedet: Denn wer Autorität übernimmt, übernimmt auch den Konflikt, wie sie in Anschluss an die „Libreria delle donne di Milano" schreibt. Konfliktorientierung schließt Vermittlungsversuche nicht aus, sondern gerade ein. Günter offeriert weibliche Autorität als das Werk objektivierender und beziehungsstiftender Vermittlung.

Die Theologin HELGA KUHLMANN stellt sich der neuen Wirklichkeit, die die biblische Verheißung von der Auferstehung der Toten entwirft. Sie gibt einen luziden Überblick über die feministisch-theologische Kritik an der Vorstellung von der Auferstehung der Toten: Projektion patriarchaler Machtwünsche; zynische Vorstellung der (All-)Macht Gottes; Abwertung des Lebens Jesu; Passivität, Jenseitsvertröstung und Marginalisierung der „Aufstehgeschichten" kleiner Leute; Marginalisierung weiblicher Körperleiden und Sinnenfeindlichkeit. In Anerkennung dieser Perspektiven weist Kuhlmann allerdings aus, wie feministisch-theologische Kritik sich selbst den Blick auf die „ver-rückte" Verheißung der Auferstehung des Leibes von den Toten verstellt. Sie konstatiert: „Die Auferstehung der Toten und ein Aufstehen im Diesseits müssen sich nicht widersprechen." An den Bildern, die Paulus im 15. Kapitel des ersten Briefs an die korinthische Gemeinde entwickelt, entdeckt Kuhlmann exemplarisch Verheißungen, die für Frauen und Männer gelten. Auf die leibliche Dimension der Auferstehung legt sie hier Wert. Ihr Plädoyer für die „ver-rückte Verheißung" baut auf den

Mut zum Perspektivenwechsel: „Von der Auferstehung Jesu vom Tod her können Aufstehgeschichten als Auferstehungsgeschichten verstanden werden, als Geschichten, die über das Leben vor dem Tod hinausweisen, die von der neuen Wirklichkeit schon zu schmecken geben."

Die in diesem Buch versammelten Beiträge sind in der Mehrzahl aus Vorträgen der neunten Feministischen Ringvorlesung unter dem Titel *(Post-)Feminismus? Zwischen Frauenbewegung und Geschlechterkonstruktion* hervorgegangen, die im Sommer 1998 an der Johann Wolfgang Goethe-Universität in Frankfurt a.M. stattfand. Ergänzt wurden sie durch weitere, eigens für diesen Band verfasste Beiträge. Unser herzlicher Dank gilt allen Autorinnen.

Die Ringvorlesung ist die Frucht ökumenischer und interdisziplinärer Zusammenarbeit. So wurde auch diese Vortragsreihe wie alle ihre Vorgängerinnen möglich durch den beharrlichen Einsatz von Studentinnen, Doktorandinnen und wissenschaftlichen Mitarbeiterinnen. In der AG Frauenforschung der Fachbereiche Katholische und Evangelische Theologie der Frankfurter Universität haben sie einen Ort für die gemeinsame Durchführung feministischer Projekte jenseits etablierter Lehrstühle gefunden. Langjährige Begleiterin, Förderin und kritische Diskussionpartnerin war Prof. Dr. Leonore Siegele-Wenschkewitz, die Ende des letzten Jahres viel zu früh verstarb.

In Zeiten knapper Kassen gilt ein besonderer Dank all denjenigen, die die Feministische Ringvorlesung gefördert haben. Maßgebliche Unterstützung erhielt sie durch die beiden theologischen Fachbereiche der Frankfurter Universität und die Evangelische Akademie Arnoldshain, des Weiteren von dem Verein zur Förderung feministischer Theologie in Forschung und Lehre, der Katholischen Hochschulgemeinde, dem Evangelischen Frauenpfarramt, dem Katholischen Frauenreferat und der Evangelischen Studentengemeinde in Frankfurt am Main.

Die Drucklegung wurde möglich durch die großzügige Unterstützung der Evangelischen Kirche in Hessen und Nassau und des Evangelischen Fachbereichs der Frankfurter Universität sowie durch Frauenfördermittel des Landes Hessen. Thomas Hammerschmidt bearbeitete die Typoskripte für die Druckvorlage.

Auch ihnen allen sei herzlich gedankt!

Die Herausgeberinnen *Frankfurt am Main, im Juli 2000*

1. Teil

Zwischen Solidarität und Individualität

UTE GERHARD

Die Töchter der Emanzipation
Das Generationenproblem in der Frauenbewegung

1. Ausgangsfrage: Gibt es sie noch, die Frauenbewegung?

Die Frage, wie es gegenwärtig um die Frauenbewegung/den Feminismus steht, ist leicht gestellt, doch ihre Beantwortung wird je nach politischem oder persönlichem Standort unterschiedlich ausfallen. Die langjährige Feministin, die die Ziele persönlicher Selbstbestimmung und sozialer Gleichstellung von Frauen voller Ungeduld noch immer nicht verwirklicht sieht, aber auch die professionelle Beobachterin werden auf die neuen Widerstände oder veränderten gesellschaftlichen Bedingungen sensibler reagieren als Außenstehende oder später Hinzugekommene, die sich der gemachten Erfahrungen und neuen Diskurse bedienen. Erst recht werden die heute 20- bis 30-jährigen Töchter der neuen Frauenbewegung gerade aus der notwendigen Abgrenzung gegenüber den Müttern eine keineswegs einheitliche, oft eher skeptische Haltung gegenüber dem Feminismus einnehmen. Schließlich spielen auch die unterschiedlichen historischen und politischen Erfahrungen in Ost- und Westdeutschland für die Beurteilung eine große Rolle.

Dabei wäre bei allen Einschätzungen vorweg zu klären, was eigentlich mit dem Begriff der „Bewegung" gemeint ist. Denn im Alltagsverständnis politischer Beobachter werden in der Regel ohnehin nur Hochphasen der Mobilisierung als „Bewegung" wahrgenommen, gehört zur Lebendigkeit einer Bewegung ihre Sichtbarkeit, der öffentliche Protest oder die Demonstration auf der Straße. Auch sind im bundesrepublikanischen Kontext von Anbeginn bereits erste Schritte zur Institutionalisierung von Frauenprojekten oder die Beteiligung an den institutionellen Formen der Politik vorschnell mit dem Ende der Bewegung gleichgesetzt worden. Sowohl die internationale wie die historische Bewegungsforschung hat uns jedoch inzwischen darüber belehrt, dass soziale Bewegungen unterschiedliche Phasen durchlaufen und die verschiedenen Formen der Einmischung oder Beteiligung durchaus mit Phasen des Rückzuges, der Besinnung oder auch des Stillstandes wechseln können.[1]

Es besteht jedoch Anlass genug, die politische Bedeutung und den gesellschaftlichen Einfluss der neuen Frauenbewegungen zu überdenken und zwar aus drei Gründen:

Erstens ist nicht zu leugnen, dass sich der westliche Feminismus in Anbetracht veränderter gesellschaftlicher und politischer Verhältnisse in der

Defensive befindet. Für diese Feststellung ist es zunächst unerheblich, ob die neuen Rahmenbedingungen und aktuellen politischen Probleme lediglich zur Setzung anderer Präferenzen führen und eine neue politische Agenda erheischen oder ob der Grund in den Erfolgen der Frauenbewegungen liegt, die nun Reaktionen und auch Gegenbewegungen hervorgerufen haben. Zumindest ist zu berücksichtigen, dass die neue Frauenbewegung seit der Vereinigung der beiden deutschen Staaten nur noch für westliche Erfahrungen steht und deshalb als eine historische zu betrachten ist, sofern sie keine neue Plattform und Agenda für ost- und westdeutsche Frauenanliegen findet.

Zweitens ist da die Skepsis oder die Abwehr – „Allergie", wie Barbara Einhorn formuliert[2] – der Osteuropäerinnen gegenüber diesem westlichen Feminismus, seinen angeblichen Überspitzungen und Übertreibungen, weil er sich als unvereinbar mit der eigenen Geschichte und den Erfahrungen von staatlich garantierter und verordneter Gleichberechtigung unter dem real nicht mehr existierenden Sozialismus erwiesen hat. Diese Vorbehalte gibt es, obwohl in den meisten osteuropäischen Ländern zum Teil auch schon vor 1989 ein Vielzahl feministischer Initiativen, Gruppen und Assoziationen entstanden waren, die einen neu definierten Feminismus vertraten.[3] Nun wissen wir, wie üblich und anscheinend selbstverständlich auch die Distanzierungen vom Feminismus in den westlichen Gesellschaften sind, etwa die Vorrede: „Ich bin keine Feministin, aber ..." Nach wie vor ist „Feminismus" ein eher umstrittenes und streitbares Konzept.

Schließlich sind, drittens, neue, andere Frauengenerationen herangewachsen. Damit gibt es in der Zeitlichkeit und dem Verlauf sozialer Bewegungen selbst liegende Gründe, weshalb eine Bewegung ihren Zenit überschritten oder einen Stillstand erreicht haben kann. Dazu gehörten zum einen das Alter der Beteiligten, zum anderen aber auch der Erfolg. Der Erfolg der neuen Frauenbewegung ist nicht ohne weiteres messbar, aber unzweifelhaft. In einem bisher in der Geschichte nicht gekannten Ausmaß haben Frauen Zugang zu Wissen, Bildung und Ausbildung erlangt, und sie sind dabei, dieses Wissen kritisch und konstruktiv zu nutzen. Ihre Forderungen gehören zum Standardprogramm politischer Rhetorik, ihre Themen und Streitpunkte tauchen in den Medien und in der politischen Öffentlichkeit auf und haben Antworten in den politischen Parteiprogrammen provoziert. Sie haben den Aktionsradius der etablierten Frauenverbände verändert und sind inzwischen sogar in die Gewerkschaften und Kirchen hineingeschwappt. Für eine große Zahl von Frauen in West-, wie, auf ganz andere Weise, in Osteuropa hat die Veränderung der Lebensformen und Lebensentwürfe zumindest partiell eine Veränderung der geschlechtsspezifischen Arbeitsteilung bewirkt bzw. bereits Freiräume der

Selbstbestimmung eröffnet, von denen frühere Frauengenerationen nur träumen konnten. Und doch hat diese Verbreiterung gleichzeitig die radikalen Impulse abgeschwächt, die Zielsetzungen zurechtgestutzt und angepasst, kritische Feministinnen sagen: „verharmlost"4. Nicht nur Gegenbewegungen haben sich formiert, z.B. die sogenannten Lebensschützer, vielmehr gehören auch antifeministische Reaktionen inzwischen wieder zum alltäglichen Sprachgebrauch. Vor allem in den Zentren der Macht und des Einflusses, in den Führungspositionen von Wirtschaft, Wissenschaft und Politik aber hat die Bewegung die männliche Dominanz und sozialstrukturelle Benachteiligung von Frauen nicht brechen können, hier liegt die Männerquote nach wie vor bei 97 Prozent. Gleichzeitig scheint die Frauenbewegung als autonome Bewegung, als alternative Form der politischen Beteiligung und ungehörigen Einmischung nicht mehr in der Öffentlichkeit präsent zu sein. Selbsterfahrungsgruppen, bewegende Debatten und symbolische Aktionsformen sowie der hart erkämpfte Separatismus gewisser Frauenräume sind inzwischen Geschichte geworden, allenfalls Lernstoff für Studentinnen im Fach Frauen- und Geschlechterstudien.

2. Generationensprünge und -konflikte in der Frauenbewegung

Der Blick auf die Geschichte der Frauenbewegung erinnert daran, dass es schon mehrere Generationen von Frauen und damit auch Wachablösungen gegeben haben muss, die zugleich Anlass für einen politischen und theoretischen Kurswechsel waren. Schon um die Mitte der 1920er Jahre sprachen die Frauen in der *alten Frauenbewegung* von mindestens drei Generationen: Als erste galten die 1848erinnen, die Altersgenossinnen von Louise Otto, die auch nach der Niederschlagung der demokratischen Bewegung und dem Verbot der ersten Frauenvereine um 1850 im Deutschen Bund 1865 erneut die Organisierung von Fraueninteressen in Gang setzten. Sie gründeten den Allgemeinen Deutschen Frauenverein (ADF), der von da an den Grundstein für die organisierte Frauenbewegung in Deutschland bildete. Von etwa 1890 bis zum Ersten Weltkrieg war dann mit dem Aufschwung und der Blütezeit der bürgerlichen wie auch der proletarischen Frauenbewegung eine zweite Generation von Akteurinnen am Werke, die sich auf die Gründungsmütter berief und sich doch gleichzeitig sehr deutlich mit ihren sehr viel weitergehenden politischen Forderungen von der nur „frauenrechtlerischen", nur karitativen oder allzu bürgerlichen Frauenbewegung absetzen wollte. Es waren dies: Helene Lange und Gertrud Bäumer auf der einen Seite, Clara Zetkin auf der anderen, schließlich der „linke Flügel" der Bürgerlichen, die sog. Radikalen, zu denen Minna Cauer, Anita Augspurg, Lida Gustava Heymann und Helene Stöcker gehörten. Spätestens in den 1920er Jahren nach dem Erreichen des Frauenwahlrechts 1918 machte eine neue

Frauengeneration von sich reden, weil sie keineswegs nur in die Fußstapfen der sogenannten Führerinnen treten wollte. Deshalb setzte schon in der zweiten Hälfte der 20er Jahre in den damals etablierten Frauenorganisationen und ihren Publikationen die Reflexion über den Zustand der Frauenbewegung ein, wurde in Rückschau und Ausblick auf zehn Jahre Frauenstimmrecht Resümee gezogen.[5]

Selbst die sonst so realistischen bürgerlichen Radikalen waren nach 1918, mit dem Erreichen des Wahlrechts, anscheinend einem Trugschluss aufgesessen, weil sie von der Einschätzung ausgingen, dass „der Kampf um die Gleichberechtigung der Frauen mit dem Manne [...] erledigt" sei.[6] Statt frauenspezifischer Interessen hatten sie sich deshalb mit großer sachlicher Kompetenz auf die großen Menschheitsfragen und „allgemein"-politischen Zielsetzungen gestürzt, um vom „Frauenstandpunkt" aus mit der Internationalen Liga für Frieden und Freiheit (IFFF) für internationale Zusammenarbeit und für Abrüstung, Völkerverständigung und dauernden Frieden zu arbeiten und zu streiten. Sie haben sich damit als Pazifistinnen bewusst von *der* Frauenbewegung entfernt, die nur noch im Bund Deutscher Frauenvereine (BDF) vertreten schien. Auf Grund ihrer fundamentalen Systemkritik am Männerstaat, die mit zunehmender Enttäuschung über die Entwicklung der Politik an der Weimarer Republik immer bitterer und polemischer wurde, blieb der Graben, der sie von den anderen Richtungen in der Frauenpolitik (auch zu den Sozialistinnen), aber auch von den jüngeren Frauen trennte, unüberwindbar. Dies erklärt m.E. einen großen Teil ihrer politischen Isolation.

Auch Gertrud Bäumer, die Vertreterin der gemäßigten Mehrheit im BDF, kam in ihrem Artikel *Wesenswandel der Frauenbewegung* aus dem Jahr 1927 zu dem Schluss, dass das „sozialreformerische Werk der Frauenbewegung [...] im Großen und Ganzen getan (sei), wenigstens soweit die staatlichen, die Aufbaufragen in Betracht kommen." Doch sie beharrte darauf, dass die andere, „viel schwierigere Aufgabe", die „Erarbeitung neuer Lebensformen", die „Gestaltung eines Lebensinhaltes", die „Entfaltung der weiblichen Form von innen her" noch zu bewältigen sei. Diese Aufgabe, die schwieriger sei als die Anwendung des Prinzips der Gleichberechtigung, so Bäumer, stehe jetzt im Vordergrund, gerade auch für die jüngere Generation, die Generation der „Neuen Frau", deren Lebensentwürfe die Errungenschaften der Alten ganz selbstverständlich voraussetzten. Bäumer gelang es damit, zumindest theoretisch, zu dieser Generation eine Brücke zu bauen und zugleich die besondere Bedeutung der Frauenbewegung im „wesentlicheren Sinne als irgendein Kampf um eine höhere Gehaltsstufe" herauszustreichen.[7]

Trotzdem blieb die Organisationsfrage, die vornehmlich als Generationenkonflikt verhandelt wurde, bis zur Auflösung und Gleichschaltung der

Frauenverbände durch den Nationalsozialismus virulent.[8] In vielen Variationen und auf vielen Frauentagungen wurde das Nachwuchsproblem erörtert, da die Generation der um und nach 1900 Geborenen, jene Generation, der sich nicht nur die Universitäten, sondern in großer Zahl auch die Büros und weiblichen Pflegeberufe geöffnet hatten, den Organisationen der Frauenbewegung fernblieb.

In der Zeitschrift *Die Studentin* z.B. wurde die Kontroverse ausgebreitet unter der Fragestellung: *Wozu noch Frauenbewegung?* Einig waren sich die jungen Kritikerinnen, dass der Apparat der Frauenverbände zu hierarchisch, bürokratisch, in seiner Organisationsweise erstarrt sei, die Jüngeren durch die unpersönliche Arbeitsatmosphäre der Verbände, aber auch durch Frauenrechtelei und Männerfeindlichkeit abgeschreckt, lieber die Kameradschaftlichkeit der Jugendverbände, der Jugendbewegung suchten.[9] Die älteren Kämpferinnen schienen der deprimierenden Entwicklung zunehmend ein „dennoch" und „nun erst recht" entgegenzusetzen. So benannte Agnes von Zahn-Harnack, die 1931 zur neuen Vorsitzenden des BDF gewählt wurde, als Gründe für den „Stillstand, wenn nicht Rückschritt" der Bewegung: den aus wirtschaftlicher Not verschärften „Konkurrenzkampf, in dem die Frau naturgemäß immer noch der schwächere Teil ist", eine „reaktionäre Gesamthaltung", die auf allen Gebieten fühlbar werde, sowie der „primitive Wunsch, nach einem Schuldigen zu suchen, den man für das allgemeine Elend verantwortlich macht." Dennoch beharrte sie darauf, dass die Frauenbewegung eine weltpolitische Macht sei, – und weil diese emphatische Schlussfolgerung möglicherweise auch heute gezogen werden könnte, sei sie hier zitiert:

„Immer wird sie von ihren Gegnern totgesagt, oder es wird ihr der wohlmeinende Rat gegeben, ihre eigene Überlebtheit anzuerkennen und von der Bühne abzutreten. Aber sie lebt und wird leben, unabhängig von Missfallen oder Wohlwollen, aus ihrer eigenen Kraft und bis sie ihre geschichtliche Mission erfüllt hat."[10]

Seit einiger Zeit, spätestens seit dem Beginn der 90er Jahre[11] ist es üblich geworden, auch in der *neuen Frauenbewegung* von verschiedenen Generationen zu sprechen. Tatsächlich ist die Bedeutung des Generationenzusammenhangs insbesondere zur „Erkenntnis des Aufbaus der sozialen und geistigen Bewegungen" spätestens seit Karl Mannheims Aufsatz über *Das Problem der Generationen*[12] als soziologisches Konzept anerkannt. Danach bezeichnet die Generationslage ähnlich der Klassenlage „eine spezifische Art des Erlebens und Denkens", „eine besondere Art der gleichen Lagerung verwandter Jahrgänge im historisch-sozialen Raum".[13] Im Kontext sozialer Bewegungen und kulturellem Wandels kann damit der „neuartige Zugang" bzw. die stets neue und notwendige Distanzierung von bisherigen Wertorientierungen und Kulturträgern erklärt werden.

In der sozialwissenschaftlichen Frauenforschung werden im Blick auf die neue Frauenbewegung inzwischen drei Generationen unterschieden:[14] Danach ist die erste Generation die der 1968erinnen. Es sind die um 1940 Geborenen, die „Gründerinnen", die ihr feministisches Bewusstsein in der Abgrenzung und Auseinandersetzung mit der Studentenbewegung bzw. den Linken und der marxistischen Theorie gewannen. Vor diesem Hintergrund wurden die scheinbar privaten Probleme in den Bereichen Sexualität, Lebensform, persönliche Abhängigkeit als politische erkannt, und die Erfahrung eines „Wir" wurde von Frauen zur Sprache gebracht.

Die zweite Generation der um 1955 Geborenen wird als die „Projekte-Macherinnen" beschrieben. Hilge Landwehr kennzeichnet sie als diejenigen, die sich weitgehend noch als Studentinnen in den Kämpfen um den Aufbau von Projekten und um die Institutionalisierung der Frauenforschung beteiligten. Gemeinsam mit der ersten Generation machten sie ihre prägenden Erfahrungen in der Auseinandersetzung um separate Frauenräume, um „Autonomie" oder „Integration" von Frauenforschung und -politik und damit in der Auseinandersetzung um Prinzipienfragen, die heute eher als „politische Korrektheit" heruntergespielt werden. Bemerkenswert sind auch die bereits veränderten Lebensformen, weshalb die Frauen der zweiten Generation – auch als Alleinerziehende – für ihre universitären Karrieren bereits weniger Umwege gehen mussten.[15]

Schließlich wird da von den Älteren bereits eine dritte Generation, sogenannte „Konsumentinnen". ausgemacht. In dieser Kategorie werden die nach 1960 Geborenen zusammengefasst, die Frauen in den Institutionen, wie vereinzelt auch immer, bereits vorfinden als Professorinnen, Politikerinnen, Frauenbeauftrage etc. und die die neuen Kommunikationsformen wie andere kommerzialisierte Kulturangebote konsumieren. Irene Stöhr fragt deshalb: „Sind die 30-Jährigen dabei, das feministische Erbe zu verschleudern, an dem die 50-Jährigen verbissen festhalten, während derweil die 40-Jährigen fortfahren, den Berufsfeminismus zu etablieren?"[16] Die Polemik verdeutlicht die eigene Involviertheit und den generationsspezifischen Blickwinkel der Autorin. Zugleich zeigen die Zuordnungen Differenzen an, die gerade auch unter Frauen immer stärker hervortraten und Zweifel an allzu selbstverständlichen Gemeinsamkeiten des Frauseins aufkommen ließen. Trotzdem ist die Beschreibung der Jahrgänge nach 1960 als „Konsumentinnengeneration" m.E. nicht nur zu pauschal, sondern auch falsch. Denn notwendigerweise müssen die heute jungen Frauen zu ihrer Individualisierung und „Selbstverwirklichung" einen eigenen Standort gewinnen, der auch die Distanzierung von Vorgefundenem, auch vom „Erbe der Mütter" beinhaltet.

Die Töchter der Emanzipation

3. Das Konzept der „langen Wellen" – Verbindungsstück zwischen „alter" und „neuer" Frauenbewegung

Die Perspektive auf die verschiedenen Phasen und Generationen der Frauenbewegung und der internationale wie auch der historische Vergleich schärfen den Blick für die Probleme bei der Organisierung und Durchsetzung von General Fraueninteressen und eröffnen ganz neue theoretische und politische Fragestellungen. So ist also nicht nur danach zu fragen, woran die Frauenbewegung immer wieder scheitert, vielmehr ist zu bedenken, welche besonderen Ausgangsbedingungen, Widersprüche und günstigen Voraussetzungen zusammenkommen müssen, um Frauen aus überaus disparaten Lebenslagen über soziale, politische und ethnische Unterschiede hinweg unter der Gemeinsamkeit Geschlecht zu mobilisieren. Gerade weil Frauen keine Minderheit oder in gemeinsamer Lebenslage zusammengewachsene Gruppe sind, sondern mit denen, gegen die sie sich wehren und aufbegehren, eng, alltäglich und abhängig, intim oder auch „Schulter an Schulter" zusammenleben, weil sie außerdem in unterschiedlichen Lebenslagen von manchen Formen der Herrschaft durchaus profitieren, wenn sie sich fügen oder arrangieren, ist ein politischer Zusammenschluss auf der Basis gleicher Erfahrungen eher unwahrscheinlich, bedarf es besonderer politischer Konstellationen und Koalitionen, Erfahrungen oder Ressourcen, um als soziale Bewegung im politischen Raum agieren zu können.[17]

Hinzu kommt als ein spezifisch deutsches Problem der durch den Nationalsozialismus verursachte Bruch mit kulturellen Traditionen, die Zerschlagung und Gleichschaltung der Bewegungsorganisationen und der damit zusammenhängende Geschichtsverlust. Eine Folge des Nicht-Erinnerns war, dass nach dem Zweiten Weltkrieg die Verfolgten des NS-Regimes keine Rehabilitation oder politische Wiedergutmachung erfuhren. Dennoch sollte der deutsche „Sonderweg" für die Geschichte der Frauenbewegung nicht überbewertet werden, wie der Vergleich mit der Geschichte anderer Frauenbewegungen zeigt. In ihrem Buch über die amerikanische Frauenrechtsbewegung haben Leila J. Rupp und Verta Taylor auch den amerikanischen Feminismus in der Zeit zwischen 1945 und 1960 als „Überleben in der Flaute" gekennzeichnet.[18] Diese anschauliche Beschreibung, die ja auch der angelsächsischen Metapher und Rede von „first wave" und „second wave feminism" entspricht, regt dazu an, soziale Bewegungen als Akteure sozialen Wandels in „langen Wellen" zu betrachten.[19] Das meint, soziale Bewegungen durchlaufen nicht nur verschiedene Stadien der Mobilisierung und Institutionalisierung[20], vielmehr können im Auf und Ab gesellschaftlicher Widersprüche und ihrer Thematisierung durchaus Phasen hoher Aktivität und Wirksamkeit mit Zeiten des Stillstandes oder gar Reaktion wechseln.

Tatsächlich bildet die Nachkriegszeit auch in der Bundesrepublik Deutschland eine Brücke, bereiten die Vereinigungen, Organisationen und Netzwerke einer verhältnismäßig kleinen Schar von Aktivistinnen und Frauenrechtlerinnen den Nährboden für einen neuen Frauenprotest. Deshalb ist auch die neue Frauenbewegung in der Bundesrepublik nicht aus dem Nichts entstanden, obwohl sie anfangs nichts von möglichen Traditionslinien wissen wollte. Nicht zuletzt die enttäuschende Erfahrung nicht verwirklichter Gleichberechtigung und die Kritik an der unbefriedigenden Lobbypolitik der etablierten Frauenverbände sowie der Aufbruch auch der anderen neuen sozialen Bewegungen haben ein Reformklima geschaffen, in dem das wohlfahrtsstaatliche Geschlechterarrangement auf Kosten von Frauen nicht mehr zu legitimieren war. Das historische Bewusstsein von diesen Verbindungs- und Traditionslinien sowie das Wissen um die Geschichte anderer sozialer Bewegungen aber bewahren uns möglicherweise vor einer kleinmütigen und kurzatmigen Einschätzung der gegenwärtigen Situation. Wenn wir die Frauenbewegung als Trägerin sozialen und kulturellen Wandels verstehen, so wird klar, warum ihre Errungenschaften und ihr Beitrag zur Kultur bei einem Generationswechsel immer erst wieder neu angeeignet, verändert, aber auch fortgebildet werden müssen. Karl Mannheim spricht in diesem Zusammenhang von der „Notwendigkeit des steten Tradierens, Übertragens des ererbten Kulturguts", und meint damit sowohl Distanzierungen als auch neuartige Zugänge.[21] Die Berücksichtigung eines generationsspezifischen Zugangs zum Feminismus wie das Konzept der „langen Wellen" der Frauenbewegung aber legen es nahe, auch die theoretischen und politischen Differenzen innerhalb des neuen Feminismus gelassener zu deuten.

4. Feministische Theorie und ihre Bedeutung für politisches Handeln von Frauen

Trotz der gegenwärtig beobachteten „Windstille" um die Frauenbewegung als politische Kraft gibt es überaus lebendige wissenschaftliche Diskussionen im Bereich der Frauen- und Geschlechterstudien und elaborierte feministische Theorien in den Geistes- und Gesellschaftswissenschaften – noch viel zu wenig in den Naturwissenschaften –, die zu einer Herausforderung für die beteiligten Wissenschaften geworden sind. In den Anfängen der Frauenforschung, die von der neuen Frauenbewegung angestoßen und getragen wurde, war Interdisziplinarität ihr Markenzeichen und ein einigendes Band. Es stand für Opposition und Kritik eines an männlichen Erkenntnisinteressen orientierten Wissenschaftsbetriebes und damit für eine gezielte Disziplinlosigkeit und das Überschreiten der Grenzziehungen, die zum Ausschluss gerade auch der Frauen und ihrer Erfahrungen und Forschungsinteressen aus den Wissenschaften geführt hatten. Der

Die Töchter der Emanzipation

Ausgangspunkt war das emanzipatorische Interesse an grundlegenden gesellschaftlichen Veränderungen, an der Beseitigung sozialer Ungleichheit und Unterdrückung der Frauen, war die Verbindung von Gesellschaftsanalyse mit radikaler Gesellschaftskritik. Inzwischen hat ein breites Spektrum feministischer Forschungen das Innovationspotenzial, die Validität und Produktivität feministischer Perspektiven durch vielfältige Ergebnisse in beinahe allen sozial- und kulturwissenschaftlichen Disziplinen unter Beweis gestellt, haben sich feministische Fragestellungen in die verschiedensten Disziplinen eingenistet und tragen dort zumindest zur Beunruhigung des Mainstream bei. Gleichzeitig haben sich feministische Wissenschaftlerinnen insbesondere innerhalb einzelner Disziplinen profiliert, ist ein Prozess der Professionalisierung eingeleitet, der zugleich Spezialisierung bedeutet. In den Fächern und zwischen den Fächern ist es also zur Verbreiterung und zu Ausdifferenzierungen gekommen, die es verbieten, von *der* Frauenforschung oder generalisierend von einer feministischen Perspektive auf die Wissenschaften zu sprechen.

Neuerdings ist jedoch eine Verschiebung innerhalb der Diskurse über feministische Theorie festzustellen, die sich, je nachdem, als poststrukturalistisch, postmodern oder postkolonial oder sogar ausdrücklich als postfeministisch verstehen – eine Verschiebung, von der zugleich eine politische Verunsicherung ausgeht. Die Verunsicherung wird hervorgerufen durch die Kritik an einer feministischen Politik, die die Gemeinsamkeit des Frau-Seins als Bezugspunkt für die Emanzipationsbewegung der Frauen braucht. An die Stelle der Geschlechterdifferenz als ausschlaggebender, die gesellschaftlichen Verhältnisse bestimmender Perspektive geht es nun um die Differenzen auch unter Frauen neben vielfältigen anderen sozialen Unterschieden wie Klasse, Milieu oder Ethnie. Im Zentrum dieser internationalen feministischen Diskussion steht Judith Butlers Buch *Gender Trouble*, deren Thesen offensichtlich insbesondere den theoretischen und politischen Interessen einer jüngeren Generation feministischer Wissenschaftlerinnen entgegenkommen.[22]

Die theoretische Fragestellung als solche kann hier nicht weiter verfolgt werden. Angesichts des kritischen Zustandes der Bewegung interessiert jedoch, in welcher Weise die „linguistische Wende" in der feministischen Theorie tatsächlich als Entpolitisierung zu deuten ist – und sei es auch nur durch eine zunehmende Distanz von den sozialen und alltäglichen Probleme der Mehrheit der Frauen. In jedem Fall belegt die Breite und Spannung in dieser Auseinandersetzung die Lebendigkeit des feministischen Diskurses. Dennoch ist wohl zu unterscheiden zwischen politischem Handeln innerhalb einer Bewegung oder der Politik der Bewegung und der Möglichkeit und Fähigkeit feministischer Theorie zu radikalem Denken, das an die

Wurzeln der Selbstverständlichkeiten, Blindheiten und Vorurteile geht. Das bedeutet aber auch, dass feministische Politik nicht durch Theorie ersetzt werden kann. Mit kritischem Blick speziell auf die Philosophie als Meta-Theorie des Feminismus ist daher m.e. zu Recht davor gewarnt worden, das Philosophieren über Geschlechterdifferenz mit Feminismus als Form von Protest oder mit sozialer Bewegung zu verwechseln.[23] Der Beitrag der anderen Disziplinen feministischer Forschung zur Analyse der Gegenwartsgesellschaft scheint mir insbesondere hinter den philosophisch und erkenntnistheoretischen Auseinandersetzungen gelegentlich aus dem Blick zu geraten. Es sind dies Untersuchungen und Ergebnisse, die sowohl zur Orientierung der Frauenbewegung dienen als auch ihre Kämpfe und berechtigten Forderungen analysieren und dem Kanon des Wissens hinzufügen. Dazu gehört insbesondere die grundlegende historische wie soziologische Kritik der bürgerlichen oder auch modernen Gesellschaft, ihrer Geschichte und Struktur. Dazu gehört aber auch der Nachweis ihrer geschlechtsspezifischen Strukturen in allen gesellschaftlichen Bereichen, in der Familie, im Bereich gesellschaftlicher Produktion, in den Institutionen von Staat und Gesellschaft. Zentral ist die Einsicht, dass der Ausschluss der Frauen aus dem Bereich bürgerlicher Öffentlichkeit und der Einschluss der Frauen im Privaten, im Bereich der Familie, mit einer ganz bestimmten, genau normierten „Ordnung der Geschlechter" konstitutiv war für die Funktionsweise der bürgerlichen Gesellschaft, ja, auch noch die Voraussetzung für das Funktionieren und die Struktur der modernen Wohlfahrtsstaaten bildet.[24]

Das bedeutet aber, mit der Hinwendung zu Sprache, Texten und der Dekonstruktion auch der Kategorie Geschlecht ist die Analyse sozialer Strukturen und der Konstruktionen von gesellschaftlicher Wirklichkeit keineswegs überflüssig geworden, im Gegenteil. Die Radikalität der poststrukturalistischen Kritik hat uns vielmehr für die Differenzen auch innerhalb der Gruppe der Frauen sensibilisiert und den grundlegenden Widerspruch der bürgerlichen Gesellschaft, das sogenannte „Wollstonecraft-Dilemma", erneut offengelegt.

Dieses Dilemma besteht darin, sich einerseits auf Frauenerfahrungen oder Frausein zu beziehen, doch andererseits die sozial hergestellten Bedingungen traditioneller Weiblichkeit zu kritisieren, ja, verändern zu wollen. Das heißt, der Streit um Gleichheit und/oder Differenz mit Hilfe poststrukturalistischer oder postmoderner Theorie hat einen neuen produktiven Rahmen geschaffen für die Untersuchung der Machtdiskurse und Machtmechanismen in unserer Gesellschaft. Es wird jedoch darauf ankommen, beide Seiten der Analyse miteinander zu verbinden. Feministische Theorie muss daher – wie Nancy Fraser es ausdrückte – versuchen, „die diskursiven Analysen der Bedeutungen von Geschlecht in den historischen und gesellschaftlichen Zusammenhang [zu], stellen, sie nach Zeit und Ort situativ [zu] bestimmen [...] [und diese Analysen] mit strukturellen Analysen der Institutionen und der politischen Ökonomie zusammen[zu]bringen".[25]

5. Resümee aus der politischen wie der theoretischen Perspektive – Wo stehen wir heute?

Wenn wir den *trouble* zwischen den Geschlechtern und viele neue Selbstverständlichkeiten mit den Leitbildern und Vorurteilen der 50er und 60er Jahre vergleichen, so ist in der Tat ein Wandel im Geschlechterverhältnis festzustellen. Und doch sind manche Erfolge trügerisch, ist die Bilanz zweischneidig: In wesentlichen Kernbereichen, im Hinblick auf die „harten" Ziele der Frauenbewegung ist es den Feministinnen bisher nicht gelungen, die strukturelle soziale und rechtliche Diskriminierung von Frauen zu beseitigen. Insbesondere in Anbetracht knapper Staatsfinanzen und einer ökonomischen Krise sind Frauenfragen erneut, wie schon oftmals in der Geschichte, angeblich nicht opportun oder von geringerer politischer Bedeutung.

Allerdings haben Frauen wichtige Etappenziele erreicht. Zum ersten Mal in der Geschichte haben sie in einem zuvor nicht gekannten Ausmaß Zugang zu Wissen, Bildung und Ausbildung erlangt, und sie sind dabei, dieses Wissen kritisch und konstruktiv zu nutzen. Es gibt weltweit einen Diskurs über Feminismus, der das Subjekt dieser Emanzipationstheorie in allen Hinsichten ausdifferenziert und dekonstruiert und ihm gleichzeitig Gehör und Stimme, auch einen Körper und viel Phantasie und Lust an Kritik verliehen hat. Seyla Benhabib ist so kühn anzunehmen, dass sich der Feminismus neben dem postmodernen Denken in der intellektuellen und universitären Kultur der westlichen kapitalistischen Demokratien „zu den beiden führenden Gedankenströmungen unserer Zeit entwickelt" hat.[26]

Doch damit scheint der Abstand zwischen dem Selbstbewusstsein der Frauen, ihrer Sensibilisierung für die Geschlechterprobleme und der Abwehr auf der Seite der Männer unendlich groß geworden zu sein. Der Geschlechterkonflikt ist damit eher verschärft als befriedet. Der Alltag ist deshalb vielfach problematischer geworden. Denn es gibt keinen eindeutig dominierenden Lebensentwurf für junge Frauen, weder den der durchgängig erwerbstätigen Frau noch den der Ganztagshausfrau. Wesentlich ist aber, dass es zu den verschiedenen Lebensmustern und der Vielfalt von Lebensentwürfen auf Seite der Frauen bei den männlichen Partnern kein Äquivalent, in der Regel nicht einmal den Willen zu einer Veränderung gibt. Die Mehrzahl der Männer orientiert sich noch immer an einer männlichen „Normalbiografie", und zwar des durchgängig erwerbstätigen, von

Haushalt und Familie befreiten Mannes und Vaters, obwohl die gesellschaftliche und erst recht die ökonomische Entwicklung längst in eine andere Richtung weisen. Trotzdem können es sich junge Männer offensichtlich immer noch leisten, „alltagsvergessen" ihren Lebensweg zu planen.[27] Die unter dem Stichwort „Individualisierung" thematisierten sozialen Veränderungen, die Vielfalt der neuen Lebensformen werden von der männlichen Seite bezeichnenderweise als Risiko und Verlust des Sozialen debattiert,[28] während sie für Frauen durchaus Befreiung aus Abhängigkeiten und größere Lebenschancen bedeuten können.

In dieser Situation sagen uns junge Frauen, die eigenen Töchter: Feminismus haben wir nicht mehr nötig, ist out, hat sich überlebt. Das schmerzt, und doch kann ich die Töchter verstehen. Zur eigenen Identität, zu einem Selbstbewusstsein gehört die Distanzierung von den Müttern, ist es auch nicht wünschenswert, dass sie das Erbe widerspruchsfrei annehmen oder lediglich gehorsam verwalten. Denn es sind ja gerade die erkämpften Freiheiten und neuen gesellschaftlichen Bedingungen, die ihre ganze Aufmerksamkeit und Kraft und ihre Eigenständigkeit verlangen. Leben sie doch Lebensweisen, für die die Generation der neuen Feministinnen so eifrig gestritten und argumentiert hat, für Formen der Partnerschaft und Lebensgestaltung, die Selbstbestimmtheit voraussetzen. Wenn ich außerdem die Analysen über politische Interessen und das politische Verhalten junger Frauen richtig gelesen habe, so steckt hinter der zunächst deprimierenden Politikferne und Abstinenz im Wahlverhalten nicht einfach politisches Desinteresse, vielmehr eine wachsende Kritik am Parteiensystem und an den herkömmlichen Formen und Institutionen des Politischen. Möglicherweise kommt in ihren Orientierungen – hin zu den Grünen bzw. hin zu Themen wie Umwelt, Frieden, Arbeitslosigkeit – ein anderes und originäres Politikverständnis zum Ausdruck, für das die neue Frauenbewegung sowohl die theoretische Grundlage als auch viele Einsichten geliefert hat.[29] Dennoch ist nichts zu beschönigen, da bleibt ein Restrisiko, die Sorge, wie es der nächsten, jungen Frauengeneration gelingen könnte, ihre gegenwärtige abwartende und skeptische Distanz umzumünzen in eine politische Kraft, die Einfluss nehmen kann.

Anmerkungen

[1] Vgl. hierzu Ottheim Rammstedt: *Soziale Bewegung*. Frankfurt a.M. 1978, S. 167f., dagegen Joachim Raschke: *Soziale Bewegungen. Ein historisch-systematischer Grundriß*. Frankfurt a.M. 1988; Carol McClurg Mueller / Aldon D. Morris (Hrsg.): *Frontiers in Social Movement Theory*. New Haven et al. 1992; Dieter Rucht: *Modernisierung und neue soziale Bewegungen*. Frankfurt a.M./New York 1994.

[2] So Barbara Einhorn: *Cinderella Goes to Market. Citizenship, Gender and Women's Movements in East Central Europe*. London/New York 1993, S. 14 u. S. 182ff. Vgl. auch Claire Wallace: *A Western Feminist goes East*. In: Transit 9, 1995, S. 129–145.

[3] Vgl. neben Einhorn 1993, a.a.O. (Anm. 2), auch Nanette Funk / Magda Mueller (Hrsg.): *Gender Politics and Post-Communism*. New York/London 1993; sowie Hana Havelkova: *Real existierender Feminismus*. In: Transit 9, 1995, S. 146-158; sowie als Beispiel für Polen: „Frauen haben das Wort". *Dokumentation der feministischen Märztagungen in Krakau*. Hrsg. v. S. Walczewska u. B. Kozak. Krakau/Hamburg 1993.

[4] Vgl. Silvia Kontos: *Zum Verhältnis von Autonomie und Partizipation in der Politik der neuen Frauenbewegung*. In: Barbara Schaeffer-Hegel (Hrsg.): *Vater Staat und seine Frauen*. Pfaffenweiler 1990, S. 50-63.

[5] Vgl. *10 Jahre Frauenstimmrecht in Deutschland*. In: Die Frau im Staat, 10. Jg., 1928, Heft XI, S. 1f.; auch zum Folgenden vgl. Ute Gerhard: *Unerhört. Die Geschichte der deutschen Frauenbewegung*. Reinbek 1990, S. 354ff.

[6] Lida Gustava Heymann: *Rückschau und Ausblick*. In: Die Frau im Staat, 10. Jg., 1928, Heft 1, S. 1.

[7] Gertrud Bäumer: *Wesenswandel der Frauenbewegung*. In: Die Frau, 35. Jg., 1927/28, S. 2.

[8] Vgl. Irene Stoehr: *Neue Frau und Alte Bewegung?* In: Jutta Dalhoff (Hrsg.): *Frauenmacht in der Geschichte*. Düsseldorf 1986, S. 390-402.

[9] Stefanie Behm-Cierpka: *Frauenbewegung und Jugendbewegung*. In: Die Frau, 33. Jg. 1925/26, S. 144; Auguste Schmidt: *Die Mädchen in den Jugendverbänden und ihre Stellung zur Frauenbewegung*. In: Die Frau, 36. Jg., 1928/29, S. 543.

[10] Agnes v. Zahn-Harnack: *Die Leipziger Bundestagung*. In: Die Frau, 39. Jg., 1931, Heft 2, S. 65. Vgl. Agnes v. Zahn-Harnack: *Wo steht die Frauenbewegung?* In: Preußische Jahrbücher, Bd. 221, Heft 1, Juli 1930, Berlin (Georg Stilke), S. 20-29.

[11] Vgl. die Tagung der Sektion Frauenforschung in der DGS, dokumentiert in: Ilse Modelmog / Ulrike Gräßel (Hrsg.): *Konkurrenz & Kooperation. Frauen im Zwiespalt?* Münster/Hamburg 1994; und das Schwerpunktheft der „Feministischen Studien": *Kritik der Kategorie „Geschlecht"*, Nr. 2, 1993.

[12] Karl Mannheim: *Das Problem der Generationen (1928/29)*. In: Ludwig von Friedeburg (Hrsg.): *Jugend in der modernen Gesellschaft*. Köln/Berlin 1969, S. 23-48.

[13] Ebd., S. 36.

[14] Vgl. Irene Stöhr: *Gründerinnen – Macherinnen – Konsumentinnen? Generationenprobleme in der Frauenbewegung der 1990er Jahre*. In: Modelmog/Gräßel 1994, a.a.O. (Anm. 11), S. 91-115; sowie Hilge Landwehr: *Generationenkonflikte und Sachdifferenzen. Das Beispiel Frauenbewegung*. In: Transit 11, 1996, S. 87-100.

[15] So Landwehr 1996, a.a.O. (Anm. 14), S. 94f.

[16] Stöhr 1994, a.a.O. (Anm. 14), S. 109.

[17] Vgl. Steven M. Buechler: *Women's Movements in the United States. Women Suffrage, Equal Rights, and Beyond*. New Brunswick/London 1990, S. 9ff. und Ute Gerhard: *Westdeutsche Frauenbewegung. Zwischen Autonomie und dem Recht auf Gleichheit*. In: Feministische Studien, Nr. 2, 1992, S. 35-55.

[18] Leila Rupp / Verta Taylor: *Survival in the Doldrums. The American Women's Rights Movement, 1945 to the 1960s*. New York 1990.

[19] Vgl. Ute Gerhard: *Die „langen Wellen" der Frauenbewegung – Traditionslinien und unerledigte Anliegen*. In: *Das Geschlechterverhältnis als Gegenstand der Sozialwissenschaften*, hrsg. v. Regina Becker-Schmidt / Gudrun-Axeli Knapp. Frankfurt a.M./New York 1995, S. 247-278.

[20] In diesem Sinne Rammstedt 1978, a.a.O. (Anm. 1); vgl. auch Raschke 1988, a.a.O. (Anm. 1).

[21] Mannheim 1928/29, a.a.O. (Anm. 12), S. 41.

[22] Judith Butler: *Gender Trouble*. Dt. Ausgabe: *Das Unbehagen der Geschlechter*. Frankfurt a.M. 1991; vgl. auch Seyla Benhabib u.a.: *Der Streit um Differenz. Feminismus und Postmoderne in der Gegenwart*. Frankfurt a.M. 1993; Hilge Landwehr / Mechthild Rumpf: *Kritik der Kategorie „Geschlecht". Streit um Begriffe, Streit um Orientierungen, Streit der Generationen*. In: Feministische Studien Nr. 2, 1993, S. 3-9

[23] Alice Pechriggl: *Die Philosphin und die Frauenbewegung*. In: M. Pellikaan-Engel (Hrsg.): *Against Patriarchal Thinking, Proceedings of the VIth Symposium of the International Association of Women Philosophers*. Amsterdam 1992, S. 297ff.; vgl. auch Nancy Fraser: *Pragmatismus, Feminismus und die linguistische Wende*. In: Benhabib u.a. 1993, a.a.O. (Anm. 23), S. 145ff.

[24] Ute Gerhard: *Atempause. Die aktuelle Bedeutung der Frauenbewegung für eine zivile Gesellschaft*. In: Aus Politik und Zeitgeschichte. Beilage zur Wochenzeitung „Das Parlament", B 21-22, 1996, S. 3-14.

[25] Nancy Fraser: *Pragmatismus, Feminismus und die linguistische Wende*. In: Benhabib u.a. 1993, a.a.O. (Anm. 23), S. 145-160.

[26] Seyla Benhabib: *Feminismus und Postmoderne. Ein prekäres Bündnis*. In: Benhabib 1993, a.a.O. (Anm. 23), S. 9.

[27] Maria Rerrich / Angelika Diezinger: *Ungleichheit und Konfliktpotenziale in der alltäglichen Lebensführung*. Aus: Vortrag zur Tagung *Junge Frauen heute. Zur widersprüchlichen Modernisierung der weiblichen Lebensführung*. Bielefeld 1997.

[28] Vgl. Ulrich Beck: *Risikogesellschaft. Auf dem Weg in eine andere Moderne*. Frankfurt a.M. 1986.

[29] Vgl. Ursula Feist / Martina Wendt: *Politisches Interesse und politisches Verhalten junger Frauen*. In: Regine Hildebrandt / Ruth Winkler (Hrsg.): *Lebenswelten junger Frauen*. Köln 1994, S. 174-190.

CORNELIA KLINGER

Die Ordnung der Geschlechter und die Ambivalenz der Moderne

Am Ende des 20. Jahrhunderts ist „die Moderne" ziemlich plötzlich zum Thema geworden. Während die Diskussion um die Moderne bis vor wenigen Jahren hauptsächlich in den Literatur- und Kunstwissenschaften, in der ästhetischen Theorie und angrenzenden Bereichen geführt wurde, findet der Begriff nun zusätzlich und zunehmend in einem weiten Spektrum von Disziplinen und in Hinblick auf eine schier unüberschaubare Fülle von Einzelthemen Verwendung. Besonders die Gesellschaftswissenschaften und die Philosophie haben die Moderne für sich entdeckt. Selbstverständlich haben sich Soziologie und Philosophie schon längst früher mit der „Sache" Moderne befasst; sie haben jedoch erst neuerdings begonnen, dieser Sache, die sie in der Vergangenheit unter einer ganzen Reihe anderer Titel verhandelt haben (wie z.B. bürgerliche Gesellschaft, Kapitalismus, Rationalisierung u.v.m), den „Namen" Moderne zu geben, also die Gegenstände ihrer Untersuchungen auf den Begriff Moderne zu bringen. Für dieses neue Interesse mag es viele Gründe geben. Eine besonders wichtige Rolle spielt in diesem Zusammenhang zweifellos die Diskussion um die *Postmoderne*. Wenn der Gedanke aufkommt, dass wir uns möglicherweise in einem nachmodernen Zeitalter, in einem von der Moderne unterschiedenen Welt- und Bewusstseinszustand befinden oder uns diesem wenigstens potenziell annähern, dann müssen sich Kriterien der Differenz angeben lassen. Mit anderen Worten: Das Zeitalter der Moderne ist zur Besichtigung freigegeben, seitdem sein Ende in den Horizont des zumindest Möglichen getreten ist. Erst seitdem unter dem Vorzeichen der Postmoderne eine Grenze in Sicht kommt, eröffnet sich die Möglichkeit einer Reflexion auf die Moderne.

Dieses explosionsartig entstandene und exponentiell wachsende Interesse an der Moderne findet in der feministischen Diskussion geringen Widerhall. Die Frage nach dem spezifischen historischen Charakter der Moderne wird im Hinblick auf die Gestalt bzw. die Gestaltung der Geschlechterverhältnisse nicht so oft und so grundsätzlich gestellt, wie es ihrer Bedeutung entspräche.

Dabei hätte gerade feministische Theorie guten Grund, sich für die Epoche der Moderne besonders zu interessieren, verdanken doch Frauenbewegung und Feminismus eben dieser ihre eigene Existenz. Nun mag es aber wohl sein, dass gerade diese Tatsache der Auseinandersetzung eher hinderlich als förderlich ist. Obwohl zumal in der neueren feministischen Diskussion mit großem Nachdruck auf der Erkundung der gesellschaftlichen, kulturellen und historischen Situiertheit aller Phänomene insistiert wird, begreifen sich letztlich doch auch Frauenbewegung und Feminismus nicht gern als „Kinder ihrer Zeit". Die Reflexion auf die eigenen Voraussetzungen, die auch immer das schmerzliche Eingeständnis von Bedingungen und Bedingtheit impliziert, fällt nicht nur generell schwer, sondern wird darüber hinaus weiter erschwert durch den zutiefst problematischen Charakter der Moderne. Ihren Zusammenhang mit Industrialisierung und Urbanisierung oder gar ihre Abhängigkeit von technologischen Innovationen wie Verhütungs- und Reproduktionstechnologien einzugestehen, ist keine leichte Übung für eine Bewegung, die vielfach und aus manchem guten Grund Kritik an diesen Entwicklungen geübt hat.

Selbstverständlich wird es nicht möglich sein, den komplexen sich über mehrere Jahrhunderte erstreckenden Modernisierungsprozess der westlichen Gesellschaften in allen seinen Aspekten vollständig zu beschreiben. Was folgt, ist eine höchst schematische Skizze einiger Entwicklungslinien und ihrer Zusammenhänge. Insofern als in diesem Text die Frage nach der Geschlechterordnung und ihrer Veränderung im Kontext des Prozesses der Moderne gestellt wird, bestimmt sich die Blickrichtung von dieser Fragestellung her, während andere, ebenso gut mögliche Perspektiven auf den Modernisierungsprozess im Hintergrund bleiben. Da jedenfalls in der Vergangenheit die Familie dasjenige Teilsystem der Gesellschaft war, das den eigentlichen und wichtigsten Ort der Geschlechterordnung bildete, wird sich die Aufmerksamkeit in erster Linie darauf richten, woher, wohin und wie sich die Familie im Prozess der Moderne entwickelt. Selbst innerhalb dieser engen Grenzen sind Einseitigkeiten der Perspektive, Verkürzungen und Auslassungen unvermeidlich. Besonders schmerzlich ist mir bewusst, dass mein Blickwinkel auf die Ideen- und Ideologiegeschichte konzentriert ist, was erstens eine Beschränkung auf die hegemoniale bürgerliche Klasse nach sich zieht. Zweitens bedeutet diese Fokussierung auf Ideen und Ideologien, dass es in erster Linie um symbolische Konstruktionen geht.

Das bedeutet, dass, wenn von Frau oder Mann die Rede sein wird, vorwiegend die symbolischen Konstruktionen von Weiblichkeit oder Männlichkeit gemeint sind, die sich in den Individuen (und diese sich in ihnen) nicht unmittelbar wiederfinden, auch wenn sie wechselseitig aufeinander Einfluss nehmen. Meine Absicht ist es, hegemoniale Phänomene und Strukturen der abendländischen Moderne in den Blick zu bringen. Dass es davon immer auch Abweichungen, Ausnahmen, Alternativen, Gegenbewegungen gegeben hat und noch gibt, die ich nicht thematisiere, muss ich in Kauf nehmen.

Religion und Verwandtschaft *(kinship)* bildeten die Grundlagen der vormodernen gesellschaftlichen Organisation des Abendlandes. Aus diesen beiden Verankerungen lösen sich – im Verlauf mehrerer Jahrhunderte zwischen dem Ende des Mittelalters und dem Zeitalter der Aufklärung – die verschiedenen Sphären heraus, welche die moderne Gesellschaft konstituieren. Durch diesen Vorgang der Lösung von religiösen und patriarchalen Bindungen ist der Prozess der Moderne als Prozess der Säkularisierung und der Emanzipation charakterisiert. Zugleich ist es ein Prozess der Ausdifferenzierung, in dessen Folge sich die verschiedenen Funktionen der Gesellschaft zu relativ selbstständigen Teilsystemen ausbilden.

Meist wird an erster Stelle die Ausdifferenzierung des Politischen genannt. Die Entwicklung des modernen Staates „hat die Ausschaltung des Christentums von öffentlicher, weltformender Wirksamkeit zum Inhalt", mit anderen Worten die *„Entsakralisierung* der politischen Ordnung"[1]. Die Ursachen dieser Entwicklung liegen in den europäischen Religionskriegen, in deren Verlauf durch bittere Erfahrung deutlich wurde, dass die politische Organisation des Gemeinwesens nicht mehr auf allgemein geteilte Glaubensüberzeugungen gegründet werden konnte. Im gleichen Zusammenhang, nämlich mit der Entstehung des modernen Staates, hört die Verwandtschaft, das für Monarchie und Aristokratie bestimmende dynastische Prinzip, allmählich auf, Grundlage politischer Strukturen zu sein. „Die Entstehung des modernen Nationalstaates war ein entscheidender Schritt auf dem Weg zur Entfamiliarisierung der Politik; seine wachsende Hegemonie wurde auf Kosten familiengebundener Formen der Macht erreicht, wie sie im mittelalterlichen Konzept der Herrschaft repräsentiert wurden."[2]

Der zweite Aspekt des Ausdifferenzierungsprozesses betrifft die Sphäre der Ökonomie. Oft wird „die Herauslösung der Wirtschaft aus den sozialen und kulturellen Bindungen der alteuropäischen Gesellschaft und die damit einhergehende Umstellung der Wirtschaft auf Eigengesetzlichkeit"[3] als das eigentliche Zentrum der Modernisierung betrachtet. Auch sie beginnt mit einem Schritt der Säkularisierung, nämlich mit der Lösung von religiös begründeten Vorschriften wie etwa dem Wucherverbot oder dem Gebot des gerechten Preises; Schritte, die für die Entwicklung kapitalistischer Strukturen von maßgeblicher Bedeutung waren. Erst sehr viel später, mit der Entstehung eines selbstregulierenden Marktes, ist der Prozess der Ausdifferenzierung der Ökonomie abgeschlossen.

Ein entscheidender, wenn nicht überhaupt der entscheidende Punkt in der langen Geschichte der *Entfamiliarisierung* der Ökonomie ist dann erreicht, wenn das Haus nicht mehr der hauptsächliche Ort gesellschaftlicher Produktion ist. In diesem Augenblick – und konkret ist das der Augenblick der Industrialisierung – verlässt der Mann im Gefolge von Erwerbsarbeit und Produktion das Haus. Damit ändert sich der Begriff von Ökonomie, in den die Bindung an das Haus, den *oikos*, wörtlich eingeschrieben war. Die Hauswirtschaft wandelt sich zur politischen Ökonomie. Sie bildet eine selbstständige Sphäre, die in Relation zur Familie, die nunmehr eigentlich erst zur Privatsphäre wird, als öffentlich erscheint; in Relation zum Staat jedoch als privat, als „Privatwirtschaft" aufgefasst wird.

Im selben Zusammenhang scheiden Gesinde und Dienerschaft aus der Familie aus. Dadurch verändert sich der Begriff von Familie, der nicht nur etymologisch mit dem Wort „famulus" zusammenhängt, sondern für dessen vormodernes Verständnis eben dieser Zusammenhang von Herr und Knecht ebenso konstitutiv war wie die Relationen Mann-Frau und Eltern-Kinder. Die verringerte Extension bringt eine Einengung des Familienbegriffs „auf die Blutsfreundschaft und die Rechte der Mannesfamilie [...], an denen die Frau durch Heirat nur für ihre Person teilha[t]"[4]. Dieser Prozess, der sich in gewissem Sinne als Biologisierung der Definition von Familie auffassen ließe, verschärft die geschlechtsspezifische Arbeitsteilung, denn er trennt Produktions- und Reproduktionsarbeit deutlicher als zuvor und lässt den häuslichen Bereich ausschließlicher als die der Frau zugeordnete Lebenssphäre in Erscheinung treten.

Allerdings darf nicht übersehen werden, dass die Entfamiliarisierung der Ökonomie wesentlich später eingesetzt hat und sich langsamer vollzieht als die Entfamiliarisierung der Politik; auch ist sie vergleichsweise unvollständiger geblieben. In Hinblick auf Wahrung und Weitergabe von Eigentum und „Humankapital" hat die Familie weiter eine zentrale ökonomische Rolle gespielt. An eben diesem Punkt liegt das Band zwischen Privatwirtschaft und familialer Privatsphäre, und eben diese Verbindung von Eigentumsordnung und Lebensform ist es, die den „diskreten Charme der Bourgeoisie" ausmacht. Erst im Verlauf des 20. Jahrhunderts wächst die Ökonomie endgültig über die Familie hinaus. Die Leitung und Organisation wirtschaftlicher Unternehmungen liegen immer weniger in den Händen von Familien. Betriebe werden von Managern und leitenden Angestellten geführt, die nicht durch „Blutsbande" verbunden sind. Auch als Grundlage von Berufsständen ist die Weitergabe vom Vater an den Sohn heute weitgehend verschwunden. Das Organisationsprinzip Familie lässt sich nicht über eine mittlere Größenordnung hinausführen; außerdem wird die Familie durch die Entwicklung stabiler Strukturen anderer Art (Rechts- und Versicherungssysteme) überflüssig. Bereits Jakob Burckhardt

Die Ordnung der Geschlechter und die Ambivalenz der Moderne 33

hat die langfristig angelegte Ablösung des Familiensystems durch die moderne Ökonomie treffend auf den Punkt gebracht: „Das Geld ist der Sukzessor der Geburt, doch gerechter als diese, weil es bei unfähigen Erben nicht lange bleibt."[5]

Allerdings finden in bestimmten Perioden (Kriegen und Krisen aller Art) oder unter bestimmten Umständen, nämlich wenn und wo das Rechtssystem und die verschiedenen Versicherungs- und Organisationsstrukturen (wieder) unsicher erscheinen oder auch, wenn das Licht öffentlicher Institutionen gemieden werden soll,[6] immer wieder Rückgriffe auf das Familien- bzw. Verwandtschaftssystem statt. Auch die Weitergabe von Vermögen durch Erbschaft im Familienverband ist nicht vollständig verschwunden. Noch ist die Frage offen, was geschieht, wenn es das Netz der Familie unter dem Seil der modernen Gesellschaft einmal gar nicht mehr geben sollte.

Die Prozesse der Ent-Sakralisierung und Ent-Familiarisierung führen jedoch keineswegs zum Verschwinden von Religion und Familie. Infolgedessen lassen sie sich durchaus nicht nur mittels der Präfixierung „Ent-", also in ausschließlich negativer Richtung, als Verlust oder Reduktion beschreiben. Tatsächlich stehen den Prozessen der Ent-Sakralisierung und Ent-Familiarisierung von Politik und Ökonomie Prozesse gegenüber, die – wenn es nicht so tautologisch erschiene – als Sakralisierung und Familiarisierung von Religion und Familie zu bezeichnen wären oder – um den tautologischen Beigeschmack zu vermeiden – als Verinnerlichung und Privatisierung.

Die beiden Bereiche, von denen sich Staat und Ökonomie emanzipieren, nämlich Religion und Familie, durchlaufen den Ausdifferenzierungsprozess also gewissermaßen in entgegengesetzter Richtung. Damit deutet sich an, dass sich die Ausdifferenzierung gesellschaftlicher Subsysteme im Modernisierungsprozess zu einer Vielzahl nach ein und demselben Muster gebauter und weiter vermehrbarer Bereiche mit einem dualen Raster überschneidet. Während sich Staat und Ökonomie im Zuge ihrer Ent-Sakralisierung und Ent-Familiarisierung auf der Seite von Rationalität und Objektivität (bzw. fortschreitender Rationalisierung und Objektivierung) einschreiben, verorten sich die verinnerlichte und privatisierte Religion, ebenso wie die verinnerlichte und privatisierte Familie auf der Seite der Subjektivität (bzw. ebenfalls fortschreitender Subjektivierung). In Jürgen Habermas' Terminologie ausgedrückt: „Das dezentrierte (d.h. ausdifferenzierte; C.K.) Weltverständnis eröffnet auf der einen Seite die Möglichkeit eines kognitiv versachlichten Umgangs mit der Welt der Tatsachen und eines rechtlich und moralisch versachlichten Umgangs mit der Welt der interpersonalen Beziehungen; auf der anderen Seite bietet es die Möglichkeit eines von Imperativen der Versachlichung freigesetzten Subjektivismus im Umgang mit einer individualisierten Bedürfnisnatur."[7] Hiermit rücken instrumentelle und kommunikative Rationalität, die sich in anderen Hinsichten voneinander unterscheiden, unter dem Vorzeichen der „Versachlichung" auf dieselbe Seite; auf der anderen Seite steht ihnen unter dem Vorzeichen „Subjektivismus" eine ästhetisch-expressive Rationalität gegenüber. Gleich an dieser Stelle sei hinzugefügt, dass neben Staat und Ökonomie vor allem Wissenschaft und Recht den Prinzipien Rationalität und Objektivität folgen, während neben Religion und Familie die Bereiche der Kunst und Moral/Ethik in den Horizont des Prinzips der Subjektivität treten.[8]

Der Dualismus von Öffentlichkeit und Privatheit, Objektivität und Subjektivität übersetzt sich darüber hinaus auch in eine Polarisierung der Hinsichten von Funktion/Effizienz und Sinn. Die Bereiche von Wissenschaft und Recht, Markt und Staat folgen dem Prinzip Funktion; dagegen folgen die Bereiche der Privat- und Intimsphäre, ebenso wie die Bereiche der Religion und Moral, der Kunst und der Kultur im Allgemeinen dem Prinzip Sinn.[9] Gemeinsam ist Letzteren, dass die Individuen hier die Entfaltung, die Ausdrucksmöglichkeit ihrer Subjektivität (Authentizität) und die Erfüllung ihrer Wertvorstellungen, ihrer Lebenssinn- und Zielansprüche suchen. „Aufklärung nimmt [...] Zusammenhang, Sinn und Leben ganz in die Subjektivität zurück, die sich in solcher Zurücknahme eigentlich erst konstituiert."[10] Wenigstens idealtypisch gesehen, soll in den für Bestand und Entwicklung des Gesellschaftssystems objektiv relevanten Bereichen der Funktion Sachzwang herrschen, und zwar ausschließlich dieser – im subjektiv bedeutungsvollen Bereich des Sinns Freiheit. Schließlich lässt sich die Polarität auch in kalorischen Metaphern ausdrücken: während der Binnenraum der privaten Sinnwelten als zunehmend „wärmer" empfunden wird, wird der Außenraum des Öffentlichen, werden die berechenbaren und berechnenden Mechanismen des Marktes, des Rechts- und Verwaltungssystems als „kalt" wahrgenommen.

„Geschichtlich betrachtet fängt die ‚Privatisierung' beim Fundament an, bei der Religion. Das erste Individualrecht im Sinne der bürgerlichen Gesellschaftsordnung war die Religionsfreiheit; in der geschichtlichen Entwicklung jenes Kataloges von Freiheitsrechten – Glaubens- und Gewissensfreiheit [...] ist sie Anfang und Prinzip."[11] Die moderne Gesellschaft wird in ihren wesentlichen Funktionsmechanismen und Funktionszusammenhängen ganz und gar diesseitig. Die Frage nach dem Verhältnis zu einer Transzendenz im traditionalen Sinne verschwindet damit zwar keineswegs, sie besitzt aber für die gesellschaftlichen Abläufe keine Relevanz und daher für die Mitglieder der Gesellschaft keine Allgemeinverbindlichkeit. „Eius religio" ist nicht mehr an „cuius regio" gebunden. Religion verliert ihre politische und gesellschaftliche Verhältnisse begründende und verbindende, mithin ihre „staatstragende" Funktion. Die Suche nach Sinn und Bedeutung wird damit in das freie Belieben der Einzelnen gestellt, denen diese Suche nun allerdings zugleich auch als Bürde auferlegt ist. „Der Übergang zur Moderne bewirkt [...] eine Privatisierung der Beziehung des Ich zum Kosmos und zu den letzten Fragen der Religion und des Seins."[12]

Mit dem Verlust der öffentlichen Bedeutung von Religion ist ein Prozess der „Entmoralisierung" unmittelbar verbunden. Ohne eine Fundierung in Religion verliert Moral zwar nicht notwendigerweise ihren Halt, wohl aber ihren In-Halt, d.h. die Möglichkeit einer materialen Ausgestaltung. Entmoralisierung bedeutet keineswegs, dass es im öffentlichen Raum keine verbindlichen Prinzipien, Normen oder Regeln mehr geben kann, es bedeutet jedoch, dass diese zunehmend formaler und prozeduraler Art sein müssen, um allgemein zustimmungsfähig sein zu können. Das bedeutet wiederum kein völliges Verschwinden von Moral, sondern ihre Umgestaltung und zwar ebenfalls in Richtung Privatisierung. Positiv formuliert stellt sich dieser Prozess als Ausdifferenzierung von Recht und Moral dar. Eine entmoralisierte und veräußerlichte Rechtssphäre und eine entinstitutionalisierte und verinnerlichte Moral stehen einander gegenüber.[13]

Privatisierung von Religion und Moral bedeutet zugleich, dass sie mehr und mehr an den Ort rücken, der der hauptsächliche Ort der Privatheit ist: in die Familie, in die Intimität der kleinen Gruppen und Kreise und letztlich, durch diese Instanzen vermittelt, in das „Innere" des Individuums. Es ist dieser Prozess der Privatisierung oder Subjektivierung (Verinnerlichung) der Religion, bzw. des Religiösen, der eine „Sakralisierung des Privaten" in Gang setzt, eine Neubesetzung und Aufwertung der Privatsphäre, indem diese zum Ort von Wert- und Tugendbildung, von Sinnfragen und Sinnsuche wird. „[...] wohin man immer das Religiöse stellt, es zeigt überall seine absorbierende, verabsolutierende Wirkung, und wenn das Religiöse das Private ist, so ist infolgedessen auch umgekehrt *das Private religiös geheiligt*."[14] Die moderne Gesellschaft bedarf zu ihrer Erhaltung keiner allgemeinverbindlichen und gemeinschaftsstiftenden „großen Erzählung"; Bedeutungs- und Sinnstiftung ist in der Moderne kein gesamtgesellschaftliches Projekt. Aber umso vordringlicher und nachhaltiger wird Sinnsuche zur Obliegenheit, ja vielleicht sogar zur Obsession der Einzelnen und jener Gemeinschaften, die das Individuum sich zur Begleitung für diese Reise wählt.

Von der Privatisierung der Religion führt der Weg direkt zur Privatisierung der Familie. Der häusliche Lebensbereich wird durch den Ausdifferenzierungsprozess von politischen und – wenngleich viel unvollständiger, aber tendenziell doch auch- von ökonomischen Aufgaben und Rücksichten entlastet. Damit wird er erst zur Privatsphäre in dem Sinne, wie wir sie heute noch verstehen. Mindestens auf den ersten Blick sieht es so aus, als ließen sich die Auswirkungen der Ausdifferenzierung auf die Sphäre der Familie mit Hilfe derselben Begriffe beschreiben, die im Hinblick auf die anderen im Zuge des gleichen Prozesses sich ausdifferenzierenden Bereiche verwendet werden, und zwar gerade auch ausdrücklich mittels jener Begriffe, welche die Prozesse von Rationalisierung und Versachlichung erfassen. In diesem Sinne nennt der Soziologe Hartmann Tyrell drei Merkmale, nämlich „relative Autonomie", „thematische Reinigung" und „funktionale Spezialisierung."[15] Wenn man die allgemeinen, formalen Bestimmungen der im Modernisierungsprozess sich ausdifferenzierenden Bereiche mit dem spezifischen Inhalt füllt, den sie im Hinblick auf die familiale Privatsphäre erhalten, dann entspricht das den drei Begriffen Freiheit bzw. Freiwilligkeit, Liebe und Bildung, die von Hegel bis Habermas als die wesentlichen Charakteristika der modernen Familie gelten.

Die Entlastung von politischen und ökonomischen Rücksichten setzt sich in *relative Autonomie* bzw. in *Freiheit/Freiwilligkeit* um, indem Ehe und Familie prinzipiell auf Vertrag und Konsens der Partner gegründet sind, statt auf dem Arrangement der (Herkunfts-)Familien. Das Konzept des bürgerlichen Vertrages impliziert die Vorstellung der Vertragsfähigkeit (Mündigkeit) und der Gleichheit der Vertragspartner als Rechtssubjekte ebenso wie den Gedanken der Kündbarkeit des Vertrages (Scheidung).

Die Entlastung von politischen und ökonomischen Rücksichten wirkt sich als *thematische Reinigung* aus, insofern als *Liebe* zum alleinigen Grund und zur Grundlage von Ehe und Familie avanciert. Die Partnerwahl wird zur Angelegenheit der persönlichen Neigungen und Vorlieben, während die durch andere Interessen motivierte Vernunftehe genauso in Misskredit gerät wie die von der Verwandtschaft arrangierte Ehe. Damit wird das Individuum und seine Wahl(freiheit) ins Zentrum gerückt. Obwohl Liebe auf Gemeinschaftlichkeit und Reziprozität angelegt zu sein scheint, ist es das Primat des Individuums, das auf der Basis der Autonomie und in der Wahlfreiheit des Ehepartners als Liebespartner hergestellt wird. Die auf Liebe gegründete Gemeinschaft folgt damit den Prinzipien von Authentizität und Selbstverwirklichung - *à deux*.

Zwar konterkariert die Idee der Liebe die Auffassung der Ehe als bürgerlichem Vertrag teilweise, aber aus beiden Richtungen zusammen ergibt sich ein beträchtlicher Individualisierungsschub im Sinne einer Freisetzung der Lebensweisen. Anders ausgedrückt: Das aus den Rechtstheorien der Aufklärung stammende Konzept der (Vertrags-)Freiheit und die Idee der individualisierten, verinnerlichten Liebe romantischer Herkunft machen gemeinsam den modernen Charakter der familialen Privatsphäre aus. Bedeutet bereits die Gründung von Ehe und Familie auf Vertrag einen gewaltigen Flexibilisierungs- und Mobilisierungsschub für eine Institution, die traditionell eine mächtige Instanz der Beharrung und ein wichtiges Instrumentarium zur Herstellung gesellschaftlicher Dauer darstellte, so legt die Gründung der Institution Ehe auf das denkbar flüchtigste aller Gefühle regelrecht Sprengstoff an einen Grundpfeiler des Sozialsystems. Die langfristige Folge ist ein tiefgreifender Wandel der Stellung von Familie im gesellschaftlichen Systemzusammenhang.[16]

Die Entlastung von politischen und ökonomischen Rücksichten erlaubt schließlich die *funktionale Spezialisierung* der familialen Privatsphäre auf die Aufgaben der Sozialisation – in den Termini des bürgerlichen Zeitalters ausgedrückt: der *Bildung*. Die besondere und ganz neue Bedeutung dieser Spezialisierung für die moderne Gesellschaft liegt darin, dass diese einerseits einen höheren Bedarf an verinnerlichten, innengeleiteten Verhaltens- und Charaktereigenschaften ihrer Mitglieder entwickelt; andererseits ist die familiale Privatsphäre der einzige Ort, an dem die Individuen die mit neuer Dringlichkeit erforderlichen Eigenschaften wie Pflicht- und Verantwortungsgefühl, Gewissen(haftigkeit), Altruismus, Empathie, Engagement, Opferbereitschaft (Patriotismus), erfahren und erlernen können. Wenn die Moderne als das Zeitalter gilt, in dem sich die Kindheit als unterschiedener Zustand und eigenständiges Phänomen herausbildet, so ist das im Zusammenhang mit der funktionalen Spezialisierung der familialen Privatsphäre auf die Aufgaben der Sozialisation zu sehen.

Allerdings ist nicht zu übersehen, dass die funktionale Spezialisierung auf die Sozialisationsaufgabe zu den beiden anderen Bestimmungen der modernen Privatsphäre, zu Freiheit und Liebe, in einem gewissen Spannungsverhältnis steht. Während die Autonomisierung und thematische Reinigung auf eine immer weiter fortschreitende Individualisierung und Freisetzung der Lebensweisen von gesellschaftlichen Erwartungen angelegt sind, hängt an der funktionalen Spezialisierung auf Sozialisation und Bildung sehr viel nachhaltiger das Gewicht einer für den gesellschaftlichen Funktionszusammenhang notwendigen und daher auch gesellschaftlich kontrollierten und durchgesetzten Leistung. Beide Tendenzen passen schlecht zusammen und haben tatsächlich auch immer wieder den Eindruck einer gewissen Dysfunktionalität der modernen Familie für ihre eigentlichen Aufgaben hervorgerufen. Langfristig gesehen kann sich die Dynamik der fortschreitenden Freisetzung der Lebensweisen durchsetzen. Das Spannungsverhältnis zur gesellschaftlich weiterhin funktional unerlässlichen Sozialisations- und Bildungsaufgabe wird dagegen durch ihre weitgehende Vergesellschaftung in einem umfassenden öffentlichen Schulsystem reduziert.

Wenn wir an dieser Stelle ein erstes Fazit ziehen wollten, dann fiele es äußerst positiv aus: Sowohl von ihren formalen Aspekten der Modernisierung her, also in Bezug auf die Titel der „relativen Autonomie", der „thematischen Reinigung" und der „funktionalen Spezialisierung", als auch – und vielleicht deutlicher – unter den inhaltlichen Gesichtspunkten Freiheit, Liebe, Bildung leuchtet die Beschreibung des Ausdifferenzierungsprozesses der modernen Familie in einem auffallend hellen Licht. Auf der einen Seite scheinen sich die Entfamiliarisierung von Staat und Ökonomie als Entlastung und Befreiung auf die Privatsphäre auszuwirken. Auf der anderen Seite gehören die Aufgaben und Funktionen, auf welche sich die Familie in der modernen Gesellschaft spezialisiert, zweifellos zu den schönen und edlen. Während sich Staat und Ökonomie im Zuge ihres Ausdifferenzierungsprozesses zu zweckrationalen und moralfreien, einzig am Prinzip der Effizienz orientierten Räumen entwickeln, spezialisiert sich die Privatsphäre darauf, demgegenüber den Hort der Werte und Tugenden und der reinen Humanität zu bilden. In allen seinen Merkmalen erscheint das Private als Inversion der öffentlichen Verhältnisse und Normen. Es sollen herrschen: Wechselseitigkeit statt Eigennutz, Gemeinschaftlichkeit statt wirtschaftlicher Konkurrenz oder staatlichem Zwang, Großzügigkeit und Zuwendung statt ökonomischer Berechnung oder politischem Machtkalkül – kurzum Liebe statt Geld oder Macht.

Bis zu diesem Punkt habe ich versucht, das Bild der Modernisierung der Geschlechterordnung nach dem Muster des Modernisierungsprozesses als Ausdifferenzierung verschiedener Subsysteme bzw. Wertsphären zu zeichnen – und zwar in der guten Absicht, auf diese Weise der dominanten Auffassung entgegenzutreten, dass die Geschlechterordnung keinen oder nur einen marginalen Anteil am Prozess der Moderne habe. Obgleich mir das so entstandene Bild in vielen Hinsichten Ähnlichkeiten mit der Wirklichkeit aufzuweisen scheint, ist es – der guten Absicht zum Trotz – in anderen Hinsichten unvollständig und daher verzerrt. Im Folgenden sollen drei problematische Punkte angesprochen werden, die im bis hierher entworfenen Bild fehlen. Denn unbeschadet davon, dass die Entwicklung der Geschlechterordnung dem Entwicklungsgang der Moderne folgt, gibt es doch einige Besonderheiten.

Die Ordnung der Geschlechter und die Ambivalenz der Moderne 39

★

Das *erste* Problem betrifft noch nicht eigentlich und ausschließlich die Thematik der Geschlechterordnung, sondern allgemein die Auffassung des Modernisierungsprozesses als Ausdifferenzierungs- bzw. als Autonomisierungsprozess, die grundsätzlich den Blick für die gleichzeitig wachsenden Interdependenzen verstellt, die das Bild der Freiheit und Eigengesetzlichkeit der Bereiche trüben. Dies gilt nicht nur, aber eben auch in Hinsicht auf die Ausdifferenzierung der familialen Privatsphäre.

Indem sich die Familie auf bestimmte Funktionen spezialisiert, während sie andere Funktionen verliert, gerät sie in ein Verhältnis der Abhängigkeit von den Sphären, die sich ihrerseits auf eben jene Funktionen spezialisieren, welche die Familie abgibt. Konkret bedeutet das, dass die Familie abhängig wird – zum einen – von einer nicht mehr häuslich stattfindenden Wirtschaftstätigkeit: Zunehmend werden weder die Güter, die im Haus benötigt werden, noch das Einkommen oder das Vermögen der Familie im Haus und unter häuslicher Kontrolle erzeugt.[17] Mit anderen Worten: Die Familie verliert an Subsistenzfähigkeit und Autarkie, d.h. an eben jenen Qualitäten, die einmal ihre eigentliche Macht bedeutet haben. Neben der ökonomischen Abhängigkeit entsteht im Prozess der Moderne – zum anderen – auch eine politische Abhängigkeit der Familie. Genauer gesagt, die Familie wird zum Feld spezifisch moderner Formen von Politik, von staatlicher Intervention. Entgegen der gleichsam „offiziellen" Doktrin von der Polarisierung des Öffentlichen und Privaten, von der Autonomisierung der Privatsphäre und der Ideologie der Familie als herrschaftsfreiem Raum („my home, my castle"), ist unbestreitbar, dass der moderne Staat von seinen Anfängen bis in die Gegenwart massiv in die Sphäre der Familie hineinregiert hat und dass das weiterhin und in noch zunehmendem Maße geschieht.

Die Reproduktion der menschlichen Gattung und in ihrem Gefolge die Sexualität der Individuen werden zum Gegenstand von Machtkalkül und Herrschaftsinteresse – und zwar nicht mehr – wie seit jeher schon – der Familie, der Sippe des Clans, sondern des Staates und der Gesellschaft. Mit anderen Worten: Die Familie wird zwar von ökonomischen und politischen Aufgaben und Funktionen entlastet, nicht aber vom Einfluss von Politik und Ökonomie auf ihren Bereich. Michel Foucault hat das unter dem Titel der Biopolitik und des Übergangs vom Allianz- zum Sexualitätsdispositiv eindrucksvoll beschrieben.[18]

Freilich ist es wichtig, diese Art wachsender Abhängigkeit nicht einseitig als ausschließlich die Familie betreffendes Problem aufzufassen. Tatsächlich wird die moderne Gesellschaft, werden Politik und Ökonomie ihrerseits auf ebenso riskante Weise abhängig von den Sozialisationsleistungen, auf welche sich die Familie spezialisiert und auf die von den anderen

Bereichen her ein direkter Zugriff gleichfalls immer problematischer wird, weil er mit dem Autonomie-Anspruch kollidiert, den grundsätzlich alle sich ausdifferenzierenden Sphären erheben können. So ist aus der Perspektive von Rechts-, Politik- und Staatstheorie mit einigem Argwohn betrachtet worden, dass – wie Ernst Wolfgang Böckenförde es formuliert – „der freiheitliche, säkularisierte Staat [...] von Voraussetzungen [lebt], die er selbst nicht garantieren kann."[19] Das Dilemma beschreibt Böckenförde folgendermaßen: „Als freiheitlicher Staat kann er einerseits nur bestehen, wenn sich die Freiheit, die er seinen Bürgern gewährt, von innen her, aus der moralischen Substanz des einzelnen und der Homogenität der Gesellschaft, reguliert", denn nur so ist ein völliges Divergieren zwischen öffentlicher und privater Sphäre zu verhindern. „Andererseits kann er diese inneren Regulierungskräfte nicht von sich aus, das heißt mit den Mitteln des Rechtszwanges und autoritativen Gebots, zu garantieren suchen, ohne seine Freiheitlichkeit aufzugeben."[20] Die Möglichkeit, dass die Autonomisierung der Privatsphäre und insbesondere die damit einhergehende Subjektivierung und Individualisierung dazu führen könnten, dass die gesellschaftlich benötigte „moralische Substanz" und ihre Homogenität in der Familie nicht mehr generiert werden, lässt vor allem konservative Geister seit Beginn der Moderne und bis zum heutigen Tag nicht ruhig schlafen. Auch ohne den konservativen Lösungsvorschlag, die Familie patriarchaler Kontrolle zu unterstellen, für akzeptabel zu halten, ist nicht zu bestreiten, dass das Problem real ist; d.h., die Autonomisierung der Privatsphäre führt tatsächlich dazu, dass die Erfüllung des Gebotes: „Die Kulturformen [müssen] durch die Erziehung in der Familie vertreten werden"[21], fraglich wird.

Diese Problematik betrifft auch nicht allein das Verhältnis zwischen der familialen Privatsphäre und anderen Bereichen, sondern gilt für das Verhältnis *aller* Sphären zueinander. Es ist ein allgemeines Charakteristikum der Moderne und zugleich ein wesentlicher Grund für das weitverbreitete „Unbehagen" an und in ihr. Nicht zufällig ist der Gewinn an Autonomie, den der Ausdifferenzierungprozess für die verschiedenen Bereiche mit sich bringt, *relativ* genannt worden. Denn „mit der funktionalen Entlastung und der gesteigerten relativen Autonomie geht die gesteigerte funktionale Interdependenz der ausdifferenzierten gesellschaftlichen Teilbereiche zusammen."[22] Die Spannung zwischen Autonomisierung auf der einen Seite und Verflechtung auf der anderen bleibt unaufgelöst, insofern als es für das Zusammenspiel zwischen den Bereichen keinen zentralen Steuerungsmechanismus oder einen gemeinsamen Harmonisierungsnenner gibt. Der Eindruck der Bedrohlichkeit, der „Mächtigkeit" der verschiedenen ausdifferenzierten Bereiche im Verhältnis zueinander ist nicht zuletzt das Resultat ihrer zunehmenden Abhängigkeit voneinander bei gleichzeitig steigender Unverfügbarkeit füreinander.

Die Ordnung der Geschlechter und die Ambivalenz der Moderne 41

★

Ein *zweites* Problem, das sich bei dem Versuch ergibt, den Modernisierungsprozess der familialen Privatsphäre nach dem Modell des Ausdifferenzierungskonzepts darzustellen, betrifft die Auslassung ihrer materialen Grundlagen in Sexualität und Reprodukion. Die drei Bestimmungen der relativen Autonomie (Freiheit), der thematischen Reinigung (Liebe) und der funktionalen Spezialisierung (Bildung) umkreisen die zentralen, dem familialen Binnenraum verbleibenden Funktionen zwar, sparen sie dabei aber eigentlich eher aus, lassen sie als einen blinden Fleck in der Mitte liegen. Selbstverständlich gilt hier wieder die Vermutung, dass der Grund dieser Ausblendung darin zu suchen ist, dass Sexualität und Generativität als natürliche und das soll heißen, historisch invariante Gegebenheiten menschlicher Existenz aufgefasst werden. Gilt dies für die marginalisierende Behandlung der Geschlechterordnung und der familialen Privatsphäre im allgemeinen, so gilt es für ihren materialen Kern nun erst recht. Daher lässt sich gerade hier die Irrtümlichkeit dieser Auffassung besonders gut demonstrieren. Zwar mag es sein, dass sich die biologischen, physiologischen Dimensionen von Sexualität und Generativität nicht grundlegend ändern, aber die Semantisierung und Exponierung dieser Aspekte menschlicher Existenz als „Natur" erfolgt erst im Zuge des Ausdifferenzierungsprozesses der Moderne.

Die sich im Zuge des Modernisierungsprozesses vollziehende Trennung von Berufs- und Hausarbeit bedeutet mehr als das bloße Eintreten einer räumlichen Distanz in einem äußerlichen Sinne. Sie erstreckt sich auch auf eine schärfere Differenzierung im Charakter der jeweiligen Tätigkeiten. Berufs- und Hausarbeit stehen sich jetzt als „produktive" und „reproduktive" Arbeit gegenüber. Was das bedeutet, lässt sich auf dem Hintergrund von Hannah Arendts Definition des Begriffs Arbeit anschaulich machen. Arendt geht von einer immer schon vorhandenen, archaischen, wenn nicht gar „ursprünglichen" Arbeitsteilung zwischen den Geschlechtern aus. Diese wird von ihr als Teilung zwischen der Erzeugung von Leben und der Erzeugung von Lebensmitteln dargestellt: Die Sorge für die Erhaltung der Einzelnen im Sinne der Nahrungsmittelproduktion liegt beim Mann; die Sorge um die Erhaltung der Gattung obliegt der Frau. Arendts Darstellung der Arbeitsteilung zwischen den Geschlechtern erscheint trotz dieser Polarisierung[23] insofern streng symmetrisch, als sie beide Arten von Arbeit in einem für ihre kategoriale Bestimmung dieses Begriffs wesentlichen Punkt als gleichartig betrachtet: Das nahrungschaffende Arbeiten des Mannes und das Gebären der Frau, das ebenfalls *labour* bedeutet, bezeichnet sie als „die beiden natürlichsten Funktionen des Menschen"[24].

Mit der Natürlichkeit körperlicher Arbeit verbinden sich nicht nur Vorstellungen von Mühe und Schmerz, von Blut, Schweiß und Tränen, sondern darüber hinaus von Notwendigkeit und Zwang. Beide Arten von Arbeit sind „gleicherweise dem Drang und Trieb des Lebens untertan"[25]. Wörtlich spricht Arendt von der „Knechtschaft durch den biologischen Lebensprozess"[26]. Aus dieser leitet sie die Legitimierung bestimmter gesellschaftlicher Herrschaftsverhältnisse, des despotischen Hausherrenregiment und weitergehend die Despotie des „Sozialen" ab. Mit der Bindung an die Natur bzw. mit der Sorge um die Lebensnotdurft gehen triebhaft-irrationale Strebungen wie Habsucht, Gier und Geiz einher, die zwar im Dienste des physischen Überlebens stehen, aber das politische Leben der Gesellschaft gefährden, indem der private Egoismus die Einheit des Gemeinwesens teilt.

Daraus leitet Arendt die Erklärung für die Trennung zwischen dem Öffentlichen und Privaten in der griechischen Polis ab: Alles, „wozu der Lebensprozess unmittelbar nötigt", muss im Dunkel des Hauses verborgen gehalten werden. Beide Arten von Arbeit sind „Hausarbeit". „Frauen und Sklaven gehörten zusammen, zusammen bildeten sie die Familie und zusammen wurden sie im Verborgenen gehalten, [...] weil ihr Leben ‚arbeitsam' war, von den Funktionen des Körpers bestimmt und genötigt."[27] Im Dunkel des Hauses verbirgt die traditionale Gesellschaft ihre unvermeidliche und doch zugleich beschämende, weil animalische Unterordnung unter die Gesetze der Natur. Hier liegt der Grund für die Ausgrenzung der Geschlechterordnung aus dem Bereich des Gesellschaftlichen und Politischen in der alteuropäischen Tradition – oder wenigstens wird er aus Arendts moderner Perspektive so vorgestellt.

In der Folge des Übergangs zur Industriegesellschaft wandelt die eine der beiden Arten von Arbeit ihren Charakter grundlegend: die Herstellung von Lebensmitteln, von Dingen bzw. Gütern und Waren durchbricht den reproduktiven Charakter des Säens und Erntens; sie überschreitet den Kreislauf der Natur; sie wird produktiv und artifiziell; sie verlässt das dunkle Haus zu Gunsten von Manufaktur, Fabrik oder Betrieb. Dabei nimmt die Güterproduktion übrigens die negativen Züge von Überlebenszwang, Eigennutz und Habsucht mit, aber dennoch verliert sie wenigstens partiell das Odium des Beschämenden und Verächtlichen, das aus der Körperlichkeit und Naturabhängigkeit von Arbeit resultierte. Indem im Prozess der Industrialisierung und der Entwicklung der modernen Wissenschaften und Technologie der selbstbewusste Geist des Manipulierens und Machens in den gesellschaftlichen Produktionsprozess Einzug hält, verändert sich das Verhältnis zur Natur.

Die Ausdifferenzierung der Bereiche bedeutet auf Seiten von Staat und Ökonomie also nicht nur Entsakralisierung und Entfamiliarisierung, sondern auch *Artifizialisierung*. Der moderne Staat tritt in Erscheinung als

„zweite Natur", der die Mängel der ersten Natur nicht anhaften sollen. Das Geheimnis des Leviathan und seiner Dauerhaftigkeit ist seine Künstlichkeit.[28] Im Hinblick auf die moderne Ökonomie ist der Aspekt der Entnaturalisierung vielleicht sogar noch deutlicher; denn aus den Fortschritten der modernen Wissenschaft und Technologie entstehen bis dahin ungeahnte Möglichkeiten der Naturbeherrschung.

Von den Veränderungen, welche die Bearbeitung der äußeren Natur, die Herstellung von Lebensmitteln und Gütern im Industrialisierungsprozess revolutionieren, wird die „Herstellung" menschlichen Lebens – zunächst – nicht direkt betroffen.[29] Die andere der beiden Arten körperlicher Arbeit, die vormodern gemeinsam im Dunkel des Hauses verrichtet wurden, bleibt dort zurück. Damit vertieft sich die Differenz zwischen der Herstellung von Leben und Lebensmitteln; reproduktive und produktive Arbeit treten auseinander. Während sich die Herstellung von Gütern aller Art, sogar einschließlich der Lebensmittel im engeren Sinn, im Übergang zu industrieller Produktion aus dem Kreislauf und Stoffwechsel mit der Natur emanzipiert und zunehmend artifizielle Züge annimmt, bleibt die Herstellung des „Lebens" archaisch, an die unveränderlichen Gesetze der Natur gebunden. Das Auseinandertreten von „produktiv" gewordener Arbeit der Güterherstellung im Betrieb und der im häuslichen Bereich verbleibenden reproduktiven Arbeit scheidet beide deutlicher als zuvor entlang der Linie des Dualismus von Kultur/Gesellschaft und Natur.

Bedeutet das nun also, dass die aus dem Konzept der familialen Privatsphäre entlang der Prinzipien von Freiheit, Liebe, Bildung ausgeblendete Naturbindung von Sexualität und Reproduktion nicht vielleicht doch ein Argument dafür liefert, warum diese Sphäre vom Prozess der Moderne ausgeschlossen ist? Die dieser Deutung zu Grunde liegende starre Entgegensetzung von Kultur/Gesellschaft und Natur gerät in Bewegung, wenn die folgenden Gesichtspunkte einbezogen werden.

Aus der gesteigerten Befähigung zur Beherrschung der Natur entsteht ein neues Bewusstsein. Der Streben, die Übermacht der Natur zu bewältigen, verändert sich, je weitgehendere Erfüllung es findet. Nicht in der dumpfen „Knechtschaft des biologischen Lebensprozesses", sondern als verfügungsgewaltiger Herr über die damit umgekehrt zunehmend als kostbar, ja sogar als rar erscheinenden Ressourcen der Natur sieht sich der moderne Mensch. Nicht mehr eigentlich der Wille zur Unterdrückung im Sinne von Repression, von Eindämmung und Ausgrenzung, sondern vielmehr der Wille zur Ausbeutung der Reichtümer prägt zunehmend den Umgang mit der Natur. Die modernen Naturwissenschaften sind getragen von dem Streben, die Gesetze der Natur zu erforschen, um in die Materie eingreifen und sie manipulieren zu können.

Auf der Rückseite und wohl auch auf der Grundlage des technologischen Zugriffs, der zunehmenden Artifizialisierung und instrumentellen Beherrschung der Wirklichkeit entwickelt sich zugleich eine andere, entgegengesetzte Einstellung zur Natur. An die Stelle des schamhaften Verbergens der animalischen Elemente menschlicher Existenz tritt das Bedürfnis nach Entlastung des Lebewesens Mensch von den von ihm selbst geschaffenen künstlichen Welten. In einer zunehmend technisierten, bürokratisierten und formalisierten Wirklichkeit werden die wenigen verbleibenden naturhaften und natürlichen Aspekte des Lebens und der Welt zu einem schützens- und bewahrenswerten Gut – und zwar sowohl im Hinblick auf die äußere Natur als auch auf die eigene innere Natur.

Nun sind die Veränderungen im Verhältnis von Gesellschaft und Natur in der Folge des Modernisierungsprozesses so grundstürzend, dass aus der Absicht des Schützens und Bewahrens Neues entsteht. Die effizienter, extensiver und intensiver werdende Naturbeherrschung selbst ist es, die eine von Sehnsucht und Sentimentalität geprägte Hinwendung zur Natur hervortreibt. Während der instrumentelle Zugriff auf Natur auf der Seite von Modernisierung als Rationalisierung und Versachlichung steht, ordnen sich Naturgefühl, Naturerleben und Natursehnsucht der Seite der Subjektivierung zu bzw. konstituieren die moderne Subjektivität entscheidend mit. Anders gesagt, neben den instrumentellen Naturbegriff und ihm entgegen tritt der ästhetische Naturbegriff als gleichermaßen neues Phänomen. Beide divergieren nach den Hinsichten von Objektivität und Subjektivität. An die Stelle des alten Zwiespalts zwischen Furcht und Ehrfurcht, zwischen Scheu und Abscheu vor der Natur tritt eine Auffassung, die zwar wiederum, aber auf ganz andere Weise zwischen zwei Polen oszilliert. Jetzt heißen die beiden Pole instrumentelle Beherrschung, Ausbeutung einerseits und andererseits Identifikation mit bzw. Sehnsucht nach dem, was auf dem Wege der Versachlichung und Vernutzung verloren zu gehen oder zerstört zu werden droht. „Natur ist in der europäischen Neuzeit auf zwei divergierenden Linien thematisiert worden: der naturwissenschaftlichen Erkenntnis auf der einen Seite und der künstlerischen Darstellung von Natur auf der anderen. Diese beiden Thematisierungen schließen sich in ihren reinen Formen geradezu aus. Naturwissenschaft ist nichtsinnliche, nämlich apparative Erfahrung von der Natur. [...] Dagegen bezieht sich die ästhetische Thematisierung der Natur auf die konkrete, sinnlich gegebene Natur."[30]

Oft wird der ästhetische Naturbegriff mit dem Erlebnis des Naturschönen und mehr noch mit der Erfahrung von Kunst identifiziert. Tatsächlich ist der Begriff sehr viel breiter und umfasst auch ein neues Verhältnis des Subjekts zur inneren Natur, zum Körper, zur Sexualität. Hier liegt unter modernen Bedingungen der eigentliche Mittelpunkt des Individuums, seiner

Authentizität, seiner Kreativität und seines Anspruchs auf Selbst-Ausdruck und Selbstverwirklichung: "[...] our culture privileges sexual identity as the truest part of our beings"[31]. Zwar mögen sich solche Vorstellungen in erster Linie in der Gestalt des Künstlers kristallisieren, aber die ästhetische Existenzweise wirkt vorbildlich auf die Subjektkonstitution weit über den Bereich der Kunst hinaus. Außeralltäglich realisiert sich das Ideal ästhetischer Selbstkonstitution im Kunstwerk, alltäglich in der Privatsphäre. Nicht zufällig stellt Max Weber Kunst und Erotik auf dieselbe Seite und zugleich in Opposition zur Sphäre der instrumentellen Rationalität, des „Berufsmenschentums". „Die letzte Steigerung des Akzents der erotischen Sphäre vollzog sich auf dem Boden intellektualistischer Kulturen schließlich da, wo sie mit dem unvermeidlich asketischen Einschlag des Berufsmenschentums zusammenstieß. Es konnte unter diesem Spannungsverhältnis zum rationalen Alltag das außeralltäglich gewordene [...] Geschlechtsleben als das einzige Band erscheinen, welches den nunmehr völlig aus dem Kreislauf des alten einfachen organischen Bauerndaseins herausgetretenen Menschen noch mit der Naturquelle allen Lebens verband". So entsteht lt. Weber die „gewaltige Wertbetontheit dieser spezifischen Sensation einer innerweltlichen Erlösung vom Rationalen: eines seligen Triumphes darüber."[32] Die Erotik „wurde in die Sphäre des bewusst (im sublimsten Sinne:) Genossenen erhoben. Sie erschien dennoch und eben dadurch als eine Pforte zum irrationalsten und dabei realsten Lebenskern gegenüber den Mechanismen der Rationalisierung."[33] Weber gelangt zu der Überzeugung, dass sich die „letzten und sublimsten Werte" infolge des Entzauberungsprozesses von der Welt zurückgezogen haben, um allein noch in den privaten Refugien der Kunst und den unmittelbaren menschlichen Beziehungen ihre Entfaltung finden.[34]

In Webers Formulierungen tritt der Reservoir- und Reservatcharakter des ästhetischen Naturbegriffs deutlich zutage. In der verschärften Entgegensetzung zu Rationalität und Modernität werden Natur und Sinnlichkeit als archaisch und irrational exponiert. Trotzdem schimmert hinter der extrem akzentuierten Gegensätzlichkeit die Zugehörigkeit hervor: Poetische Bilder wie das von der „Naturquelle alles Lebens" sind von den instrumentellen Vorstellungen von der Natur als ausbeutbarer Ressource nicht so weit entfernt, wie sie auf den ersten Blick scheinen. In der Zurichtung der Erotik auf bewussten Genuss und in der Entgegenstellung von Genuss und Beruf ist die moderne Dualität von Produktion und Konsumption, von Ökonomie und Privatsphäre präsent.

Es gehört zu den wichtigsten Merkmalen der abendländischen Moderne, dass ihr Prozess begleitet wird von dem (gleichfalls fortschreitenden) Wissen um die Kosten, die er verursacht. Die Artifizialisierung, der Verlust der Natur, die Atomisierung der Gesellschaft, Entfremdung und

Arbeitsteilung werden zunehmend als leidvoll erfahren und auch in verschiedenen theoretischen Reflexionen auf die Moderne als Verlust registriert. Das Verschwinden der traditionalen Lebensordnung löst einen erheblichen Sinn- und Geborgenheitsverlust aus. Angesichts der skeptischen, ja pessimistischen Einschätzung des Rationalisierungsprozesses fällt auf den Bereich, der im Prozess der Moderne so situiert wird, dass er als von ihm am wenigsten berührt erscheint, ein helles Licht. In der Privatsphäre wird bewahrt, was durch den Modernisierungsprozess verloren gegangen ist bzw. vernichtet wurde. Neben der Natur in ihren verschiedenen Dimensionen von der Landschaft bis zur Erotik sind es im übrigen auch Ideen von Herkunft, Überlieferung, Tradition, die durch den Bruch der Moderne als bedroht, verloren, vernichtet erscheinen, und die deshalb in jener anderen Grundsätzen folgenden Welt der Privatsphäre erhalten bleiben sollen. Dem alten und durch den Ausdifferenzierungsprozess gleichsam „modernisierten" Dualismus von Natur und Kultur korrespondiert der spezifisch moderne Dualismus von Tradition und Moderne, Beharrung versus Fortschritt: „[...] spatial categories of private and public were mapped onto temporal distinctions between past and present."[35]

Im Verhältnis zur vormodernen Tradition des Abendlandes stellt das einen signifikanten Wandel in der Wertverteilung zwischen Öffentlichkeit und Privatsphäre dar: von den antiken Wurzeln der abendländischen Kultur ausgehend war in der einen oder anderen Weise der Raum der Öffentlichkeit der Ort, an dem sowohl die individuelle Bewährung und Verwirklichung (des Mannes) stattfindet als auch die Realisierung der Werte der jeweiligen Gesellschaft und Kultur. Kurzum: die öffentliche Sphäre war der Raum des wahren Menschseins, während der Bereich des Hauses lediglich der Erfüllung der lebensnotwendigen, materiellen Bedürfnisse gewidmet war. Im bürgerlichen Zeitalter findet eine fast vollständige Umkehrung statt: während die Erfüllung der (allerdings enorm expandierenden) materiellen Bedürfnisse zur Sache der Öffentlichkeit wird, wird die Privatsphäre zum Ort individueller Tugendbildung und Selbstverwirklichung, sowie zum Hort der gesellschaftlichen Wert- und Zielvorstellungen. Dabei ist das Spektrum recht weit. Auf der einen Seite sind es im Anschluss an die emanzipatorischen Ideale Freiheit, Liebe, Bildung die fortschritts- und zukunftsorientierten Ideen von Aufklärung und Revolution, die in anderen Bereichen von Staat und Gesellschaft unerfüllt geblieben sind, die im Privaten eine gewisse Zuflucht finden. Auf der anderen Seite handelt es sich um die eher konservativen, regressiven Wünsche, Ursprung und Herkunft, Natur und Tradition zu bewahren oder wiederzufinden, als das, was im Zuge der Modernisierung verloren geht oder zerstört wird. Ganz gleich, in welche Richtung die Bestrebungen gehen, jedenfalls gilt: Nicht in den verschiedenen sich ausdifferenzierenden

Sphären der modernen Öffentlichkeit verwirklichen sich die Wert-, Sinn- und Zielvorstellungen, sondern die Privatsphäre erscheint in der Moderne als der einzige Ort unentfremdeter Menschlichkeit. Mit anderen Worten: Die Berücksichtigung der aus dem Konzept der Modernisierung der familialen Privatsphäre zunächst ausgesparten Aspekte der Naturbedingtheit[36] haben an dem vorteilhaften Bild, das sich zunächst unter den Vorzeichen von Freiheit, Liebe, Bildung ergeben hat, nichts ändern können. Im Gegenteil, sie haben die sich dort bereits unter dem Vorzeichen der Subjektivierung andeutende Ausbildung der Privatsphäre zum Gegenbild zur „Gegenwelt" der modernen Gesellschaft weiter verstärkt. Und tatsächlich scheint in der Alterität, d.h. in der Andersartigkeit und Opposition des Privaten gegen Rationalisierung und Versachlichung, dessen eigentliche Bedeutung zu liegen. Die Bedeutung der modernen Privatsphäre liegt nicht so sehr in der Sozialisation bzw. Bildung, d.h. in der Zulieferungsleistung sozial benötigter Fähigkeiten und Charaktereigenschaften der Subjekte, die zunächst als die Funktion in Erscheinung trat, auf die sich die Privatsphäre im Kontext der Modernisierungsprozesses spezialisiert; tatsächlich erweist sich der Bildungsaufttrag der Familie als problematisch und letztlich auch als substituierbar. Die eigentlich unvergleichbare und unersetzbare Funktion der Privatsphäre liegt ausgerechnet in ihrer Funktionslosigkeit, in ihrer Andersartigkeit, Jenseitigkeit und Gegenstrebigkeit zum Modernisierungsprozess. Denn diese ist es, die sie in die Lage versetzt, die zahlreichen und auch unterschiedlich definierten Defizite auszugleichen, die er hervorruft.

Das auf den ersten Blick überzeugend aussehende Konzept, den Ausgleich der in allen anderen Bereichen auftretenden Defizite und die Einlösung der in keinem anderen Bereich erfüllbaren Verheißungen der Moderne einer der sich ausdifferenzierenden Sphären als ihre spezifische Funktion zuzuordne, scheitert. Die so logisch und einfach erscheinende Rechnung, dass sich die gegenstrebig orientierten Bereiche wechselseitig zu einem harmonischen Ganzen zusammenfügen, geht nicht auf.

Die Ursache des Fehlschlags ist leicht zu erkennen. Sie liegt in der mangelnden Äquivalenz zwischen den Bereichen, die den Prinzipien von Objektivierung, Rationalisierung und Funktion bzw. Effizienz folgen (Staat, Ökonomie, Wissenschaft, Recht) und jenen Bereichen, die den Prinzipien der Subjektivierung, der Wert- und Sinnorientierung folgen (Religion, Kunst und Familie). Ihre Entgegensetzung folgt dem im abendländischen Denken tief verwurzelten dualistischen Muster, das unter der Oberfläche der Opposition zweier Terme in der Tiefenstruktur eine Hierarchie zwischen ihnen herstellt. Zwischen den beiden Gruppen von Bereichen, zwischen Objektivierungs- und Subjektivierungsprozessen, besteht ein Verhältnis der Komplementarität in dem Sinne, dass die eine der beiden Seiten genau das ist, hat und repräsentiert, was die andere nicht ist, hat oder repräsentiert. Dennoch wird das Ergänzungsverhältnis nicht als wechselseitig gedacht; zwischen Objektivierung und Subjektivierung besteht kein Gleichgewicht. Es wäre einigermaßen unsinnig, konkret gesagt, es würde an den realen Machtverhältnissen vorbeigehen, zu behaupten, dass die technologischen Innovationen der Mechanisierung und Automatisierung der Entfaltung des Naturgefühls den Weg bahnten oder dass der Marktmechanismus die Einseitigkeit der Fixierung auf die erotischen Obsessionen des Individuums ausgleiche. So wie der abendländische Modernisierungsprozess nun einmal verlaufen ist, muss vom Gegenteil ausgegangen werden: die verschiedenen Manöver der Subjektivierung eröffnen die Option instrumenteller Innovationen aller Art und kompensieren ihre Risiken und Verluste. Zwischen den Sphären besteht ein Vor- und Nachrangverhältnis. Die Subjektivierungsprozesse dienen kompensatorisch den Objektivierungsprozessen, während die fortschreitende Rationalisierung nicht den Subjekten dient.

In dieser Formulierung leuchtet auf einmal blitzartig die darin enthaltene Perversion auf: die Menschen dienen dem System, statt dass das System den Menschen dient, die es geschaffen haben. Die Verkehrung von Zwecken und Mitteln, die Gefahr der Zerstörung der Vernunft durch ihre technologisch-instrumentelle Vereinseitigung ist vielfach kritisiert worden. Georges Canguilhem spürt die Verdrehung im Utilitätsprinzip des modernen wissenschaftlichen Denkens auf. Obwohl dieses Prinzip auf den ersten Blick so aussieht, als sollte es der Menschheit dienen, macht es letztlich den Menschen zum Werkzeug. „A l'utilitarisme, impliquant l'idée de l'utilité pour l'homme, l'idée de l'homme juge de l'utilité, a succédé l'instrumentalisme, impliquant l'idée d'utilité de l'homme, l'idée de l'homme comme moyen de l'utilité."[37] Horkheimer und Adorno sehen in der Formalisierung der Vernunft den „intellektuelle[n] Ausdruck der maschinellen Produktionsweise", die nicht mehr menschlichen Zwecken dient, sondern „das Mittel [...] fetischisiert" und Herrschaft als Selbstzweck in der Form ökonomischer Gewalt überleben lässt.[38] Mögen Horkheimer und Adorno in ihren Analysen in erster Linie den Nationalsozialismus vor Augen gehabt habe, so fallen doch die Aussagen über die Situation der Gegenwart in diesem Punkt nicht so viel anders aus. Alain Touraine spricht von der „dissociation des instruments et du sens" bzw. „des moyens et des fins"[39]; und in der Folge davon befürchtet er „la dissociation complète du système des acteurs, du monde technique ou économique et du monde de la subjectivité."[40] Das Ergebnis resümiert Jean Baudrillard so: „There are only the needs of growth. There is no place for individual goals in the system; there is room only for the goals of the system."[41]

Die Ordnung der Geschlechter und die Ambivalenz der Moderne 49

An diesem Punkt der Überlegungen ist es Zeit, endlich die Problematik vor den Blick bringen, welche der bisherige Gang der Darstellung verdeckt hat, die aber ihren eigentlichen Fluchtpunkt bildet: die Tatsache, dass dem Modernisierungsprozess im allgemeinen und der hier zur Diskussion stehenden Thematik der Ausdifferenzierung der familialen Privatsphäre im Zusammenhang mit anderen Ausdifferenzierungsprozessen eine unterschiedliche Positionierung der Geschlechter zu Grunde liegt. Dass diese in den Analysen des Modernisierungsprozesses in der Regel keine oder nur marginale Berücksichtigung findet, bildet das *dritte* und schwerwiegendste Problem, das aus dem Versuch resultiert, die Modernisierung der Privatsphäre nach dem allgemeinen Konzept der Ausdifferenzierung verschiedener Wertsphären aufzufassen. Meine eigene Darstellung ist dieser Perspektive und der damit verbundenen generalisierenden Redeweise bis hierher weitgehend gefolgt. Begriffe wie Gesellschaft, System, Bereich, Sphäre, Familie, Freiheit, Liebe, Bildung, Kunst, Erotik usw. verbergen allesamt, dass sie nur auf der Grundlage der Kategorisierung der Akteure in zwei, entlang der Linie der Geschlechtszugehörigkeit getrennte Gruppen funktionieren. Auch die Bezeichnung der Akteure mit dem abstrakten Neutrum „Subjekt" oder dem generischen Maskulinum „der Mensch" verbirgt diesen Sachverhalt. Ein genaueres Verständnis des Themenkomplexes ist jedoch nur dann möglich, wenn der Zusammenhang von Gesellschaftsordnung und Geschlechterordnung hergestellt wird, besser gesagt, wenn die Geschlechterordnung als Gesellschaftsordnung und die Gesellschaftsordnung als Geschlechterordnung vor den Blick gebracht wird. Denn die symbolischen Figuren von Männlichkeit und Weiblichkeit personifizieren die bis hierher skizzierte Problematik.

Die Ausdifferenzierung der Sphären von Öffentlichkeit und Privatheit wird punktgenau in das „Wesen" der beiden Geschlechter hineinprojiziert. Zunächst bedeutet das, dass die neuen positiven Konnotationen des Privaten auf den seit der Aufklärung neu konzipierten weiblichen Geschlechtscharakter abfärben. So wie die Frau vormodern alle verächtlichen und beschämenden Seiten des in das Dunkel des Hauses verwiesenen Naturverhältnisses als ihre defizienten Körper- und Charaktermerkmale tragen sollte, so wird unter den veränderten Bedingungen des bürgerlichen Industriezeitalters all das, was die Privatsphäre in einem neuen positiven Sinne sein oder leisten soll, in Leib und Seele der Frau hineinverlegt. Die Wesensmerkmale des Privaten und Weiblichen treten in einen scharfen Gegensatz zu den Wesensmerkmalen des männlichen Geschlechts, die ihrerseits nichts anderes sind als die genauen Abziehbilder derjenigen Eigenschaften, die in jenen anderen Bereichen der modernen

Gesellschaft benötigt werden, die der Sphäre der Öffentlichkeit zugeordnet werden. Der Festlegung der Frau auf die schönen und menschlichen Eigenschaften, die in der Privatsphäre ihren Ort haben sollen, entspricht auf der anderen Seite die Festlegung des Mannes auf die harten, eigennützigen und kompetitiven Eigenschaften der politischen und ökonomischen Sphäre, die im Zuge der Entfamiliarisierung von Politik und Ökonomie gewissermaßen gemeinsam mit dem Mann das Haus verlassen haben. Die sogenannte Polarisierung der Geschlechtscharaktere ist also nichts anderes als die Folge der Ausdifferenzierung der Wertsphären des Öffentlichen und Privaten und ihrer Definition in der Moderne.

sachbezogen	vs.	menschenbezogen
objektiv	vs.	subjektiv
instrumentell	vs.	expressiv
abstrakt	vs.	konkret
universalistisch	vs.	kontextuell
differenziert	vs.	ganzheitlich
rational	vs.	emotional
egoistisch	vs.	altruistisch
prinzipienorientiert	vs.	wertorientiert

Obwohl der moderne weibliche Geschlechtscharakter im Vergleich zur traditionellen Herabsetzung und Verächtlichkeit die Frau geradezu als Lichtgestalt einer höheren Moral und Humanität erscheinen lässt, bleibt das strukturelle Problem jeder Dualismenbildung, nämlich der Vorrang der einen Seite vor der anderen Seite erhalten. Denn es kann kein Zweifel daran bestehen, dass im (männlich dominierten und orientierten) Selbstverständnis der modernen Gesellschaft der Öffentlichkeit Vorrang vor der Privatheit zukommt, dass die männlichen Eigenschaften als wichtiger gelten als die weiblichen. Trotz des Anscheins der Ausgeglichenheit, der Wechselseitigkeit und auch Unvergleichbarkeit zwischen dem Öffentlichen und dem Privaten bzw. zwischen den ihnen zugeordneten Geschlechtern, handelt es sich eindeutig um ein hierarchisches Verhältnis: die der Privatsphäre zugeordneten Aspekte ergänzen, was der Öffentlichkeit fehlt; jene ersetzen, kompensieren, was diese verliert oder zerstört; umkehren lässt sich dieses Dienstbarkeitsverhältnis nicht.

Die Tatsache, dass die dominanten Eigenschaften unter modernen Bedingungen aber gleichzeitig als die hässlicheren und schlechteren dastehen, während die minder wichtigen weiblichen Eigenschaften als die schöneren und besseren erscheinen, bedeutet eine Art Überkreuzung zwischen Wertvorstellungen und Rangordnungen. Die Beurteilung nach den Hinsichten positiv/negativ bzw. gut/schlecht wechselt die Fronten zwischen den Geschlechtern, nicht aber die Rangordnung nach der Hinsicht von oben/unten. Die damit tendenziell einsetzende Auflösung des Zusammenhangs zwischen Wert und Rang ist bedeutsam; sie markiert den Eintritt männlicher Vorherrschaft in das Zeitalter des Ressentiments gegen sich selbst, in die Phase des Vorbehalts des Mannes gegen seinen eigenen Überlegenheits- und Herrschaftsanspruch, der sich positiv nicht mehr als solcher zu behaupten wagt. Dieses Ressentiment gegen sich selbst ist es, das die Geschlechterordnung der abendländischen Moderne von anderen Formen von Geschlechterherrschaft unterscheidet. Mit anderen Worten, die Moderne kann als die Epoche der selbstkritischen und reflexiven Herrschaft des Mannes charakterisiert werden. Und diese Charakterisierung entspricht vielen anderen Hinsichten, in denen die Moderne als selbstkritisch und reflexiv bezeichnet werden kann.

Neben den „schönen neuen" Eigenschaften und Funktionen der Privatsphäre im Umfeld der Kategorien Freiheit, Liebe, Bildung werden auch die „guten alten", genauer gesagt, die rückwärtsgewandten, regressiven Merkmale Natursehnsucht und Traditionsbewahrung in den weiblichen Geschlechtscharakter hineinprojiziert. In der Folge erscheint die Frau allem entgegengesetzt, was Moderne ausmacht. Indem sie Ursprung und Herkunft, Natur und Tradition symbolisieren soll, erscheint sie als geschichtslos, individualitäts- bzw. bewusst(seins)los und arbeitslos, denn Geschichte, Individualität, Bewusstsein und Arbeit gelten als die wesentlichen Merkmale der (männlichen) Moderne. Zusammenfassend beschreibt Rita Felski, wie Vergangenheit, Beharrung und Tradition auf Weiblichkeit transponiert werden.

In diesem Sinne spricht etwa Hegel von der Pietät als dem „Gesetz des Weibes", dem Gesetz, das die Familie bestimmt, und bezeichnet es „als das Gesetz der alten Götter, des Unterirdischen, als ewiges Gesetz, von dem niemand weiß, von wannen es erschien."[42] Mit Blick auf Rousseau schreibt Paul Hoffmann: „La femme est demeurée proche de la bonté primitive de sa nature [...] La condition de la femme, précisément parce qu'elle se situe hors de l'histoire, dans la même sphère intemporelle que l'état de nature, coincide avec les valeurs les plus hautes, celles qui sont le plus nécessaires à la vie de l'espèce comme à son relèvement spirituel."[43]

Für Schiller steht der Gedanke im Mittelpunkt, dass dem weiblichen Geschlecht, indem es den Bedingungen der Moderne nicht unterliegt, die Spaltungen, die Zerrissenheit erspart bleiben, die das moderne männliche Bewusstsein quälen. Obwohl auch und gerade Schiller die Geschlechter nach den Hinsichten des Schönen und Erhabenen bzw. nach Anmut und Würde polarisierend beschreibt und so der Identität beider Geschlechter eine Spaltung zu Grunde legt, wird der Dualismus gewissermaßen „vergessen", wenn der weibliche Geschlechtscharakter als ganzheitlich, einheitlich, d.h.

jedem Dualismus vorgängig dargestellt wird: „In einer schönen Seele ist es also, wo Sinnlichkeit und Vernunft, Pflicht und Neigung harmonieren."[44] Die Leichtigkeit, die Mühelosigkeit, die Ursprünglichkeit, das Fehlen von Zwang (den Schiller als Charakteristikum der mit dem männlichen Geschlecht identifizierten Würde so sehr hervorhebt: „Bei der Würde also führt sich der Geist in dem Körper als Herrscher auf"[45]) – alle diese Eigenschaften der schönen Seele weisen wiederum auf das Ausgenommensein von Arbeit hin: „Die schöne Seele hat kein andres Verdienst, als dass sie ist. Mit einer Leichtigkeit, als wenn bloß der Instinkt aus ihr handelte, übt sie der Menschheit peinlichste Pflichten aus, und das heldenmütigste Opfer, das sie dem Naturtriebe abgewinnt, fällt wie eine freiwillige Wirkung eben dieses Triebes in die Augen. Daher weiß sie selbst auch niemals um die Schönheit ihres Handelns"[46].

Mit der Zuordnung des Schönen zum weiblichen Geschlecht akzentuiert Schiller nicht nur die entlastete ästhetische Existenzweise der Frau; es stellt sich durch den Begriff der Schönheit auch eine Verbindung zur Griechenlandsehnsucht der gesamten deutschen Klassik her. Im Mittelpunkt dieser Sehnsucht steht der Gedanke, dass in der griechischen Schönheit die Einheit und Harmonie verkörpert war, die in der männlichen und modernen Ordnung auseinandergebrochen ist. Im Begriff der schönen Seele wird ein Schimmer dieser Utopie auf die Frau übertragen. Das Stichwort Griechenland erinnert auch an den archaisierenden Charakter der sentimentalen Konzeption von Weiblichkeit. Gegen Ende des 18. Jahrhunderts, bei Schiller, besteht kein Zweifel daran, dass der Prozess der Moderne die Voraussetzungen für eine auf Harmonie zwischen Natur und Kultur gegründete Denk- und Gesellschaftsordnung unwiderruflich in die Vergangenheit verwiesen hat. Nicht zu übersehen ist die Ambivalenz der nostalgischen Idealisierung der Vergangenheit. In die Trauer um die Unwiderbringlichkeit des Vergangenen mischt sich trotzdem auch die Überheblichkeit, mit der die eigene Epoche unbeschadet der Kritik an ihren Schattenseiten doch als überlegen angesehen wird, während der schönen Harmonie Griechenlands das Odium der Primitivität anhängt. Letztlich behauptet sich so der Vorrang als höherer Wert. Hinsichtlich des Weiblichen ist die Sehnsucht erst recht mit Verachtung gemischt. Trotz aller Nostalgie handelt es sich bei der schönen Einheit und Totalität einer vergangenen Ordnung nicht nur um kein realistisches, sondern letztlich auch um kein echtes Ziel, sondern nur um die kompensatorische Präsenthaltung der Verlorenen, die Bereithaltung von Ressourcen.

Um die Wende zum 20. Jahrhundert lautet es bei Georg Simmel nicht viel anders als bei Friedrich Schiller: „Indem die Frauen die Trägerinnen der Kultur des Hauses wurden, erwuchs an ihnen das seelische Wesen, dessen Symbol das Haus im Gegensatz zu den hinausführenden, nach allen

Die Ordnung der Geschlechter und die Ambivalenz der Moderne 53

Seiten ausstrahlenden Berufen ist: Stetigkeit, Geschlossenheit, Einheit, in der die Mannigfaltigkeit und Gegensätzlichkeit des äußeren Lebens zur Ruhe kommt. [...] Diese Geschlossenheit, die die Kulturrolle der Frau auf ihre Innerlichkeit übertragen oder die von dieser aus jene geschaffen hat – gibt ihr [...] etwas vom Charakter des Kunstwerks. Dessen Wesen ist doch die in sich befriedete Einheit, die Selbstgenügsamkeit, die kein natürliches Gebilde erreicht."⁴⁷ „Das Kunstwerk allein ist ein Ganzes, wie das Weltganze eines ist, sein Rahmen scheidet es undurchbrechlich von aller vielfältigen Zerstreutheit der Dinge. Solche Einheit stellt die Frau dem Manne gegenüber dar, der in die zersplitterte Vielheit des unabsehbaren Lebens verflochten ist."⁴⁸

Es ist wohl zuzugeben, dass die Weiblichkeitsideologie der Moderne nicht ausschließlich zu dem Zweck entwickelt wurde, die Benachteiligung von Frauen in der modernen Gesellschaft, sei es aufrechtzuerhalten, sei es neu zu erfinden. Es scheint mir unbestreitbar, dass der Weiblichkeitssehnsucht des modernen Mannes ein „echtes" Bedürfnis zu Grunde liegt. Ute Frevert hat anhand einer Fülle von Textdokumenten gezeigt, dass viele Männer „der Einseitigkeit und Erdenschwere ihrer vor allem auf beruflichen Erfolg kodierten Existenz wenig abgewinnen [konnten]. In dieser Situation nahmen sie Zuflucht zu Frauen, auf die sie ihre eigene, unerfüllte, häufig durch klassische Bildungserlebnisse geweckte Sehnsucht nach Harmonie, Authentizität, Ganzheitlichkeit projizierten. Dieses schon aus dem späten 18. Jahrhundert überlieferte Muster erfreute sich in der ganzen „bürgerlichen" Epoche großen Zuspruchs. Es gerann zu „einer jederzeit abrufbaren Gewissheit, die in einer Unzahl literarischer und pädagogischer Texte propagandistisch verbreitet, durch Erziehungseinrichtungen institutionell vermittelt wurde. Frauen, lautete die Botschaft, gehörten einer anderen Welt an als Männer: der Welt der Liebe und Familie, der Kultur und Ästhetik. Frauen repräsentierten ein anderes Lebensprinzip."⁴⁹

Auch Rita Felski behauptet, dass der Modus der Nostalgie, die Sehnsucht nach dem ganz Anderen ein bedeutsames Merkmal der Moderne darstellt, das aus der den Modernisierungsprozess seit seinen Anfängen begleitenden Skepsis, einem permanenten Krisenbewusstsein entspringt. Für die Kultur und Kulturtheorie des 19. Jahrhunderts stellt sie fest: „Rather than reiterating a confident belief in the superiority of modern Western society, most of the texts [...] rely on mechanisms of temporal or spacial displacement to locate meaning elsewhere, whether in an edenic past, a projected future, or a zone of cultural otherness. Such articulations of longing [...] serve to underscore the fundamental ambivalences entangled with the idea of the modern. [...] textual expressions of contradiction and ambiguity can be found in many nineteenth-century texts that reveal a profound awareness of the conflicts and crises engendered by processes of modernization. The figure of woman and the idea of the feminine have emerged as a key zone for the expression of such ambivalences by both men and women."[50] Und je mehr die Tendenz wächst, den Verlauf der Geschichte als tragischen Entzweiungs- oder gar als Verfallsprozess zu deuten, je kritischer und pessimistischer die westliche Moderne gesehen wird, desto heller wird das Licht, in dem die von davon verschonte bzw. ausgeschlossene Frau erstrahlt.

Es scheint mir auch zutreffend, dass eine nicht unbedeutende Minderheit bürgerlicher Frauen, die Möglichkeiten der Bildung, der Kultur und auch des karitativen sozialen Engagements, die ihnen die neue Weiblichkeitsideologie eröffnete, nutzen konnten und wollten.[51] Ich bin darüber hinaus sogar überzeugt, dass Frauenbewegung und Feminismus nicht hätten entstehen können, ohne die grundlegende Um- und Aufwertung von Weiblichkeit, die aus der Projektion der Eigenschaften der Privatsphäre auf die Frau resultiert. Die Idee der Alterität zu den als männlich und zugleich als negativ definierten Merkmalen der Moderne war für Frauen und Frauenbewegung anschlussfähig. Die breite Strömung des sogenannten Kulturfeminismus des 19. und frühen 20. Jahrhunderts hat hier anknüpfen können; und letztlich können auch manche utopischen Konzepte des neueren Feminismus ihre Verwandtschaft mit den Vorstellungen von einer weiblich konnotierten Gegenwelt nicht ganz verleugnen.

Dessen ungeachtet bleibt das hierarchische Verhältnis, das allgemein zwischen Objektivierungs- und Subjektivierungsprozessen besteht, in der Projektion auf die beiden Geschlechter erhalten, ja es kommt hier erst wirklich zum Vorschein. Die Vorstellung, dass sich Weiblichkeit und Männlichkeit zusammenfügen wie zwei Hälften zu einem Ganzen scheitert an der grundsätzlich nicht gegebenen Äquivalenz der beiden Terme eines Dualismus, die eine echte Wechselseitigkeit des Ergänzungsverhältnisses verhindert und ein Herrschafts- bzw. Dienbarkeitsverhältnis etabliert.

Konkret ergibt sich daraus erstens ein geschlechtsspezifisch sehr unterschiedlich konturiertes Bild der modernen Privatsphäre. Von der Entlastung des häuslichen Lebensbereichs von ökonomischen und politischen Rücksichten profitiert in erster Linie der Mann. Von der hauptsächlich ihm obliegenden Art von Arbeit kann er sich in seiner häuslichen Privatsphäre zurückziehen. Während der Mann „daheim" Entlastung und Erholung findet, ist und bleibt dieselbe Sphäre für die Frau der primäre Arbeitsplatz; sie ist es, der in erster Linie die der Privatsphäre zugeordneten Aufgaben und Funktionen als Pflichten obliegen. Während die Privatsphäre für den Mann einen (wenn auch immer nur relativen) Schutzraum vor staatlichem und gesellschaftlichem Zu- und Eingriff darstellt, ist sie für die Frau der Ort des sie betreffenden (lange sogar des einzigen sie direkt betreffenden) gesellschaftlichen Macht- und Herrschaftsverhältnisses. In Anita Allans Worten ist das Haus „a man's castle" aber „a woman's place"[52].

Der Geschlechterantagonismus innerhalb der modernen Privatsphäre ist untrennbar mit einem zweiten Aspekt verbunden, der für die unterschiedliche gesellschaftliche Positionierung der Geschlechter eine ebenso wesentliche Rolle spielt. Aus der geschlechtsspezifischen Arbeitsteilung und der Zuständigkeit der Frauen für die häusliche und reproduktive Arbeit leitet sich ihr Ausschluss von allen anderen gesellschaftlichen Rollen und Funktionen ab. Anders als der Mann kann sich die Frau nicht frei zwischen staatlicher bzw. gesellschaftlicher Öffentlichkeit und Privatsphäre hin und her bewegen, sondern ist ausschließlich auf die letztere beschränkt. Wenn Jürgen Habermas die formal organisierten Handlungsbereiche des Bourgeois im Wirtschafts- und Staatsapparat als Grundlage „für die posttraditionale Lebenswelt von Homme (Privatsphäre) und Citoyen (Öffentlichkeit)"[53] bezeichnet, dann wird die geschlechtsspezifisch unterschiedliche Positionierung von Menschen in der modernen Gesellschaft deutlich. Wer von den Funktionen und Tätigkeiten in Staat und Wirtschaft ausgeschlossen ist, kann weder als mündiger Bürger (citoyen) noch als Mensch schlechthin (homme) gelten. Die alte Auffassung, dass „die Weyber keine Menschen seyn", übersetzt sich in die Strukturen der modernen Gesellschaft.

Weder die Abwesenheit der Frauen von öffentlichen Funktionen, von politischen Ämtern oder ökonomischen Machtpositionen, noch ihre Zuständigkeit für die reproduktiven Funktionen und den häuslichen Tätigkeitsbereich, noch schließlich die Ausgrenzung der Geschlechterordnung insgesamt von dem, was als Gesellschaft bzw. Öffentlichkeit definiert wird, sind moderne „Erfindungen". Nichts davon entsteht zeitlich erst mit dem und kausal durch den Prozess der Moderne. Vielmehr sind alle genannten Merkmale der Geschlechterordnung – unbeschadet eines beträchtlichen zeitlichen und räumlichen Variationsspektrums und einer reichen Fülle von Ausnahmen und Abweichungen – in der westlichen Kultur tief verwurzelt. Mit anderen Worten: die Tatsache, dass die Modernisierung und Ausdifferenzierung der familialen Privatsphäre für die beiden Geschlechter so unterschiedliche Folgen haben konnte, ist auf die Voraussetzungen und Vorgaben zurückzuführen, die ihren historischen und kulturellen Ausgangspunkt bildeten. In der asymmetrischen und hierarchischen Geschlechterordnung der abendländischen Vergangenheit liegen die Grundlagen für die asymmetrischen und hierarchischen Züge, welche die Geschlechterordnung im Zuge ihrer Umgestaltung im Kontext des Modernisierungsprozesses annimmt.

Aber auf Grund der sich radikal verändernden Rahmenbedingungen der Gesellschaft im Zuge des Modernisierungsprozesses, treten die asymmetrischen und hierarchischen Züge in der Organisation des Geschlechterverhältnisses hervor. Die Regeln und Prinzipien der Geschlechterordnung geraten in einen Gegensatz zu den allgemeinen Regeln und Prinzipien gesellschaftlicher Ordnung, welche sich im Modernisierungsprozess herausbilden. Es gibt zwei entscheidende Konfliklinien.

Die *erste* betrifft die Art der Ausdifferenzierung der familialen Privatsphäre im Vergleich zur Ausdifferenzierung anderer Sphären. Andere Ausdifferenzierungsprozesse gehen nicht mit einer fixierenden Zuordnung von Subjekten/Personen an jeweils nur *einen* bestimmten Bereich einher. Die Ausdifferenzierung der Bereiche impliziert keine Inklusion oder Exklusion von Subjekten als fest zugeordnetem „Personal". Im Gegenteil, Modernisierung bedeutet Mobilität der Subjekte, eine (als befreiend, aber nicht selten auch als problematisch erfahrene) Pluralisierung oder auch Fragmentierung der Rollen, welche die Subjekte in verschiedenen Bereichen ausfüllen. Die dualistische bzw. polarisierende Ausdifferenzierung von Öffentlichkeit und Privatheit nach den Hinsichten von Männlichkeit und Weiblichkeit widerspricht dieser Regel, indem Subjekte auf Grund des Kriteriums ihrer Geschlechtszugehörigkeit unwiderruflich auf bestimmte gesellschaftliche Bereiche und Funktionen verteilt werden.

Anders und ein wenig überspitzt gesagt: in der Zuordnung der Geschlechterrollen überlebt ein geburtsständisches Element in der – mindestens idealtypisch – durch Rollenflexibilität charakterisierten modernen Gesellschaft. Für Ulrich Beck ist dieser Sachverhalt einer der Gründe, um von der „halben Modernität" der Industriegesellschaft zu sprechen. Die Familie bzw. das Geschlechterverhältnis rechnet nach Beck zu den Zwitterbildungen zwischen ständischer und moderner Gesellschaft. Auf der einen, der modernen Seite sind „[d]ie Gegensätze zwischen den Geschlechtern [...] ebenso wie die Gegensätze von Kapital und Arbeit *Produkt und Grundlage* des Industriesystems, und zwar in dem Sinne, dass Erwerbsarbeit Hausarbeit *voraussetzt* und die Sphären und Formen von Produktion und Familie im 19. Jahrhundert getrennt und *geschaffen* werden. Gleichzeitig beruhen die so entstehenden Lagen von Männern und Frauen auf *Zuweisungen* qua Geburt. Sie sind insofern seltsame Zwitter ‚moderner Stände'. Mit ihnen wird eine industriegesellschaftliche Ständehierarchie in der Moderne etabliert."[54] Genauer genommen, gilt diese geburtsständische Inklusion in eine bestimmte Sphäre, die zugleich eine weitgehende Exklusion von *allen* anderen Bereichen darstellt, nur für eines der beiden Geschlechter, nämlich das weibliche. Zwar sind von der Zumutung bestimmter Geschlechterrollenerwartungen selbstverständlich auch Männer betroffen; auch die männliche Geschlechtscharaktermaske erlegt den Individuen

Die Ordnung der Geschlechter und die Ambivalenz der Moderne 57

Beschränkungen und Zwänge auf, aber die männliche Geschlechtsrolle ist durch Diversifizierung und Pluralisierung gekennzeichnet. Die Existenz des (bürgerlichen) Mannes differenziert sich nach den Hinsichten und unterschiedlichen Funktionen von *bourgois*, *citoyen* und *homme*; sein weibliches Pendant, die bürgerliche Hausfrau, hat an dieser Art von Differenzierung keinen Anteil. In dieser unterschiedlichen Lage der Geschlechter liegt eine der Ursachen dafür, warum die Geschlechterdifferenz in der Moderne als verschärft und vertieft erscheint.

Eine *zweite* Konfliktlinie betrifft die politische Dimension. Während sich in der Folge der bürgerlichen Revolution im Verlauf des 19. Jahrhunderts das politische System von der ständischen Repräsentation auf Individualrechte umstellt, bleibt die in die häusliche Sphäre eingeschlossene Frau von demokratischen politischen Rechten ausgeschlossen. Während die Vorherrschaft des männlichen über das weibliche Geschlecht in einer ständisch organisierten Gesellschaft in ein Netz vielfältiger herrschaftlicher Relationen eingelassen ist, erfährt das Ständeprinzip als gesellschaftliche Organisationsform im Übergang zum bürgerlichen Zeitalter eine radikale Delegitimierung. In der Folge der Veränderung des gesellschaftlichen Kontexts gerät die hierarchische Geschlechterordnung in einen Gegensatz zu ihrem gesellschaftlichen Umfeld. Infolgedessen wird sie auffälliger, sie tritt schärfer in Erscheinung. „Während die soziale Klassen- und Schichtzugehörigkeit als Ausschlusskriterium für politische Repräsentation zurückgenommen wurde, rückte die Geschlechterzugehörigkeit in den Vordergrund."[55]

Der Widerspruch, in dem die moderne Geschlechterordnung zu den Prinzipien der modernen Gesellschaftsordnung steht, lässt einen hohen Legitimationsdruck entstehen. Und das ausgerechnet zu einem Zeitpunkt, da mit der ständischen Gesellschaftsformation des *ancien régime* in Europa auch die sie tragenden Legitimationsdiskurse untergegangen sind. Theologie und Metaphysik, die kodierten Rechtsauffassungen und die alten Überlieferungen verlieren ihre gesellschaftliche Verhältnisse begründende Überzeugungskraft. Die alten Wissensdiskurse, die politische Herrschaftsansprüche oder gesellschaftliche Stellungs- bzw. Rangdifferenzen zwischen den Subjekten aus einer höheren, transzendenten Ordnung abgeleitet verschwinden, ohne auf der Ebene einer modernen, säkularisierten Gesellschaftstheorie Ersatz zu finden, da diese ja gerade von den entgegengesetzten Prämissen der Freiheit und Gleichheit der Subjekte ausgeht.

In dieser Situation treten die sich ebenfalls im Zuge des Modernisierungsprozesses neu formierenden empirischen (Natur-)Wissenschaften an die Stelle der letzten Entscheidungsinstanz über die Akzeptabilität gesellschaftlicher Ungleichheit. „[...] mit dem Aufschwung der naturalistischen

Wissenschaften vom Menschen verlagerte sich das Problem zu Beginn des 19. Jahrhunderts definitiv aus der Gesellschaft in die *wahr*zunehmende Natur. [...] An die Stelle der Moraltheologie (und spekulativer Geschichtsphilosophien) schob sich als zentrale Definitionsmacht eine durch die harte Wissenschaft der vergleichenden Anatomie legitimierte Moralphysiologie."[56] Die Naturalisierung gesellschaftlicher Differenzen polarisiert Kultur/Gesellschaft und Natur, denn sie lässt einen Kampf um die Frage entbrennen, welche Eigenschaften naturgegeben und welche dagegen historisch, kulturell bzw. sozial bedingt sind. Ab jetzt kommt alles darauf an, verschiedene Wurzeln und Grundlagen von Ungleichheit zu differenzieren: jene Ungleichheiten, die als politisch und gesellschaftlich bedingt anerkannt werden, dürfen und sollen zum Verschwinden gebracht werden, wohingegen Ungleichheiten, deren Ursache in die Tiefe der Natur versenkt werden, nur als um so unveränderbarer und unantastbarer gelten. Während in der Folge der bürgerlichen Revolution jene Unterschiede, auf welche diese zuerst und in erster Linie abzielte, nämlich die Unterschiede der „Geburt" und des Standes, mit größter Selbstverständlichkeit als ausschließlich gesellschaftlich bedingt und folglich illegitim betrachtet werden, bleibt der Status aller anderen Arten von Differenzen zwischen Menschen, auf die das Egalitätsprinzip gewissermaßen erst sekundär in Anwendung gebracht wurde, lange und zum Teil bis heute umstritten. Während Klassenunterschiede noch einigermaßen rasch und eindeutig als in der Gesellschaftsstruktur begründet akzeptiert werden, gehören Geschlechtsunterschiede zu jenen, die mit größtem Nachdruck naturalisiert werden. Nationalcharaktere und ethnische Unterschiede werden im Begriff der „Rasse" als Naturunterschiede überhaupt erst jetzt konzeptualisiert.

Die neuen Naturwissenschaften (insbesondere Biologie, Anthropologie, Psychologie/Psychiatrie, Medizin/Gynäkologie) entwickeln ein finsteres Bild der Geschlechterdifferenz, vielleicht das finsterste Bild von der Ohnmacht und dem Schwachsinn der Weibes, das die Geschichte des Abendlandes je gekannt hat. Dennoch trifft es zu, dass die Unterschiede in der Legitimierung der Vorherrschaft des Mannes über die Frau „sich ausnahmslos auf die Verlagerung von der theologischen zur naturrechtlichen, biologischen bzw. psychologischen Welt- und Menschensicht und damit auf die Veränderung der Begründungszusammenhänge zurückführen [lassen]."[57] Sowohl die vormoderne, als auch die moderne abendländische Geschlechterordnung sind Herrschaftsverhältnisse und alle gesellschaftlichen Formationen, die eine herrschaftliche Geschlechterordnung stützen, verfügen über Diskurse, die das legitimieren. Wenn trotzdem die Geschlechterdifferenz auf Grund des Wechsels im Legitimationsdiskurs von Mythologie, Theologie, Philosophie zur modernen Naturwissenschaft

Die Ordnung der Geschlechter und die Ambivalenz der Moderne 59

tatsächlich verschärft erscheint, dann liegt das wiederum an den tiefen Widersprüchen zu ihrem Umfeld. Dieser Widerspruch betrifft den Gegensatz zu den Ideen von Emanzipation, Autonomie und Egalität des Menschengeschlechts. Ausgerechnet zu einem Zeitpunkt, an dem die Menschenrechte erstmals ausdrücklich formuliert werden, vertieft und verschärft sich der Gedanke einer biologischen Differenz zwischen den Geschlechtern so grundlegend, dass den Frauen der Status des Menschseins beinahe abgesprochen wird – wie einst im Mittelalter. Der Widerspruch betrifft aber auch die schöne neue Weiblichkeitsideologie, die in der Folge der Sakralisierung der modernen Privatsphäre entstanden ist. Ausgerechnet zu einem Zeitpunkt, an dem mit der Zuordnung der neuen Merkmale des Privaten, dem weiblichen Geschlechtscharakter ungekannte positive ästhetische und moralische Qualitäten zugewiesen werden, zieht der naturwissenschaftliche Legitimationsdiskurs so gut wie alle Register des vormodernen Minderwertigkeitsdogmas. Ausgerechnet zu einem Zeitpunkt, an dem das Unbehagen in der männlich-modernen Kultur deutlich artikuliert wird, in der die Einsicht in die Defizite des Zivilisationsprozesses zu einer sentimentalen Hinwendung zur Natur und einer nostalgischen Ursprungssehnsucht führen, rekapitulieren die Naturwissenschaften am Frauenkörper die tiefste Naturverachtung, zementiert die Evolutionstheorie den degradierendsten Ausschluss des weiblichen Geschlechts aus der Geschichte. Allerdings spiegeln die naturwissenschaftlichen Diskurse zugleich ziemlich getreu wider, was im Modus der Nostalgie als die höheren Tugenden gefeiert werden. Nicht so sehr im Inhalt liegt der Unterschied als vielmehr darin, ob Ursprung und Herkunft als Objekte der Sehnsucht des Mannes beschworen werden oder ob sie als gesellschaftliche Platzanweisung an die Frau gerichtet sind in der Absicht, sie zur Einlösung solcher Sehnsüchte zu instrumentalisieren.

Langfristig hat sich die hybride Koppelung zwischen der Ausdifferenzierung bestimmter gesellschaftlicher Funktionen, der gegenweltlichen Präsenthaltung des Verlorenen und einem traditionellen Herrschaftsverhältnis als nicht lebensfähig erwiesen. Als Konsequenz davon gewinnt der Rationalisierungsprozess zunehmend die Oberhand, die er zu Gunsten wirklicher Reziprozität nicht aufgeben wollte. In weiterer Folge wird die „Lebenswelt kolonialisiert": „[...] die kapitalistische Modernisierung [folgt] einem Muster, demzufolge die kognitiv-instrumentelle Rationalität über die Bereiche von Ökonomie und Staat hinaus in andere, kommunikativ strukturierte Lebensbereiche eindringt und dort auf Kosten moralischpraktischer und ästhetisch-praktischer Rationalität Vorrang erhält."[58] „[...] die Subsysteme Wirtschaft und Staat [werden] infolge des kapitalistischen Wachstums immer komplexer und [dringen] immer tiefer in die symbolische Reproduktion der Lebenswelt [ein]". In der Folge davon werden „die traditionalistischen Polster der kapitalistischen Modernisierung durchgescheuert und zentrale Bereiche der kulturellen Reproduktion, der sozialen Integration und der Sozialisation [werden] unverhüllt in den Sog der ökonomischen Wachstumsdynamik und damit der Verrechtlichung hineingezogen."59

In der Rede von den sich „durchscheuernden Traditionspolstern" wird übersehen, dass im Diskurs der Moderne jene Restpolster, Reservoire und Reservate erst konstituiert wurden, deren Verschwinden seitdem permanent beklagt wird. In der Klage wird übersehen, dass das Krisenbewusstsein, der Kulturpessimismus und die beständige Kritik an der Moderne bis heute nicht zur Durchsetzung eines wirklichen Kurswechsels geführt haben. Das Ressentiment der Männerherrschaft gegen sich selbst reicht nicht bis zur definitiven Aufgabe männlicher Dominanzansprüche. Der Versuch, die Einseitigkeit von Modernisierung als Rationalisierung und Versachlichung zu komplementieren, die „Modernisierungsschäden" zu kompensieren, ist daran gescheitert, dass er auf der Grundlage einer hierarchischen Struktur unternommen wurde. Die Vorstellung der kompensatorischen Präsenthaltung des verlorenen Anderen oder der komplementären Erfüllung der uneingelösten Utopien im Privaten und Subjektiven ist Illusion geblieben, weil auf Grund der hierarchischen Struktur zwischen den Polen des Dualismus kein Gleichgewicht besteht.

Anmerkungen

[1] Ernst Wolfgang Böckenförde: *Recht, Staat, Freiheit. Studien zur Rechtsphilosophie, Staatstheorie und Verfassungsgeschichte.* Frankfurt a.M. 1991, S. 110.

[2] Seyla Benhabib / Linda Nicholson: *Politische Philosophie und die Frauenfrage.* In: *Pipers Handbuch der politischen Ideen. Bd. 5.* Hrsg. v. Iring Fetscher / Herfried Münkler. München/Zürich 1987, S. 529.

[3] Johannes Berger: *Gibt es ein nachmodernes Gesellschaftsstadium? Marxismus und Modernisierungstheorie im Widerstreit.* In: ders. (Hrsg.): *Die Moderne – Kontinuitäten und Zäsuren.* (= Soziale Welt, Sonderheft 4). Göttingen 1986, S. 89.

[4] ALR §§ 1,2,II,3; zit. nach Reinhart Koselleck: *Allgemeines Landrecht, Verwaltung und soziale Bewegung von 1791 bis 1848.* Stuttgart, 2. Aufl. 1975, S. 62.

[5] Einleitungsmanuskript vom 6. November 1867. In: Jakob Burckhardt: *Historische Fragmente. Aus dem Nachlaß gesammelt von E. Dürr.* Stuttgart 1957, S. 261. Zit. nach Gerald Stourzh: *Wege zur Grundrechtsdemokratie. Studien zur Begriffs- und Institutionengeschichte des liberalen Verfassungsstaates.* Wien/Köln 1989, S. 364.

[6] Mafiöse Organisationen sind nicht umsonst in der Regel durch Familien oder familienartige Verbände geprägt.

[7] Jürgen Habermas: *Theorie des kommunikativen Handelns. Bd. 1.* Frankfurt a.M. 1981, S. 300. Vgl. Niklas Luhmann: *Liebe als Passion. Zur Codierung von Intimität.* Frankfurt a.M. 1982, S. 13.

[8] Einen echten Grenzfall bildet die Politik, die als Staat einerseits auf die Seite des Systems tritt, andererseits unter den Vorzeichen von Partei und erst recht von Bewegung von der Seite der Subjekte ausgeht.

[9] Auf die Parallelen und Divergenzen zwischen Familie, Religion/Moral und Kunst kann im Folgenden nicht genauer eingegangen werden, obwohl sie gelegentlich aufscheinen. Zum Zusammenhang von Weiblichkeit, Kunst und Natur vgl. Cornelia Klinger: *Frau – Landschaft – Kunstwerk. Gegenwelten oder Reservoire des Patriarchats?* In: *Feministische Philosophie. (= Wiener Reihe zur Philosophie, Bd. 4).* Hrsg. v. Herta Nagl-Docekal. München/Wien 1990.

[10] Max Horkheimer / Theodor W. Adorno: *Dialektik der Aufklärung (Vorrede, Los Angeles 1944. 1947 bei Querido, Amsterdam).* Frankfurt a.M. 1971, S. 81.

[11] Vgl. Carl Schmitt: *Römischer Katholizismus und politische Form.* Stuttgart 1984 (der Text folgt der 2. Aufl. München 1925), S. 47 f.

[12] Seyla Benhabib: *Der verallgemeinerte und der konkrete Andere. Ansätze zu einer feministischen Moraltheorie.* In: *Denkverhältnisse.* Hrsg.v. Elisabeth List / Herlinde Studer. Frankfurt a.M. 1989, S. 462.

[13] Vgl. Jürgen Habermas: *Theorie des kommunikativen Handelns. Bd. 2.* Frankfurt a.M. 1981, S. 261, 266.

[14] Schmitt 1984, a.a.O. (Anm. 11), S. 48; Hervorhebung: C.K.

[15] Vgl. Hartmann Tyrell: *Probleme einer Theorie der gesellschaftlichen Ausdifferenzierung der privatisierten modernen Kernfamilie*, S. 393–417.

[16] Vgl. Georg Simmels Beobachtung, dass sich „mit wachsender Kultur" die Bedeutung der Familie von der „politisch-realen" zur „psychologisch-idealen" Ebene verschiebt (Georg Simmel: *Soziologie. Untersuchungen über die Formen der Vergesellschaftung. Bd. 11.* Gesamtausgabe. Hrsg. v. Otthein Rammstedt. Frankfurt a.M. 1992. S. 802f.).

[17] Wiederum wäre es verfehlt, diese Entwicklung ausschließlich unter dem Aspekt des Verlusts zu betrachten, den sie auch bedeutet. Denn auf diese Weise würde übersehen, dass der Privatsphäre eine neue Funktion zufällt, die sich für die moderne Gesellschaft aus der Ausdifferenzierung von Ökonomie und Privatsphäre ergibt, nämlich die Zuständigkeit für die Konsumption von Waren. Konsum ist eine Kategorie, die erst im Zusammenhang moderner Warenproduktion und Marktwirtschaft entsteht. Dieser neuen, spezifisch modernen Gegenüberstellung Produktion–Konsumption wird symbolisch der alte Dualismus Männlichkeit – Weiblichkeit übergestülpt.

Indem der Dualismus von Produktion und Konsumption auf derselben Ebene der Entwicklung der modernen Ökonomie liegt und indem ferner Konsum nicht nur mit Ware, sondern spezifisch mit Mode, Luxus, Lifestyle identifiziert wird, eröffnet sich unter diesem Blickwinkel eine Perspektive auf Weiblichkeit nicht als Gegenbild, sondern als Inbegriff von Modernität: „[...] the category of consumption situated femininity at the heart of the modern in a way that the discourses of production and rationalization [...] did not" (Rita Felski: *The Gender of Modernity.* Cambridge/London 1995, S. 61). Zugleich wandelt sich auch die dahinter stehende Vorstellung von Moderne in signifikanter Weise von der asketisch-protestantischen Arbeitsethik zum hedonistischen Genuss- und Wegwerfkapitalismus. Es wäre lohnend, den für die Gegenwart oft behaupteten Akzentwechsel von Produktion zu Konsumption in der Entwicklung des Spätkapitalismus unter dem Gesichtspunkt symbolischer Feminisierung zu betrachten.

[18] Vgl. Michel Foucault: *Sexualität und Wahrheit 1: Der Wille zum Wissen.* Frankfurt a.M. 1983.

[19] Böckenförde 1991, a.a.O. (Anm. 1), S. 112.

[20] Ebd.

[21] Sigmund Freud: *Abriß der Pychoanalyse.* Frankfurt a.M. 1953, S. 43.

[22] Eugen Buß / Martina Schöps: *Die gesellschaftliche Entdifferenzierung.* In: Zeitschrift für Soziologie, 8. Jg., 1979, Heft 4, 1979, S. 321f.

²³ Tatsächlich erscheint die Polarisierung einigermaßen unsinnig. Denn selbstverständlich nehmen Frauen immer auch an der Produktion von Lebensmitteln teil, während umgekehrt Männer an der Erhaltung der Gattung beteiligt sind. Auch ist überhaupt nicht einzusehen, wieso die Produktion von Lebensmitteln mehr der Erhaltung der Einzelnen, die Herstellung des menschlichen Lebens dagegen vorrangig der Erhaltung der Gattung dienen soll. Langfristig dient die Herstellung von Lebensmitteln ebenso der Erhaltung der Gattung, wie umgekehrt kurzfristig die Herstellung des Lebens die Erhaltung bzw. Entstehung von Einzelnen betrifft. Beide Aspekte gehören zusammen; ihre Polarisierung ist einigermaßen müßig und enthält kaum einen Erklärungswert. Dennoch ist es nicht von ungefähr, dass Arendt eine solche und gerade diese Dualisierung vornimmt. Zu eingefahren ist die Konvention, weiblich und männlich zu dualisieren (obgleich es Arendt in diesem Zusammenhang eigentlich gerade umgekehrt um die Hervorhebung einer wesentlichen Übereinstimmung geht, steht die konkrete Argumentation hinter dem überlieferten Denkmuster zurück). Darüber hinaus gehört besonders die Konnotierung von Männlichkeit mit Individualität/Individualisierung usw. und die entgegengesetzte Konnotierung von Weiblichkeit mit Gattung/Kollektivität zu den klassisch-modernen Dualismen. Mit anderen Worten: Arendts vermeintlich ursprüngliche Gegebenheiten vormoderner Arbeitsteilung betreffende Darstellung atmet deutlich den Geist der Moderne.

²⁴ Hannah Arendt: *Vita activa oder Vom tätigen Leben*. München 1981, S. 32.

²⁵ Ebd., S. 33.

²⁶ Ebd., S. 37.

²⁷ Ebd., S. 69.

²⁸ Vgl. Eva Kreisky: *Der Stoff, aus dem die Staaten sind. Zur männerbündischen Fundierung politischer Ordnung.* In: Regina Becker-Schmidt / Gudrun-Axeli Knapp (Hrsg.): *Das Geschlechterverhältnis als Gegenstand der Sozialwissenschaften*. Frankfurt a.M. 1995, S. 85-124, hier: S. 98.

²⁹ Die Tatsache, dass das am Ende des 20. Jahrhunderts ganz anders aussieht, weil wir uns inzwischen längst mitten im Prozess der Industrialisierung und Artifizialisierung der menschlichen Reproduktion befinden, ist einer der entscheidenden Gründe dafür, in der Gegenwart das Erreichen einer neuen Modernitätsschwelle anzunehmen.

³⁰ Gernot Böhme: *Natürlich Natur. Über Natur im Zeitalter ihrer technischen Reproduzierbarkeit*. Frankfurt a.M. 1992, S. 125.

³¹ Rosalind Coward: *Patriarchal Precedents: Sexuality and Social Relations*. London 1983, S. 285f.

³² Max Weber: *Gesammelte Aufsätze zur Religionssoziologie I*. Tübingen 1978, S. 558 (1. Aufl. 1920).

³³ Ebd., S. 560.

³⁴ Max Weber: *Wissenschaft als Beruf (1919)*. In: ders.: *Gesammelte Aufsätze zur Wissenschaftslehre*. Tübingen, 5. Aufl. 1982, S. 612.

³⁵ Felski 1995, a.a.O. (Anm. 17), S. 18. Am Rande sei darauf hingewiesen, dass sich der temporale Dualismus von Tradition und Beharrung noch in einen weiteren räumlichen bzw. geografischen Dualismus übersetzt, nämlich in den gleichfalls einem spezifisch modernen Denkhorizont zugehörigen Dualismus von Orient und Okzident.

³⁶ Gleichwohl ist schon hier darauf hinzuweisen, dass die Neubewertung der naturhaften Komponenten recht selektiv erfolgt. Von den beiden Faktoren, Sexualität und Reproduktion findet eigentlich nur der eine Berücksichtigung. Die Reproduktivität im engeren Sinne bleibt unberücksichtigt, und auch Sexualität wird wenigstens zur „Erotik" sublimiert.

³⁷ Georges Canguilhem: *Études d'histoire et de philosophie des sciences*. Paris 1983, S. 377f.

³⁸ Horkheimer/Adorno 1971, a.a.O. (Anm. 10), S. 94.

[39] Alain Touraine: *Critique de la modernité*. Paris 1992, S. 16.
[40] Ebd., S. 15f.
[41] Jean Baudrillard: *The Consumer Society: Myths and Structures*. London 1998, S. 65.
[42] Georg Wilhelm Friedrich Hegel: *Grundlinien der Philosophie des Rechts*, § 166. Werke in 20 Bänden. Bd. 7. Frankfurt a.M. 1970, S. 319.
[43] Paul Hoffmann: *La femme dans la pensée des Lumières*. Paris 1977, S. 378f.
[44] Friedrich Schiller: *Über Anmut und Würde*. Schillers Werke in sechs Haupt- und vier Ergänzungsbänden. Hrsg. v. P. Merker. Bd. 6. Leipzig o.J., S. 94.
[45] Ebd., S. 103.
[46] Ebd., S. 94.
[47] Georg Simmel: *Bruchstücke aus einer Psychologie der Frauen (1904)*. Wieder abgedruckt in: Georg Simmel: *Schriften zur Philosophie und Soziologie der Geschlechter*. Hrsg. v. Heinz-Jürgen Dahme / Klaus Christian Köhnke. Frankfurt a.M. 1985, S. 178.
[48] Ebd., S. 177f.
[49] Ute Frevert: *Mann und Weib und Weib und Mann. Geschlechterdifferenzen in der Moderne*. München 1995, S. 157.
[50] Felski 1995, a.a.O. (Anm. 17), S. 210.
[51] Vgl. Frevert 1995, a.a.O. (Anm. 51), S. 149.
[52] Anita Allan: *Privacy at Home. The Twofold Problem*. In: Nancy Hirschmann /Christine di Stefano (Hrsg.): *Revisioning the Political. Feminist Reconstructions of Traditional Concepts in Western Political Theory*. Boulder, Colorado 1997, S. 196.
[53] Habermas, 1981, Bd. 2, a.a.O. (Anm. 13), S. 485.
[54] Ulrich Beck: *Risikogesellschaft. Auf dem Weg in eine andere Moderne*. Frankfurt a.M. 1986, S. 177.
[55] Frevert 1995, a.a.O. (Anm. 51), S. 82.
[56] Claudia Honegger: *Die Ordnung der Geschlechter. Die Wissenschaften vom Menschen und das Weib 1750-1850*. Frankfurt a.M. 1991, S. IX.
[57] Karina Kellermann / Renate Stauf: *Exzeptionelle Weiblichkeit und gestörte Ordnung. Zur Kontinuität literarischer Entwürfe der sinnlichen Frau*. In: Archiv für Kulturgeschichte, Bd. 80, 1998, Heft 1, S. 150.
[58] Habermas, 1981, Bd. 2, a.a.O. (Anm. 13), S. 451.
[59] Habermas, 1981, Bd. 2, a.a.O. (Anm. 13), S. 239.

2. Teil

Zwischen weiblicher Selbstverwirklichung und Geschlechterperformance

GESINE KLEINSCHMIT

Zimmersuche

Weibliche Selbsthermeneutik und die theologische Rede
von der Sünde

„Eine Frau muss Geld haben und ein Zimmer für sich allein, wenn sie Fiction schreiben will"[1] – so Virginia Woolf in einem Vortrag zum Verhältnis von Frauen und Literatur. Eine zurückhaltende Antwort, denn sie lässt, wie Woolf festhält, „das große Problem der wahren Natur der Frau und der wahren Natur von Fiction ungelöst"[2]. Diese Fragen konnte Woolf[3], trotz eifrigen Quellenstudiums im Britischen Museum, nicht beantworten. Zwar entdeckt sie Unmengen von Literatur über die Frau und kommt mit einiger Bestürzung und Verwunderung zu dem Schluss, dass diese „vielleicht das am meisten diskutierte Lebewesen des Universums"[4] ist. In den ehrwürdigen Hallen, in denen das kollektive Gedächtnis der britischen Nation beheimatet ist, erhält die Reflexion über das weibliche Geschlecht demnach einen hervorragenden Ort. Wobei es sich dabei selbstredend nicht um weibliche Selbstreflexionen, sondern um die unterschiedlichsten Abhandlungen über die Frau und die Weiblichkeit aus männlicher Perspektive handelt. Deren Meinungen über Wesensmerkmale, Vorzüge und Nachteile des anderen Geschlechts sind aber nach Ansicht Woolfs so widersprüchlich, dass es „unmöglich" ist, „daraus klug zu werden"[5]. Das Fazit der Frauenforscherin eignet sich kaum für einen ernsthaften Vortrag vor akademischem Publikum: „Es war gewiss ein sonderbares Monstrum, das man sich nach der Lektüre erst der Historiker und dann der Dichter vorzustellen hatte – ein Wurm, geflügelt wie ein Adler; die Verkörperung des Lebens und der Schönheit steht in der Küche und schneidet Nierenfett."[6]

Der kleine Unterschied: Was ist eine Frau?

Was Woolf Ende der 20er Jahre des letzten Jahrhunderts so ironisch-prägnant auf den Punkt bringt, ist mittlerweile in feministischen Untersuchungen vielfach entfaltet worden. Die Spannung zwischen der „Schattenexistenz" konkreter Frauen und dem „Bilderreichtum" des Weiblichen[7], zwischen Sprachlosigkeit und Besprochen-Werden hat eine Reihe literaturwissenschaftlicher, philosophischer und theologischer Studien in Gang gebracht. So wagt sich, 20 Jahre nach Virginia Woolf und im Wissen um ihre Vorgängerin, auch Simone de Beauvoir an die Frage: „Was ist eine Frau?"[8] Auf gut 900 Seiten geht Beauvoir ihr nach und auch sie bedenkt zunächst die vielfältigen (männlichen) Reflexionen über das Weibliche in Wissenschaft und Literatur, bevor sie es – darauf aufbauend – unternimmt, die gelebte Erfahrung von Frauen zu rekonstruieren. Diese Reihenfolge scheint unumgehbar, wenngleich Beauvoir am Ende festhält: „Im Übrigen gehört die Vorstellung eines gegebenen schöpferischen ‚Instinkts' ebenso wie die des ‚Ewigweiblichen' in die verstaubte Schublade der ‚Wesenheiten'"; um die Grenzen der Frau zu klären, müsse „man ihre Situation anführen, nicht irgendein geheimnisvolles Wesen"[9].

Damit äußert sie sich, die wie Woolf daran interessiert ist, das künstlerische und intellektuelle Schöpfertum der Frau zu verteidigen, schließlich in gleicher Zurückhaltung zur „wahren Natur" der Frau: „Es wäre reichlich gewagt, voraussehen zu wollen, in welchem Maße sie besonders bleiben wird und in welchem Maße ihre Besonderheiten von Bedeutung bleiben werden. Fest steht nur, dass die Möglichkeiten der Frau bisher erstickt worden, dass sie der Menschheit verloren gegangen sind und dass es in ihrem eigenen Interesse wie auch im Interesse aller höchste Zeit ist, sie ihre Fähigkeiten endlich ausschöpfen zu lassen."[10]

Woolfs und Beauvoirs Vorgehensweise ist nach meiner Ansicht bezeichnend: Ihr Nachdenken über das eigene Geschlecht und Dasein als Frau ist zunächst weniger selbstreflexiv, als dass sie sich abzuarbeiten hat an dem, was gängigerweise – im herrschenden Diskurs – über die Frau und das Weibliche gesagt wird.[11] Die Dissoziation von erster und dritter Person, die daran hängt, dass jede weibliche Selbstartikulation sich automatisch stößt an Beschreibungsweisen und Wertsetzungen, die aus dem Munde des anderen Geschlechts stammen, kann für das männliche Subjekt gar nicht aufkommen. Denn im Reflexionsraum des Menschlichen hallte schon immer eine männliche Stimme wider, die als die eigene die war und ist, durch die und mit der man(n) sich versteht. In diesem Sprachraum als Frau über sich selbst und die eigene Sicht auf die Welt zu sprechen, ist demgegenüber ein spezifisches Problem.

Woolfs Forderung nach einem „einem Zimmer mit einem Schloss in der Tür"[12] möchte ich daher nicht nur so verstehen, dass Frauen eine materielle Basis und in diesem Sinne einen abgegrenzten Raum benötigen, um ungestört ihrer schriftstellerischen Tätigkeit nachzugehen. Einen eigenen Raum zu haben, meint auch, einen eigenen Reflexions- und Artikulationsraum zu entwickeln und nicht ständig unterbrochen zu werden durch männliche Zurufe und Einwände von außen. Für Woolf und Beauvoir ist dieser Freiraum schöpferischer Entfaltung fundiert durch die alle Menschen auszeichnende und eigenständiges Denken und Handeln erst ermöglichende *Freiheit*. Solange die Frau aber als naturnahes und instinktgeleitetes Wesen gilt, wird ihr diese Freiheit abgesprochen und sie kann sich nicht zu sich und zur Welt gestaltend in Beziehung setzen. Deswegen gilt es, die Ordnung der Geschlechter mit ihren Einschränkungen zu überwinden: „Erst wenn es jedem Menschen möglich sein wird, seinen Stolz jenseits des Geschlechtsunterschieds im schwierigen Glanz seiner freien Existenz anzusiedeln, erst dann wird die Frau ihre Geschichte, ihre Probleme, ihre Zweifel und ihre Hoffnungen mit denen der Menschheit gleichsetzen können."[13]

Doch das freiheitliche Subjekt, das vor allem Beauvoir noch so emphatisch einfordern konnte, ist mittlerweile fragwürdig geworden. Insbesondere die poststrukturalistische und dekonstruktivistische Kritik hat betont, dass die Annahme eines „Täters hinter der Tat"[14], also eines autonomen Bewusstseins, das seinen eigenen Handlungen und den Einschränkungen seines Geschlechts gegenübersteht, illusionär ist. Vielmehr wird darauf hingewiesen, dass jedes Subjekt in seinem Selbstverstehen und in seinem zielgerichteten Handeln immer schon in einem diskursiven Feld verortet ist, dem es nicht entkommen kann. Es wird erst hervorgebracht im Rahmen historischer Macht- und Wissensformationen, wie insbesondere Michel Foucault gezeigt hat. Das heißt, dass nicht ohne weiteres eine andere Sprache zur Verfügung steht, in der, wie Beauvoir und Woolf es wünschen, das Geschlecht an Bedeutung verloren hat, oder aber neue Sinnbilder weiblicher Existenz formuliert und verstanden werden können. Zudem stellt sich vor dem Hintergrund einer „Mikropolitik der Macht", die die Subjekte bis in ihre geheimsten Wünsche hinein prägt,[15] die Frage, wie überhaupt ein distanziertes und kritisches Verhältnis zu dem, was die eigene Identität so grundlegend bedingt wie die Geschlechterordnung, eingenommen werden kann. Wenn es keinen Ort jenseits kultureller Verstrickung gibt, dann steht auch ein möglicher Ort kritischer Reflexion und Normenfindung zur Debatte.

Entsprechend bremst Butlers Warnung, dass jedes Weiblichkeitsmodell, das sich die Frauenbewegung auf die Fahnen schreibt, notwendig Ausschlüsse produziert[16], affirmative Setzungen. Es gibt, so Butler, „keine Ontologie der Geschlechtsidentität, auf der wir die Politik aufbauen können. Vielmehr fungieren die Geschlechter-Ontologien in einem etablierten politischen Kontext stets als normative Anweisungen, die festlegen, was als intelligibles Geschlecht gelten kann"[17]. Gleichwohl treibt die Frage, wie hinter den eindeutig interessegeleiteten und damit ideologischen Bildern des Weiblichen aus männlichem Mund das zutage treten kann, was Frauen für sich und nicht „fremdbestimmt" in Anspruch nehmen können, feministisches Forschen nach wie vor an. Es gibt, von Beauvoir bis einschließlich Butler, immer einen Grund, Ungerechtigkeiten einzuklagen und – womöglich nur versteckt – Visionen einer „besseren Welt" zu entwickeln.

Die Kategorie „Frau" und die weibliche Selbsthermeneutik

Ich meine, dass sich die durch Butler angestoßene und immer wieder festgefahrene feministisch-philosophische Diskussion der letzten Jahre in ihrer fast ausnahmslosen Fokussierung auf die epistemologischen Grundlagen der Bestimmung weiblicher Identität einer Askese ausgesetzt hat, die nicht notwendig ist. Butler geht von konkreten politischen Erfahrungen der Ausgrenzung aus, und ihre Kritik der Geschlechterkategorien hat dort ihren Ort. In der Rhetorik öffentlicher politischer Auseinandersetzung hat das tastende Ausdeuten und auch Infragestellen der eigenen Identität keinen Ort. Was die Kategorie „Frau" füllen kann, wird im Zuge gemeinsamen Aushandelns im besten Fall auf den kleinsten gemeinsamen Nenner reduziert, damit möglichst alle „mitgemeint" sind. Dieses universalistische Projekt verfängt sich aber nach Butlers Ansicht in seinem eigenen Anspruch und kann der Logik der Verwerfung des Anderen nicht entkommen. So ist es nur folgerichtig, dass Butler dafür plädiert, von Universalitätsbegriffen Abschied zu nehmen. Demgegenüber möchte sie die gegebene „Kategorie ‚Frau(en)' zu einem Schauplatz möglicher Umdeutungen erklären und damit retten", denn dadurch „erweitern sich die Möglichkeiten dessen, was es bedeutet, eine Frau zu sein, und zugleich werden die Bedingungen und Möglichkeiten für einen erweiterten Sinn von Handlungsfähigkeit geschaffen."[18]

Diese Dynamisierung der Identitätskategorien, die Butler in einer performativen Theorie des Geschlechts theoretisch verankert, gerät allerdings immer dort ins Stocken, wo es um Fragen der Letztbegründbarkeit geht. Doch ist dieser epistemologische Diskurs nicht der einzige, in dem sich Identitätsfragen verhandeln lassen. Näher liegend ist die hermeneutische Selbstreflexion, die im Medium der Autobiografie und des religiösen Bekenntnisses[19] ihren Ort hat und im Übrigen schon immer durch die *Fragwürdigkeit* des eigenen Selbst motiviert worden ist. Hier ist ein subjektiver Ausgangspunkt und damit eine Artikulation aus der „ersten Person" ausschlaggebend. Die erstgenannten epistemologischen Fragen sind auf diese Ich-Perspektive nicht angewiesen. Dabei geht es darum, nachvollziehbar und unter Zuhilfenahme von psychologischen, naturwissenschaftlichen oder auch kulturtheoretischen Ansätzen zu begründen, worauf die Geschlechteridentität beruht. In gewisser Weise führt diese Debatte den von Männern betriebenen Diskurs über das Weibliche fort – wenngleich sie ihn versachlicht und dekonstruiert. Für diesen Zweck könnte man sich idealer Weise einen neutralen und hoch gelegenen Ort vorstellen, von dem aus es möglich wäre, ein weites Feld zu überblicken, um diese Problemstellung gültig zu beantworten.

Im Falle der hermeneutischen Selbstreflexion stelle ich mir eher einen Raum vor, in dem es gelingen kann, sich auszudrücken und ein Verhältnis zu sich aufzuspannen. In diesem Raum muss mehr Platz finden als nur das, was dem Anspruch der Letztbegründung genügt.[20] Die „Fülle des Lebens" in seinen Widersprüchen stößt eine Suchbewegung an, die allerdings nicht ohne Ziel ist, denn sie nähert sich schließlich dem, was für das einzelne Selbst unhintergehbar gilt, über die Kontingenzen der eigenen Existenz hinausweist und dieser Grund gibt. Dass es so etwas geben muss, behauptet jedenfalls die Theologie. Sie geht davon aus, dass jedes Selbstverhältnis in Gott gründet, der als naher, aber auch als verborgener erfahren wird. Für diese Bezogenheit, die zeigt, dass das menschliche Dasein nicht aufgeht in dem, was es ist, sondern über sich selbst hinausweist, können verschiedene Erfahrungen theologisch geltend gemacht werden: Leiden, Sehnsucht, Zweifel, Angst oder Hoffnung – aber nicht, so verstehe ich es wenigstens, ein objektives Wissen etwa darüber, wie die Differenz der Geschlechter zu definieren wäre.

Die eindimensionale Frage nach der Geschlossenheit oder Offenheit der Kategorie „Frau" wird somit überführt in das mehrdimensionale Gefüge eines Selbstbegriffs, der Verhältnisbestimmungen einschließt und in dem sich das Kontingente (wie die machtvolle Ordnung der Geschlechter) mit dem Unbedingten, das die Theologie als Gott bezeichnet, vermitteln lässt. Wie diese Verbindung der ontologische Ebene mit der ontischen zu denken ist, wäre dann eine wichtige Frage. Für die Suchbewegung selbst, die Frage nach Gott, legt sich nahe, dass sie aus weiblicher Perspektive anders zu akzentuieren ist. Denn hier tritt die besondere Schwierigkeit auf, zu sprechen und sich selbst auszudeuten in einer Sprache, deren Sinnbezüge und Wertsetzungen sich nur aus männlicher Perspektive zu einem sinnfälligen Puzzle fügen.[21] Einerseits im herrschenden Diskurs und mit seinen geschichtsträchtigen Begriffen, müsste es andererseits darum gehen, sich in Differenz zu ihm zum Ausdruck zu bringen.[22]

Selbstartikulation als feministischer Anspruch
Ich möchte behaupten, dass sich die feministischen Ansätze, die mit unterschiedlichem theoretischen Rüstzeug an der Kategorie „Frau" elaborieren, auch unter der angesprochenen Perspektive der ethischen Selbsthermeneutik bedenken und somit auch darauf hin befragen lassen, inwieweit sie Anknüpfungspunkte für eine religiöse Theorie des Subjekts bieten. Damit meine ich nicht, dass diese Theorien, wie etwa Judith Butlers, gegen ihren erklärten Willen dieses theologische Fundament als blinden Fleck mitliefern. Aber vielleicht lassen sie sich zu einem streitbaren Gespräch verführen. Unterschiedlichen feministischen Ansätzen, wie Beauvoirs existenzialistischem Entwurf oder Butlers dekonstruktivistischem Projekt, ist nach meiner Ansicht gemeinsam, dass sie die *Enteignung* des Selbstverständnisses von Frauen, oder zugespitzt, von lesbischen Frauen, einklagen.

Dabei geht es im Allgemeinen darum, dass sich Frauen mit Zuschreibungen und Wertsetzungen identifiziert sehen, die sie selbst nicht formuliert haben.[23] Ein kollektiv versichertes und historisch gewachsenes Verständnis ihrer selbst, das sie diesen „Fremdbeschreibungen" entgegenhalten könnten, steht ihnen dabei nicht zur Verfügung.[24] Das heißt, bevor Frauen die Anerkennung einer bestimmten Identität einfordern können, muss es ihnen erst einmal grundsätzlich darum gehen, selbst zu artikulieren, wer sie sind und sein wollen. Die Frage, *wer spricht* und wer Identitäten ausformuliert, ist also nicht unerheblich – und ich meine, dass auch Judith Butlers Entwurf hier unterscheiden kann, wenngleich sie selbst es vorzieht, von einer „Matrix der geschlechtsspezifischen Beziehungen" zu sprechen, die dem „Zum-Vorschein-Kommen des ‚Menschen' voraus[geht]".[25] Tatsächlich muss nicht angenommen werden, dass es ein souveränes Subjekt vor der Sprache gibt, das sich dieser wie eines Werkzeugs bedient und Begriffe zuweist, um dennoch zu unterscheiden zwischen artikulationsfähigen Subjekten und solchen, denen die Artikulation ihrer selbst verwehrt wird.

Die in historischer Perspektive sichtbare Genealogie der Bedeutungen, wie Foucault sie etwa für das „Sexualitätsdispositiv" herausgearbeitet hat, zeigt, dass die hegemoniale Macht nicht völlig anonym ist, sondern dass sie durchaus an entscheidenden Stellen verdichtet auftritt und sich so lokalisieren lässt. Es gibt solche Gruppen, die diszipliniert werden und andere, die dieser Disziplinierung sicherlich auch unterworfen sind, sie aber zugleich überwachen. Butler unterscheidet zwischen „intelligiblen", heterosexuellen Geschlechtsidentitäten und solchen, die als das konstitutive Außen dieser Ordnung, als „nicht intelligibel" abqualifiziert werden: „Die Konstruktion des Geschlechts arbeitet mit den Mitteln des *Ausschlusses*, und zwar so, dass das Menschliche nicht nur in Absetzung gegenüber dem Unmenschlichen produziert wird, sondern durch eine Reihe von Verwerfungen, radikalen Auslöschungen, denen die Möglichkeit kultureller Artikulation regelrecht verwehrt wird."[26] Es sind also nicht alle gleichermaßen von der Macht des hegemonialen Geschlechterdiskurses betroffen: Die einen profitieren davon und besetzen solche Positionen, die sie handlungsfähig machen, den anderen wiederum ist die Möglichkeit genommen, sich innerhalb dieser Ordnung mit positiven Begriffen selbst zu beschreiben. Butler kann diese Differenz nur einklagen, wenn sie auch annimmt, dass zu einem Leben in Würde ein (Frei-)Raum der Selbstartikulation gehört.

Zugleich stellt sich aber die Frage, was die Bedingungen dieser Selbstartikulation sind. Kann jedes Individuum erwarten, ein „Zimmer *ganz* für sich allein" zu haben? Einen exklusiven Sprachraum, der individuellste und souveräne Selbstbeschreibung und eine wirklich neue Aneignung der Welt ermöglicht? Kommunitaristische Theoretiker, wie Alasdair MacIntyre[27] oder Charles Taylor haben darauf hingewiesen, dass jeder individuelle

Raum der Selbstbeziehung vermittelt ist mit einem kollektiv geteilten (Sprach-)Raum, der kulturspezifische Hintergrundüberzeugungen für die Selbstartikulation des Einzelnen zur Verfügung stellt. Weniger reflektiert haben sie, dass die „erinnernde Wiedergewinnung" der „reichhaltigen Hintergrundsprachen"[28], der Wertsetzungen und Ideen des Schönen und Guten eine sehr männlich geprägte Sicht auf den Menschen und die Welt hervorbringt. Nach Taylor ist die Selbstinterpretation aber ein wesentliches Moment menschlicher Individualität. Indem Menschen sich „zum Ausdruck bringen", können sich in einen öffentlichen Raum einbringen und diesen gestalten. Taylor macht damit auf die „expressive Dimension" der Sprache aufmerksam, auf das Aktivitätsmoment, das Sprechen auszeichnet und das sich jenseits der bloßen Repräsentationsfunktion von Sprache eröffnet.[29]

Diese Expressivität der Sprache ist gebunden an die erste Person, während es sich bei den von feministischer Seite kritisierten Zuschreibungen um Artikulationen aus der dritten Person handelt – zumindest aus weiblicher Perspektive betrachtet. Sie lassen sich nicht ohne weiteres als weibliche Selbstartikulation aneignen, weil sie offensichtlich in ihrer Spiegelfunktion für die männliche Subjektivität Teil des männlichen Selbstausdruck sind und somit einen Sprecher des entsprechenden Geschlechts voraussetzen. Andererseits zeigt Taylors Sprachtheorie, dass Bedeutungen nicht unverrückbar fest stehen, sondern durch ihre Artikulation auch in Bewegung gebracht werden können.[30] Das ist eine grundsätzliche Voraussetzung für eine Veränderung von solchen kulturellen Deutungsmustern, die dem Weiblichen und somit auch den Frauen eine marginale Position zuweisen.

Ein erster Schritt, die Ordnung in Bewegung zu bringen, sie – in Butlers Sinne – zu irritieren, kann demnach darin gesehen werden, dass diejenigen, die zum Schweigen verurteilt sind, selbst die Stimme erheben. Das ist eine alte frauenbewegte Forderung, doch ist sie nach wie vor nicht banal. Denn es geht nicht nur darum, im Alltag die Stimme zu erheben, sondern als Frau zu sprechen in Positionen, die unstreitbar männlich geprägt sind: nicht nur in der Rolle des Bundeskanzlers, sondern auch in der Position des literarischen Autors,[31] des (wissenschaftlichen) Subjektes in Philosophie oder Theologie und schließlich – das ist es, was mich besonders „anficht" – als religiöses Subjekt *innerhalb* der christlichen Konfessionen, die zugleich reich an schöpferischem Ausdruck und an geschlechtsspezifischer Ausgrenzung sind. Solche männlichen Positionen können durch Frauen nicht einfach „imitiert" werden. Vielmehr lässt sich ihre Aneignung nur so denken, dass sie in einem neuen Kontext „zitiert" und dadurch schon leicht verschoben werden. Butlers Konzept einer symbolischen Inszenierung und Parodie der Geschlechterordnung zeigt, wie diese

Bewegung in Gang gebracht werden kann und welche Ausdrucksmöglichkeiten sich erschließen, wenn die Ausgeschlossenen selbst als Akteurinnen der Umdeutung auftreten. Zugleich fällt eine bleibende Veränderung, die über erhellende symbolische Handlungen hinausgeht, schwer. Die Geschlechterordnung und ihre asymmetrischen Strukturen sitzen tief und lassen sich nicht ohne weiteres abschütteln. Und ihre Veränderung liegt nicht in der Hand Einzelner, denn eine neue Artikulation tritt erst dann als solche zu Tage, wenn sie von anderen verstanden und zustimmend aufgegriffen wird.

Es bleibt deshalb die Frage, ob ein „ungebrochenes" subjektives Selbstverstehen in intersubjektiven Bezügen überhaupt erreichbar ist. Nach Butler bleibt jede Selbstbenennung instabil und ist als solche anzuerkennen. Keiner kann den Namen, den er erhält oder sich gibt, vollständig ausfüllen. Deswegen können Identitätskategorien auch nicht in Besitz genommen werden, wenngleich ohne sie nicht gesprochen werden kann. In Butlers Ausführungen finden sich immer wieder Passagen, die für eine Differenz zwischen dem Subjekt als einem „Ort konvergierender Machtbeziehungen"[32] und dem subjektiven Begehren nach Identität sprechen. Damit ist ein ambivalenter Zwischenraum eröffnet, der zugleich tragisch, gefährlich und kreativ ist.[33] Tatsächlich – das scheint auch für Butler wichtig zu sein – geht das Subjekt keineswegs auf in den Machverhältnissen, die es konstituieren, wenngleich es auch nicht in der Lage ist, sich selbst daraus zu befreien. Für jedes Individuum ist damit ein Überschuss geltend zu machen, der sowohl das einzelne Bewusstsein als auch seine Situierung in einem soziokulturellen Kontext übersteigt. Der Horizont der Selbstwerdung und der Handlungsfähigkeit scheint jenseits dieser Instanzen zu liegen. Die Theologie plädiert dafür, ihn in einer Beziehung zu Gott zu gründen. Über sie müssten sich kontingente und zugleich tief prägende Mächte und der ontologische Grund des Selbst, zu dem sie in Widerspruch stehen, vermitteln lassen.

Die theologische Rede von der Sünde und die Ordnung der Geschlechter

In jener Vermittlung kommt der theologische Begriff der Sünde ins Spiel, der allerdings heutzutage keinen guten Leumund mehr hat. Das liegt vor allem daran, dass er im Alltagsverständnis nur auf einzelne moralische Verfehlungen bezogen wird, auf sogenannte Tatsünden[34]. Zunächst (und nach evangelischem Verständnis) ist mit Sünde jedoch die fundamentale Nicht-Identität des Menschen gemeint, die durch Psychoanalyse und Poststrukturalismus auf andere Weise formuliert wurde. Martin Luther hat in seiner Disputation über den Menschen dessen „Sündersein" gegenüber der philosophischen Anthropologie, die den Menschen als vernunftgabtes

Wesen begreift, hervorgehoben. In einer Sprache, die wir heute nicht mehr gut verstehen, heißt es bei ihm: „Der Mensch ist Gottes Geschöpf aus Fleisch und lebendiger Seele bestehend, von Anbeginn zum Bilde Gottes gemacht ohne Sünde". Und weiter, dass der Mensch „nach Adams Fall der Macht des Teufels unterworfen ist, nämlich der Sünde und dem Tode – beides Übel, die durch seine Kräfte nicht zu überwinden und ewig sind"[35]. Im „Sündenfall" wird versucht, das Phänomen zu erklären, dass der Mensch, der nach Gott fragt, zugleich von ihm entfernt ist und aus eigener Kraft diese Trennung nicht überwinden kann. Dabei wird davon ausgegangen, dass das menschliche Geschöpf Gottes zugleich seinem Schöpfer widersprechen kann.

Ohne die komplexen theologischen Probleme anzusprechen, die damit zusammenhängen, kann hier wenigstens das Folgende festgehalten werden: Soll nicht eine widergöttliche Macht angenommen werden, der der Mensch schicksalshaft ausgeliefert ist, so bleibt nur noch, die *Möglichkeit* der Sünde im *geschöpflichen* Sein des Menschen selbst zu verankern. Im Zuge der Neuzeit trat hier zunehmend die Freiheit in den Blickpunkt. Die Sünde „ist dann positiv gesehen die Definition des Menschen in seiner leiblich und geschichtlich gebundenen Freiheit im Konflikt – in eben diesem Riss, der durch alles geht, auch und gerade da, wo wir es am besten meinen."[36] Während zuvor etwa die fleischliche Lust in ihrer tendenziellen Übermacht im Mittelpunkt gestanden hatte, wird nun darauf Wert gelegt, dass der „Abfall" von Gott mit einer an sich positiven Verwirklichung der Geschöpflichkeit einhergeht. So stellt Paul Tillich in seiner Interpretation der Genesis-Erzählung vom Sündenfall fest, dass der Mensch im Hören des Verbots, vom Baum der Erkenntnis zu essen, seine bislang nicht bewusste Freiheit plötzlich als Gefahr erlebt: „Er steht vor der Alternative, entweder seine träumende Unschuld zu bewahren, ohne wirkliches Dasein zu erleben, oder seine Unschuld zu verlieren und Erkenntnis, Macht und Schuld dafür einzutauschen."[37]

Die Möglichkeit, sich zu sich selbst zu verhalten, wird also auch hier über den Begriff der Freiheit begründet, die wiederum nur als von Gott geschenkte Freiheit recht gebraucht werden kann. Theologisch lässt sich damit erklären, warum die menschliche Freiheit nicht nur immer ambivalent bleibt, sondern warum es über diese Ambivalenz hinaus eine Sehnsucht nach einer gelingenden Freiheit, einem erfüllten Leben gibt. Denn das menschliche Handeln ist nicht autonom, sondern bezogen auf ein Drittes – auf Gott. Nur von diesem kann eine Auflösung der gestörten menschlichen Beziehungen zu sich und zu den anderen ausgehen.

Eine ontologische Selbst-Versicherung ist also gerade deswegen nicht möglich, weil durch die Gottesbeziehung eine dritte Instanz angenommen wird, die unverfügbar ist. Alle kulturellen Selbstartikulationen schöpfen daraus und können ihr zugleich widersprechen. Ein „Hauptwiderspruch" ist für die feministische Theologie das asymmetrische Verhältnis der Geschlechter. Wird der Blick auf diese Sündenstruktur gerichtet, dann scheint es so, als käme das Moment der Freiheit, das die Abkehr von Gott begründen soll, nur männlichen Geschöpfen zu. An der spezifisch männlichen Selbstüberschätzung der eigenen Freiheit hätten demnach auch die Frauen zu leiden. Über ihre eigene Gottesbeziehung wäre damit aber noch nichts ausgesagt. Die von den unterschiedlichsten feministischen Ansätzen herausgestellte weibliche Erfahrung der Fremdbestimmung, oder auch der verhinderten Selbstartikulation, erhält in diesem Modell keinen Ort. Innerhalb der feministischen Theologie wird deswegen seit längerem diskutiert, inwieweit nicht auch die Sündentheorie einer geschlechtsspezifischen Ausdeutung bedarf. Mit dem Begriff der „Frauensünde", die sich kontrapunktisch zum männlichen Verständnis der Sünde als Selbstüberschätzung *(Hybris)* verhält, wurde und wird versucht, von weiblichen Erfahrungen der Selbstverleugnung und Selbstaufopferung aus eine Sündentheorie zu entwickeln.

Den Anfang dieser feministisch-theologischen Debatte machte ein Aufsatz von Valerie Saiving Goldstein, die darin den destruktiven Charakter traditioneller Sündenlehre herausstellte, weil diese weibliches Verlangen nach Selbstverwirklichung nur unter dem Vorzeichen unangemessener Selbsterhebung fassen konnte.[38] Eine Umkehrung des patriarchalen Sündenverständnisses verfängt sich allerdings in den gängigen Geschlechterdualismen und neigt zudem dazu, den Sündenbegriff zu moralisieren, sofern Frauen gemäß der Sünde der Selbstaufopferung Anklage gegen sich selbst zu erheben hätten, wenn sie sich widerstandslos der Unterordnung fügen. Tatsächlich wurde Saiving Goldsteins Ansatz vor allem in befreiungstheologischen Zusammenhängen dahingehend weiterentwickelt, dass nun statt der Sünde der Einzelnen von einer strukturellen Sünde gesprochen wurde. Diese wird in sexistischen Gesellschaftsstrukturen und Machtverhältnissen verortet, die geschlechtsspezifische Rollenbilder vorgeben.[39]

Folgt man diesem Ansatz, gerät man jedoch schnell an das Problem, das auch für Judith Butler Anlass für ihre Kritik an der Frauenbewegung war. Denn sofern sich gesellschaftliche Machtverhältnisse durch politisches Engagement der Unterdrückten verändern lassen, wäre auch – wenn auch nur als Zukunftsvision – die Sünde „in den Griff zu kriegen". Butlers durch Foucault geschultes Beharren darauf, das die Mächte tiefer greifen, als dass das einzelne Subjekt oder eine gemeinschaftlich gestärkte politische Gruppe sie ohne weiteres von sich abstreifen könnte, legt es nahe, jenen strukturellen Sündenbegriff in einen „poststrukturellen" zu verwandeln. Auch er wäre in intersubjektiven Beziehungen zu verorten, die allerdings im Sinne der Foucaultschen Machttheorie grundlegender und damit allgemeiner zu denken sind als gesellschaftliche Hierarchien und politische Strukturen. Andererseits müsste nun gegen Foucault und Butler festgehalten werden: Wenn Sünde und die Verwirklichung der Schöpfung gleichursprünglich zu verstehen sind, so kommt in diesen intersubjektiven Bezügen beides zum Ausdruck: Die Verwirklichung des Menschseins und zugleich seine Fragilität, das Scheitern gelingender Beziehungen. Jede kreative Selbstartikulation ist zugleich auf diesen geteilten Raum angewiesen, wie sie ihn aber auch missbrauchen und okkupieren kann, so dass anderen Artikulationsmöglichkeiten genommen werden. Solche Asymmetrien können selbstverstärkend wirken und sich im geschichtlichen Verlauf als hegemoniale Diskurse tief verankern, wie das gegenwärtige Verhältnis der Geschlechter zeigt.[40] Es wäre wohl nicht übertrieben zu behaupten, dass es, zumindest in unserer Kultur, das allgemeinste und tiefgehendste zwischenmenschliche Missverhältnis ist.

Was ist nun der Ausweg? Sicherlich nicht allein die freiheitliche Selbstbehauptung der Frauen, die der männlichen Widerstand entgegen bringt, wie Beauvoir es vorschlägt.[41] Ein individualistisches Modell der Freiheit scheint tatsächlich nur die fragwürdige Geschichte männlicher Selbstbeschreibung fortzusetzen. Aber auch der fast schon tragische Verzicht auf Selbstartikulation, die nie gelingen kann, weil jede Aneignung fragil und problematisch bleibt, ist einseitig. Tatsächlich, sofern der Anspruch besteht, sich autonom selbst zu benennen und auszudeuten in einem individuellen (oder gruppenspezifischen) Raum, ist diese pessimistische Einsicht das letzte Wort.

Wenn aber der/die „Nächste" nicht nur als Verhinderer neuer Benennungen auftritt, wenn diese nicht grundsätzlich gegen einen verhärteten hegemonialen Diskurs durchzusetzen sind, so kann in den Blick kommen, dass tatsächlich jede Selbstartikulation angewiesen ist auf ein Gegenüber, das sie hört und darauf antwortet. Im dialogischen Zwischenraum lassen sich viel mehr Worte über die Einzelne verlieren als in der Kategorie „Frau" aufgehen. Und wenn die Geschlechtsidentität, wie Butler es versteht, in einem performativen Geschehen zum Ausdruck kommt und nicht von vorne herein festgelegt ist, wird das am ehesten dort sichtbar, wo sie im Kommunikationsprozess in Bewegung gerät.

Ich schlage vor, Freiheit nicht zu verstehen als eine individualistische (und idealistische) Kategorie, sondern als ein kreatives Artikulieren, das sich in einem intersubjektiv verankerten Sprachraum vollzieht. Dann wird deutlich, dass Handlungsfähigkeit aus dialogischem und beweglichem Austausch erwächst und dass die Verhinderung von Handlungsfähigkeit eben daran hängt, dass der Dialog abgebrochen wird und in einen Monolog verfällt. Dass dies aber Verzerrungen sind, lässt sich nur verstehen vor dem Hintergrund derjenigen grundlegenden Relation, die auch die zwischenmenschlichen trägt und die die Quelle jeder schöpferischen Selbstartikulation ist. In diesen Horizont möchte ich auch Virginia Woolfs Aufforderung stellen, die sie an Mary Carmichael sowie ihre Hörerinnen und Leserinnen richtet: „Vor allem musst du deine eigene Seele in ihren Tiefen und Untiefen, ihren Eitelkeiten und Großzügigkeiten ausleuchten, und du wirst sagen müssen, was deine Schönheit oder dein unscheinbares Aussehen für dich bedeutet und welcher Art deine Beziehung zu der ständig wechselnden und sich ewig drehenden Welt ist."[42]

Anmerkungen

[1] Virginia Woolf: *Ein Zimmer für sich allein.* Frankfurt a.M. 1981, S. 8 (Orig.: *A Room of One's Own.* London 1928). Dieser Essay geht zurück auf zwei Vorträge, die Woolf 1928 in Cambridge hielt.

[2] Ebd.

[3] Präziser für Mary Beton, denn als solche bezeichnet sich Woolf bzw. das literarische Ich im Text (vgl. ebd. S. 9 u. 120).

[4] Ebd., S. 32.

[5] Ebd., S. 36.

[6] Ebd., S. 52.

[7] Vgl. dazu die Untersuchung von Silvia Bovenschen: *Die imaginierte Weiblichkeit. Exemplarische Untersuchungen zu kulturgeschichtlichen und literarischen Präsentationsformen des Weiblichen.* Frankfurt a.M. 1979.

[8] Simone de Beauvoir: *Das andere Geschlecht. Sitte und Sexus der Frau.* Hamburg 1992, S. 11 (Orig.: *Le Deuxième Sexe.* Paris 1949).

[9] Ebd., S. 880.

[10] Ebd., S. 881.

[11] Ich übergehe hier die ebenfalls bezeichnende Tatsache, dass Frauen sich überhaupt als geschlechtsspezifische Wesen und nicht einfach als „Mensch" reflektieren, wie es die Männer immer getan haben (vgl. dazu ebd., S. 11).

[12] Woolf 1981, a.a.O. (Anm. 1), S. 120.

[13] Beauvoir 1992, a.a.O. (Anm. 8), S. 880. Woolf plädiert für einen androgynen Geist, der die jeweiligen Einschränkungen männlichen und weiblichen Denkens hinter sich lässt; vgl. Woolf 1981, a.a.O. (Anm. 1), S. 112ff.

[14] Vgl. Judith Butler: *Das Unbehagen der Geschlechter.* Frankfurt a.M. 1991, S. 209.

[15] Michel Foucault hat das überzeugend für die Geschichte der Sexualität gezeigt und damit fürwahr einen sehr intimen Bereich in den Blick genommen: „Der Sex ist das spekulativste, das idealste, das innerlichste Element in einem Sexualitätsdispositiv, das die Macht in ihren Zugriffen auf die Körper, ihre Materialität, ihre Kräfte, ihre Energien, ihre Empfindungen, ihr Lüste organisiert" (Michel Foucault: *Der Wille zum Wissen.* Frankfurt a.M. 1983, S. 185).

[16] Butler denkt dabei vor allem an lesbische Frauen, die sich mit einer heterosexuell geprägten Frauenbewegung konfrontiert sehen.

[17] Butler 1991, a.a.O. (Anm. 14), S. 217.

[18] Judith Butler: *Kontingente Grundlagen. Der Feminismus und die Frage der „Postmoderne".* In: Seyla Benhabib u.a. (Hrsg.): *Der Streit um Differenz. Feminismus und Postmoderne in der Gegenwart.* Frankfurt a.M. 1993, S. 31–58, hier: S. 50.

[19] Beispielhaft sind die Bekenntnisse Augustins, die als eine komplexe Suchbewegung der Zusammenhang von Selbsterkenntnis und Gotteserkenntnis sichtbar machen.

[20] Vgl. Charles Taylor: *Quellen des Selbst. Die Entstehung der neuzeitlichen Identität.* Frankfurt a.M. 1996, S. 15.

[21] Was meiner Meinung nach nicht heißen muss, dass es nun nötig ist, ein männliches Subjekt vor der Sprache anzunehmen. Vielmehr erschließen sich die in der Sprache sedimentierten Sinndiskurse nur dann konsistent, wenn sie als Sprechhandlungen auf von Männern dominierte Äußerungskontexte zurückgeführt werden. Das lässt sich in vielen Details nachweisen. Zum geschlechtsspezifischen Subtext solcher Grunddualismen wie Körper und Geist, Kultur und Natur, Rationalität und Emotionalität u.a. Vgl. Cornelia Klinger: *Beredtes Schweigen und verschwiegenes Sprechen. Genus im Diskurs der Philosophie.* In: Hadumod Bußmann / Renate Hof (Hrsg.): *Genus – zur Geschlechterdifferenz in den Kulturwissenschaften.* Stuttgart 1995, S. 34–59, bes. S. 39ff.

[22] Vgl. Brigitte Weisshaupt: *Schatten über der Vernunft.* In: Herta Nagl-Docekal (Hrsg.): *Feministische Philosophie.* München 1990, S. 136–157, hier: S. 143. Voraussetzen will ich, dass Frauen zugleich vom herrschenden Diskurs ausgegrenzt sind und an ihm (in problematischer Weise) teilhaben. Damit stellt sich nicht grundsätzlich die Frage, ob Frauen überhaupt sprechen können, sondern wie sie sprechen und sich selbst zum Ausdruck bringen können (vgl. dazu Sigrid Weigel: *Der schielende Blick. Thesen zur Geschichte der weiblichen Schreibpraxis.* In: Inge Stephan / Sigrid Weigel: *Die verborgene Frau. Sechs Beiträge zu einer feministischen Literaturwissenschaft.* Hamburg 1988, S. 83–137, bes. S. 85). Anders ansetzen ließe sich, wenn etwa das Vorsprachliche – nach Julia Kristeva das „Semiotische", das sie mit dem Weiblichen verbindet und der symbolischen Ordnung der Sprache gegenüberstellt – zum Ansatzpunkt einer feministischen Theorie gemacht wird (vgl. Julia Kristeva: *Die Revolution der poetischen Sprache.* Frankfurt a.M. 1978; vgl. dazu Weisshaupt 1990, a.a.O., S. 143ff. und die kritische Interpretation von Butler 1991, a.a.O. [Anm. 14], S. 123ff.).

[23] Hinsichtlich Butlers Ansatz wäre hier insofern zu präzisieren, als sich lesbische Frauen mit dem hegemonialen Geschlechtermodell der Frauenbewegung konfrontiert sehen, dass sie von vornherein ausschließt.

[24] Das unterscheidet die Situation von Frauen von der anderer marginalisierter Gruppen, die die Anerkennung ihrer Identität in multikulturellen oder multireligiösen Zusammenhängen einklagen. Sie können sich berufen auf eine eigene Tradition und Geschichte, die allerdings von der hegemonialen Kultur nicht gehört und verstanden wird (vgl. dazu Susan Wolfs Replik auf Charles Taylors Modell einer Politik der interkulturellen Anerkennung: Susan Wolf: *Kommentar.* In: Charles Taylor: *Multikulturalismus und die Politik der Anerkennung.* Mit Kommentaren von Amy Gutmann (Hrsg.), Steven C. Rockefeller, Michael Walzer, Susan Wolf. Frankfurt a.M. 1993, S. 79–93, bes. S. 80f.).

[25] Judith Butler: *Körper von Gewicht.* Frankfurt a.M. 1997, S. 29.

[26] Ebd., S. 30.

[27] Alasdair MacIntyre: *Der Verlust der Tugend. Zur moralischen Krise der Gegenwart.* Frankfurt a.M. 1997.

[28] Taylor 1996, a.a.O. (Anm. 20), S. 16.

[29] Vgl. Charles Taylor: *Bedeutungstheorien.* In: ders.: *Negative Freiheit? Zur Kritik des neuzeitlichen Individualismus.* Frankfurt a.M. 1995, S. 52–117, bes. S. 63ff.

[30] Taylors durch Herder und Humboldt geprägte expressive Theorie der Sprache lässt sich damit durchaus mit Butlers performativer Theorie des Geschlechts ins Gespräch bringen, wenngleich Differenzen nicht zu übersehen sind (so plädiert Butler dafür, dass sich das Subjekt nur durch wiederholte Akte strukturiert, die keinerlei Grund haben, den sie „zum Ausdruck bringen" könnten, vgl. Butler 1991, a.a.O. [Anm. 14], S. 207). Gleichwohl könnte den theoretischen Einseitigkeiten beider eine Auseinandersetzung zuträglich sein.

[31] Vgl. auch dazu den Aufsatz von Lena Lindhoff in diesem Band.

[32] Butler 1997, a.a.O. (Anm. 25), S. 315.

[33] Vgl. u.a. ebd., S. 307ff.

[34] Eine Unterscheidung zwischen offiziellem katholischen Sündenverständnis und dem protestantischen, das Martin Luther beispielhaft formuliert hat, ist auch hinsichtlich seiner Konsequenzen für Frauen aufschlussreich. Leider ist dafür hier nicht der Ort, doch soll zumindest für Kirchenferne darauf hingewiesen werden, dass die protestantischen Kirchen keinen Papst haben, weil Luther die kirchliche Disziplinierungsmacht in Sachen Sünde und Buße grundsätzlich in Frage gestellt hat.

[35] Martin Luther: *Disputatio de homine*; abgedruckt und übersetzt in: Gerhard Ebeling: *Disputatio de homine, 1. Teil. Text und Traditionshintergrund*. Lutherstudien, Bd. II. Tübingen 1977, S. 19f.

[36] Hermann Deuser: *Kleine Einführung in die Systematische Theologie*. Stuttgart 1999, S. 83.

[37] Paul Tillich: *Systematische Theologie. Bd. 2*. Stuttgart 1958, S. 42. Tillich greift hier eine Interpretation der Sündenfallerzählung von Søren Kierkegaard auf.

[38] Vgl. Valerie Saiving Goldstein: *The Human Situation. A feminist View*. In: Journal of Religion, Vol. 40, 1960, S. 100–112. Vgl. zu dieser feministisch-theologischen Debatte auch: Elisabeth Hartlieb: *Die feministische Rede von der Sünde. Grundstrukturen feministischer Argumentationen*. In: Sigrid Brandt u.a. (Hrsg.): *Sünde. Ein unverständlich gewordenes Thema*. Neukirchen-Vluyn 1997, S. 155–174, bes. S. 160ff.

[39] Vgl. u.a. Luise Schottroff: *Die befreite Eva. Schuld und Macht der Mächtigen und Ohnmächtigen nach dem Neuen Testament*. In: Christine Schaumberger / Luise Schottroff: *Schuld und Macht. Studien zu einer feministischen Befreiungstheologie*. München 1988, S. 15–154, bes. S. 56ff.

[40] Der alte und diskreditierte Begriff der Erbsünde könnte in diesem Sinne neu ausgelegt werden.

[41] Für Beauvoir ist die Dichotomie des Einen und des Anderen ontologisch grundlegend. Daher gilt auch für jedes Subjekt, dass es sich nur setzt, „indem es sich entgegensetzt: es hat den Anspruch, sich als das Wesentliche zu behaupten und das Andere, das Unwesentliche, als Objekt zu konstituieren" (Beauvoir 1992, a.a.O. [Anm. 8], S. 13). Der Frau wurde in diesem Sinne bislang versagt, sich als Subjekt zu setzen.

[42] Woolf 1981, a.a.O. (Anm. 1), S. 103.

ANTJE SCHRUPP

Jenseits von Autonomie und Widerstand oder: Was ist eine politische Tat?

Weibliches Begehren und Weltveränderung im Denken italienischer Philosophinnen[1]

„Sie sind also die kleine Frau, die diesen großen Krieg verursacht hat" – so soll Präsident Abraham Lincoln gegen Ende des amerikanischen Bürgerkrieges, der die Abschaffung der Sklaverei in den Südstaaten der USA brachte, einmal die Schriftstellerin Harriet Beecher-Stowe begrüßt haben. Ein merkwürdiges Bild: Eine kleine Frau verursacht einen großen Krieg. Ein Bild, das zunächst einmal schockiert – eine Frau ist die Ursache für so etwas Schreckliches? Das kann doch nicht wahr sein!

Auf der anderen Seite bringt mich das Bild aber auch zum Schmunzeln: Der amerikanische Präsident, einer der mächtigsten Männer der Welt, gesteht ein, dass eine kleine Frau etwas erreicht hat, was er selbst nicht vermochte. Da werde ich schon ein bisschen neidisch. Auch ich möchte manchmal einen großen Krieg auslösen, also etwas tun, das auch wirklich eine Wirkung zeigt. Damit sich etwas verändert, damit endlich Schluss ist mit den vielen Ungerechtigkeiten der Welt. Aber wie lässt sich die Sehnsucht nach einer anderen Welt, einer Welt ohne Ungerechtigkeit und Leid, mit dem Realismus verbinden, der solche Träumereien immer wieder „auf den Boden der Tatsachen" zurückholt? Mit der Angst, die Gewaltspirale könne sich nur sinnlos weiterdrehen? Woher weiß ich überhaupt, was für die Welt „gut" ist? Wie lässt es sich für eine bessere Welt kämpfen, ohne dass man dabei Machbarkeitsfantasien aufsitzt oder größenwahnsinnig wird?[2]

Harriet Beecher-Stowe scheint das gelungen zu sein. Mit ihrem Buch *Onkel Toms Hütte*, in dem sie Geschichten *Aus dem Leben der Negersklaven* erzählt (so der Untertitel des 1851/1852 erschienenen Fortsetzungsromans), hatte sie die amerikanischen Gemüter aufgeschreckt. Schon im ersten Jahr wurden 300.000 Exemplare des Buches verkauft, das – so ein Rezensent – „zur Kampfschrift der Nordstaaten gegen die Südstaaten"[3] wurde. Und so hat also eine kleine Frau, die sich abends, wenn Mann und Kinder versorgt waren, an den Schreibtisch setzte und Geschichten aufschrieb, die Welt verändert.

Wie konnte ihr das gelingen? Vielleicht ist es von Bedeutung, dass sie kein politisches Manifest geschrieben hat, kein gelehrtes Werk, sondern eine Erzählung, einen Roman. Dieser Gedanke kam mir, als ich einen Aufsatz von Luisa Muraro las, in dem sie sich mit der Wirksamkeit politischer Interventionen von Frauen beschäftigt. Über die spanische Mystikerin Teresa von Avila schreibt sie: „In der Ausarbeitung ihres Denkens richtete sie sich nach der Vorgabe der Unterordnung unter die Gelehrten, wenn es um die Interpretation der Doktrinen ging, während sie sich selbst die Wahrheit der Erzählung von ihren Erfahrungen und die der Manifestation des Glaubens in Form von Gebeten vorbehielt."[4] Teresa ließ sich also nicht auf die gelehrten Dispute der Scholastik ein, sondern beanspruchte für sich andere Methoden: die Erzählung und das Gebet. So hat sie ihr Frausein – diesen sozialen Nachteil – zum Ausgangspunkt ihrer Überlegungen gemacht, und es ist ihr gerade dadurch gelungen, etwas zu verwirklichen. Ein ähnliches Verhalten, so Luisa Muraro, habe sie auch schon an sich selbst beobachtet: „Manchmal spürte ich die Notwendigkeit, das Gespräch, das ich gerade führte, zu unterbrechen, um eine Begebenheit aus meinem Leben zu erzählen, die mir zuweilen als Beispiel diente, öfter aber als Vehikel für eine Idee, die ich nicht anders ausdrücken konnte."[5]

Das Mittel der Erzählung ist für Muraro eine Manifestation des „weiblichen Subjektivismus" – wenn eine Frau eine Geschichte erzählt, dann verbindet sie damit, in die Debatten über die Theorien anderer hineingezogen zu werden. Sich auf persönliche, „subjektive" Erfahrungen zu beziehen, wäre also eine Möglichkeit, nicht länger das Denken von Männern zu kommentieren, sondern selbst zu sprechen. Was aber ist ein weibliches Subjekt?

In der westlich-modernen Denktradition zeichnet sich das Subjekt durch Autonomie aus – Subjektivität wird mit Selbstbestimmung gleichgesetzt.[6] Im Bereich der Philosophie, der Psychologie und der Soziologie ist allerdings die Idee, es gebe ein „autonomes" Subjekt, durch dekonstruktivistische Ansätze inzwischen ad acta gelegt. Den Bereich der politischen Theorien jedoch scheint diese Diskussion nicht zu berühren. Ein Blick in den Politikteil der Zeitung, wo es von „Autonomiebestrebungen" aller möglichen Nationen, Gruppen und Institutionen nur so wimmelt, macht das deutlich. Die positive Konnotation des Begriffes „Autonomie" hat im Bereich des Politischen noch keinen Schaden genommen.

Das scheint auf den ersten Blick auch plausibel. Zumindest in der Organisation des menschlichen Zusammenlebens muss es doch Autonomie, also „Selbstgesetzgebung" geben – was anderes sollte der Gegenstand von Politik sein? Darin liegt jedoch ein Denkfehler. Denn die modernen politischen Theorien leiten die Legitimation der politischen Gesetzgebung immer vom autonomen Subjekt ab. Ihr Gegenstand ist vor allem die Frage, wie das Verhältnis zwischen Individuum und Allgemeinheit beschaffen ist; mit anderen Worten: Sie suchen Begründungen dafür, wieso der Einzelne (es geht in diesem Kontext historisch, aber auch logisch nur um Männer[7]) sich an staatliche, also nicht von ihm selbst gemachte Gesetze halten muss, wenn er doch ein autonomes Subjekt ist.

So gehen etwa die Vertragstheorien davon aus, dass das autonome Individuum seine Autonomie, also sein „natürliches" Recht auf Selbstgesetzgebung, auf den Staat überträgt. Es ist dabei egal, warum es das tut, ob aus Furcht vor lebensbedrohlichem Chaos und dem „Krieg aller gegen alle" (Hobbes)[8] oder aus Einsicht in die Vernünftigkeit dieses Vorgehens (Rousseau)[9]. Entscheidend ist, dass es letztlich irgendwo einen „Souverän" gibt, der zur Gesetzgebung legitimiert ist. Heute gilt allgemein die parlamentarische Demokratie als die einzig legitime Verfahrensweise für eine solche „Souveränitätsübergabe". Aber das ist nicht entscheidend; eine demokratische Regierung unterscheidet sich in dieser Hinsicht nicht grundlegend von einem Monarchen: Das Recht auf Gesetzgebung des Staates leitet sich ab von der natürlichen Autonomie der Individuen, die ihm diese Souveränität übertragen haben. Wenn es jetzt aber, wie die postmodernen philosophischen Theorien lehren, kein autonomes Subjekt gibt, dann kann es eigentlich auch keine kollektive Autonomie, keine Selbstgesetzgebung im Bereich des Politischen geben.

Ist aber dann Politik überhaupt noch möglich? Was könnte das Wesen von Politik sein? Möglicherweise kann das Konzept des „weiblichen Subjektivismus" hier neue Antworten geben. Der Begriff ist unglücklich. In der modernen Philosophie wird das Subjekt mit dem „Ich" gleichgesetzt. Die Welt, die ist (das Objekt), steht dem Ich, das denkt (dem Subjekt), gegenüber. Bestenfalls wird eine Wechselwirkung zwischen Sein und Denken zugestanden. Luisa Muraro zeigt jedoch, dass der sogenannte weibliche Subjektivismus mit diesem „Ich denke" der modernen Philosophie nichts zu tun hat. Das, was herkömmlicherweise weiblicher Subjektivismus genannt wird, ist für Muraro die „weibliche Fähigkeit, eine Welt auszuprobieren und zu genießen, die es nicht gibt, die Fähigkeit, sich aus der gegebenen Welt gewissermaßen hinauszulehnen und sie damit auszudehnen."[10]

Diese Fähigkeit, über das Gegebene hinauszugehen, erscheint im Kontext der männlichen symbolischen Ordnung maßlos, verrückt, naiv, illusorisch, hysterisch. Das führt zu Schwierigkeiten, politisches Handeln von Frauen einzuordnen. In der Sprache der politischen Kommentare ist das zu beobachten: Frauen, die auf der öffentlichen Bühne tätig sind, werden entweder den Pragmatikerinnen zugerechnet, die sich auf kompetente Sachpolitik im Rahmen des Bestehenden beschränken, oder den Übereifrigen, die sich ständig mit utopischen Forderungen lächerlich machen. Der Selbstwahrnehmung dieser Frauen entspricht diese Kategorisierung häufig nicht. In der Tat macht diese Zuschreibung auch nur Sinn, wenn man vom traditionellen Subjektbegriff ausgeht, der zwischen dem Ich und der

Welt eine scharfe Trennung zieht – es ist tatsächlich maßlos und verrückt, die Welt dem eigenen, subjektiven Willen anpassen zu wollen.

Luisa Muraro hat eine Antwort auf dieses Problem im Studium weiblicher Philosophie gesucht: Es sei doch auffällig, meint sie, dass die meisten Philosophinnen – zum Beispiel Hannah Arendt, Simone Weil oder Edith Stein – gerade den Realismus stark machen, also die Ansicht, dass eine Wirklichkeit existiert, die vom menschlichen Bewusstsein unabhängig ist. Wie geht das zusammen mit dem vermeintlichen „Subjektivismus" weiblichen Handelns?

Muraro zeigt, dass dieser scheinbare Widerspruch tatsächlich die Lösung des Problems birgt. Denn mit den Arbeiten der Philosophinnen, so Muraro, „erleben wir den Tod des Ich, und er bringt uns endlich über die Grenzen der modernen Philosophie hinaus. Die Position, dass das Denken nicht auf das ‚Ich denke' reduziert werden kann, [...] ist darin begleitet von dem Konzept einer Subjektivität, die nicht der Objektivität gegenübergestellt ist, sondern gesetzt ist, um in ihrer Absolutheit unterzugehen und so Platz zu schaffen für eine Welt, deren Subjekt sich solchermaßen als ein Teilhabendes erkennt."[11]

Weiblicher Subjektivismus ist also nicht eine Bestätigung des Ich im Gegenüber zur Welt, sondern die Ausprägung der eigenen Sicht auf die Welt, die Behauptung des eigenen Ortes in der Welt – eine Trennung von Subjekt und Objekt gibt es nicht, weder in der Realität, noch im Denken. Weiblicher Subjektivismus sagt: „Ich habe die Welt so erlebt", nicht: „Ich will, dass die Welt so ist." Der philosophische Realismus der Philosophinnen bietet also für den weiblichen Subjektivismus den interpretatorischen Kontext: Er bestimmt das Verhältnis der Frau (des Subjekts) zur Wirklichkeit (dem Objekt) so, dass er das weibliche Subjekt als etwas wieder erkennt, das schon in der Welt existiert, mit der es sich beschäftigt. Weil aber das Subjekt ein Teil der Welt ist, kann es die Welt verändern, indem es sich selbst und die eigene Position ändert.

Wie aber ist es möglich, diese Bedeutung von Subjektivismus auch benennen zu können? Luisa Muraro sieht die Lösung im Bewusstsein der sexuellen Differenz: „In dem ‚ich bin eine Frau', dem Endpunkt und der Antwort des weiblichen Subjektivismus, ist zwar die Affirmation des Selbst enthalten (‚ich bin ...'), aber nur zusammen mit seinem Untergang und der Geburt der Welt, in der Männer und Frauen leben, von denen ich eine bin (‚... eine Frau')."[12] Zu handeln und zu reden und dabei deutlich zu machen „Ich bin eine Frau" würde also bedeuten, die eigene Subjektivität und den eigenen Realismus gleichermaßen zu benennen.

Kehren wir nun zurück zu der Frage, was eine Politik sein kann, die nicht auf dem autonomen Subjekt gründet. Was bedeutet politische „Autonomie", Selbstgesetzgebung, wenn das Subjekt immer schon ein Teil der

Jenseits von Autonomie und Widerstand 85

Welt ist? Diese Frage untersuchen die Italienerinnen genau da, wo sich die Schnittstelle zwischen Individuum und Allgemeinheit befindet: im politischen Verhalten des einzelnen Menschen. Diese Frage ist ein klassisches Thema der Politikwissenschaft. Denn natürlich kommt es immer wieder zu Konflikten zwischen den Individuen und dem Souverän, der Regierung. Wann endet die Gehorsamspflicht des Individuums gegenüber dem Staat? Gibt es ein Recht, oder sogar eine Pflicht zum Widerstand?

In der Logik aller modernen politischen Theorien wird ein solches Widerstandsrecht dann eingeräumt, wenn sich die Regierung die „Souveränität" der autonomen Individuen ungerechtfertigter Weise aneignet. Verschiedene Antworten gibt es nur auf die Frage, wann dies der Fall ist – in sozialistischer Lesart etwa, wenn die Regierung nicht die Interessen der Allgemeinheit schützt, sondern die des Kapitals, in demokratischer Lesart, wenn sie die formalen Regeln parlamentarischer Wahlabläufe nicht einhält, in religiöser Lesart, wenn sie dem Willen Gottes entgegenhandelt. Was aber geschieht, wenn die, die hier interveniert, eine *sie* ist, ein weibliches Subjekt?

Annarosa Buttarelli hat diese Frage am Beispiel einer mythischen Figur gestellt, die den Konflikt zwischen Individuum und Gesetz wie keine andere symbolisiert: die Antigone aus der antiken griechischen Tragödie des Sophokles. Antigone, die sich den Gesetzen Kreons, des Herrschers von Theben, widersetzt, gilt als Sinnbild des Widerstandsrechts des Individuums gegen unrechtmäßig ausgeübte Souveränität schlechthin. Ihre Geschichte ist deshalb durch die Jahrhunderte hinweg immer wieder aufgeführt, reinterpretiert und neu inszeniert worden.

Antigone übertritt das Gesetz, indem sie ihren Bruder Polyneikes bestattet, was Kreon bei Todesstrafe verboten hat, weil Polyneikes ein Verräter war, der die Stadt ihren Feinden ausliefern wollte. In der geläufigen Interpretation dieser Tragödie stellt Antigone ihr persönliches Gewissen und die Gesetze der Götter über die Gesetze der Stadt, bietet dem despotischen Herrscher die Stirn und ist bereit, dafür den Märtyrertod zu sterben. Ihr Beispiel gilt als zeitlos gültiges Plädoyer für Zivilcourage und für das Widerstandsrecht des einzelnen Menschen angesichts ungerechter Gesetze und einer erdrückenden Übermacht des Despoten. Dass Antigone eine Frau ist, scheint dabei keine Rolle zu spielen.

Buttarelli stellt diese Interpretation in Frage. Was ist es, so fragt sie, das Antigone antreibt? Geht es hier tatsächlich um den Konflikt zwischen einem autonomen Individuum und einem despotischen Herrscher? Geht es um den Schutz der subjektiven Gewissensfreiheit? Mit anderen Worten: Leistet Antigone Widerstand?

Buttarelli zeigt, dass Antigones Handeln nicht gegen Kreon und seine Herrschaftsausübung gerichtet ist, sondern sich an Maßstäben orientiert, die sich auf Sympathie, auf Beziehungen gründen: Polyneikes ist ihr Bruder, und einen Bruder muss man begraben. „Antigone", schreibt Buttarelli, „ist geboren, um sich in Beziehung zu setzen, um auf etwas zuzugehen, nicht um gegen etwas anzugehen."[13] Aber auf was geht Antigone zu, wozu setzt sie sich in Beziehung? Woher nimmt sie die Maßstäbe für ihr Handeln, wenn es nicht der Protest gegen unrechtmäßige Machtausübung ist? Warum begräbt sie Polyneikes, wenn nicht aus moralischen Gewissensgründen?

Zu Kreon sagt sie: „Ich ahnte nicht, dass deine gegebenen Ordnungen so mächtig wären, dass sie dir, der du sterblich bist, das Recht geben, die ungeschriebenen, aber unauflöslichen Gesetze der Götter zu überschreiten. Nicht erst seit heute, nicht seit gestern, sondern schon immer sind diese lebendig, und niemand weiß, wo sie ihren Glanz hernehmen."[14] Antigone kritisiert also nicht eine falsche Souveränitätsausübung des Kreon, sie kritisiert nicht, dass er als Herrscher kein Gesetz hätte machen dürfen, das ihr das subjektive Recht, ihren Bruder zu beerdigen, abspricht. Es geht nicht um einen Konflikt zwischen dem einzelnen Individuum und dem Staat, sondern Antigone zeigt eine Schranke auf, an der die Autonomie der Individuen wie der Herrschenden gleichermaßen endet: Es gibt für Menschen keine Selbstgesetzgebung, die gegen die unauflöslichen Gesetze verstößt.[15]

Buttarelli weist auf eine Ähnlichkeit zwischen diesem „Glanz" der unauflöslichen Gesetze und dem „Funken" hin, von dem Chiara Zamboni spricht. Die Seele ist für Zamboni gewissermaßen das menschliche Sinnesorgan, das handlungsleitende Ordnungen erkennt, indem sie im Leben Momente der Qualität wahrnimmt: „Man denke an die symbolischen Momente der eigenen Existenz, die erste Begegnung mit einem Menschen, der unser Leben verändert hat, an ein Buch, das man nach dem ersten Lesen immer wieder in die Hand genommen hat. [...] (Solche) außergewöhnlichen, diskontinuierlichen Momente sind Lichtfunken, mit denen die Materie erfüllt ist. Diese Lichtfunken ziehen uns an."[16] Es ist die Seele, die sich solchen lebendigen Situationen, echten Gesprächen, authentischen Handlungen zuwendet. In repetitiven Situationen und Banalitäten dagegen langweilt sich die Seele und geht.

Anders als das „Ich", das vom eigenen Willen geprägt ist, ist die Seele unmanipulierbar; gerade darum muss sie für das „Ich" auch unverfügbar sein. Das „Ich" kann sich selbst belügen, sich etwas vormachen. Wie können wir uns aber an der Orientierung, die uns die Seele gibt, ausrichten, wenn unser „Ich" keinen Zugriff auf die Seele hat? Zamboni spricht von einem „experimentellen Weg"[17], der darin besteht, dass ich die Orientierung meiner Seele in der Reaktion anderer Menschen auf mein Handeln wahrnehmen kann: Die anderen können nämlich meine Seele sehen (Zamboni entlehnt bei Hannah Arendt das griechische Bild des Daimon, der hinter mir steht und mir über die Schulter blickt, den ich daher selbst nicht sehen kann, die anderen aber schon).[18] Nur in Beziehungen zu anderen Menschen ist es mir möglich, die Orientierung meiner eigenen Seele zu erkennen und damit auch, mich in meinen Handlungen nach ihr zu richten.

Es ist also nicht der autonome Wille der Menschen und es sind auch nicht die Götter, die die Gesetze machen, die Orientierung im politischen Handeln geben, sondern diese „Funken", die „glänzenden Gesetze", entstehen aus der Beziehung zwischen Menschen. Sie sind materialistisch, diesseitig und doch setzen sie der individuellen und kollektiven Autonomie des Menschen Grenzen. Antigone begräbt Polyneikes nicht, weil sie der ungerechten Herrschaft des Kreon Widerstand entgegensetzt, sondern weil sie diesen glänzenden Gesetzen gegenüber gehorsam ist, weil sie der Orientierung folgt, die ihre Seele ihr weist.

Antigones politisches Handeln gründet also in dieser Interpretation nicht auf der Autonomie des Individuums, sondern bestreitet sie. Indem sie Polyneikes begräbt, zeigt sie sich einer zivilisatorischen Notwendigkeit gegenüber gehorsam: Es ist ihr Gehorsam gegen ein „unauflösliches Gesetz", das sie zu dieser politischen Handlung bewegt. Und diese Handlung schafft im wörtlichen Sinn Ordnung, indem sie zum Beispiel die Stadt vor der Verpestung durch den verwesenden Kadaver schützt.

Die Idee, dass „Gehorsam" Ausgangspunkt für ein politisches Handeln sei, das lediglich im Kontext des herkömmlichen Politikverständnisses als „Widerstand" erscheint, führt uns wieder zu *Onkel Toms Hütte*. Es gibt dort eine Szene, in der Tom, durch widrige Umstände in den Besitz des üblen Plantagenbesitzers Legree gelangt, „befördert" wird und in seiner Funktion als neuer Aufseher eine andere Sklavin auspeitschen soll. Als er sich weigert, interpretiert Legree das als Widerstand und weist darauf hin, dass Tom sein Eigentum sei. Der erwidert daraufhin: „Meine Seele gehört Ihnen nicht, Master! Die haben Sie nicht gekauft – die können Sie nicht kaufen! Die ist gekauft und bezahlt von einem, der im Stande ist, sie zu bewahren!"[19]

Genau wie Antigone setzt Tom hier der Souveränität der Menschen eine Schranke: Kein Fürst kann Gesetze erlassen, kein Sklavenbesitzer Befehle geben, die diese Grenze verletzen. Die Seele ist der Ort im Menschen, der diese Grenze erkennt und bewahrt. Die Seele weist den Weg zu der politischen Tat, und diese Tat geschieht nicht aus individueller Autonomie heraus, sondern im Gehorsam gegen eine gegebene Ordnung, die über dem Gesetz, über dem Befehl steht. Doch beide Male wird diese Tat von dem patriarchalen Gegenüber, das für sich selbst Souveränität beansprucht, als Widerstand interpretiert und bestraft.

Es fällt auf, dass in diesem Zusammenhang immer wieder religiöses Vokabular benutzt wird. Harriet Beecher-Stowe charakterisiert den Sklaven

Tom als frommen Mann, und auch bei Antigone werden die „unauflöslichen" Gesetze „göttlich" genannt. Tom folgt den Hinweisen seiner Seele, und genau diesen religiös konnotierten Ausdruck wählt auch Chiara Zamboni, wenn sie das „Sinnesorgan" des Menschen beschreibt, das Orientierung für das Handeln empfängt.

Haben also diese handlungsleitenden Ordnungen etwas mit Religion, mit Gott zu tun? Hier kann es zu Missverständnissen kommen, wenn man den klassischen Gottesbegriff zu Grunde legt. Die westeuropäische männliche Philosophie interpretiert das Verhältnis Gottes zur Welt als Andersheit, als ontologische Distanz, die zur Dualität wird. Gott unterscheidet sich nicht nur von der Welt, sondern er wird als das ganz Andere verstanden, die Distanz zwischen Gott und der Welt wird unüberbrückbar, was, so Luisa Muraro, zur Folge hat, dass „die Autonomie dieser Welt verherrlicht und schließlich verabsolutiert wird, und zwar bis zum unumkehrbaren Untergang der Religion".[20] Daher kommt wohl auch die heute verbreitete Ablehnung des religiösen Antriebs politischer Handlungen. Wenn Gott absolut anders ist, dann ist religiös motivierte Politik absolutistisch, tyrannisch, despotisch. Was also bleibt, ist die Tretmühle der Bürokratie und des politischen Alltagsgeschäftes.

In der *Antigone*-Tragödie ist es Kreon, der die Autonomie dieser Welt verabsolutiert, indem er die andere Welt mit ihren „unauflöslichen Gesetzen" zum Untergang (und Antigone zum Tode) verurteilt. An dieser Stelle kommt die Geschlechterdifferenz ins Spiel. Für Buttarelli – die sich hier an Interpretationen von Luce Irigaray und Charles Segal anschließt – schildert Sophokles den Konflikt zwischen zwei Ordnungen, zwischen zwei Zivilisationen: der des patriarchalen Stadt-Staates, die sich auf die Institutionen als Orte der Machtausübung gründet (und für die der Mensch ein autonomes Wesen mit der Fähigkeit zur Selbstgesetzgebung ist), und einer weiblichen Ordnung, die auf ewig gültigen Gesetzen ruht.

Kreon kann das Handeln der Antigone, die Logik der durch sie repräsentierten Zivilisation, nicht verstehen. Er kann aus seiner eigenen, patriarchalen Ordnung nicht ausbrechen. Kreon wird bei Sophokles keineswegs als Despot gezeichnet: Polyneikes ist ja wirklich mit feindlichen Heeren gegen Theben gezogen, und Kreon kann Antigone nicht von der Strafe freisprechen, gerade weil seine Glaubwürdigkeit als gerechter Herrscher auf dem Spiel steht: Die Gesetze müssen für alle gelten. In der patriarchalen Staatslogik gefangen, kann Kreon nicht erkennen, dass Antigone im Gehorsam gegen eine ganz andere Ordnung handelt. Deshalb, schreibt Buttarelli, „führt er auch die eigensinnige Würde der Frau auf das männliche Kampfschema zurück, sagt, dass sie ‚wie ein Mann ist' (Verse 475 – 485) und behandelt sie wie einen Mann."[21] Antigone, die Frau, handelt nach Maßstäben, die Kreon, der Mann, nicht verstehen kann.

In der männlichen symbolischen Ordnung entsteht ein Teufelskreis: Die menschliche Autonomie auf der einen und die Andersheit Gottes auf der anderen Seite bedingen sich gegenseitig und werden damit absolut. Dass sich dieser Kreis dennoch nicht ganz schließt, dass die Differenz Gottes auch noch anders benannt und verstanden werden kann, ist nach Muraro auf die Erfahrung der weiblichen Differenz zurückzuführen, die darin besteht, dass wir als Töchter einer Mutter von Beginn an in einer Beziehung stehen, in der wir uns von einer, der wir gleichen, aktiv unterscheiden.[22] Margarete Porete, eine große Mystikerin am Anfang des 14. Jahrhunderts, nannte Gott etwa „das Fernnahe", also nicht das Andere in einer unüberwindlichen und absoluten Distanz, sondern in einer spielerischen, veränderbaren, nicht eindeutig definierbaren Andersheit.[23] „In diesem Fall haben wir es mit einer Differenz Gottes zu tun, die durch die weibliche Differenz lesbar bleibt, ohne dass dabei die Transzendenz abgelehnt wird"[24], schreibt Muraro.

Im Licht der weiblichen Differenz ist die Geschichte also nicht unumkehrbar, ist die Transzendenz nicht völlig unerklärbar und ist damit das Individuum nicht völlig souverän. Es besteht eine spielerische Instabilität in diesen Zuweisungen, mit anderen Worten: Veränderung ist möglich, und zwar auch völlig unerwartete.

An diesem Punkt ist es notwendig, einen entscheidenden Irrtum der klassischen linken Tradition anzusprechen: die Vorstellung, Revolutionen seien „planbar", die in der absurden Vorstellung von „Planwirtschaft" und anderen antifreiheitlichen Maßnahmen des Marxismus-Leninismus geendet ist. Dass Harriet Beecher-Stowe mit ihrem Roman einen Krieg auslöste, der das Ende der Sklaverei brachte, ist aber kein Ergebnis der instrumentellen Vernunft. Sie hatte das nicht geplant, sie gab einfach ihrer Sehnsucht nach einer anderen Welt, dem Unmut der eigenen Seele über die Schrecken der Sklaverei Ausdruck. Der Erfolg kam nicht durch ihre Genialität zu Stande, sondern dadurch, dass ihre Erzählung Antwort fand in der Reaktion ihrer Leserinnen und Leser. Das war nicht vorhersehbar – wäre es das gewesen, dann hätte sie sicher nicht solche Schwierigkeiten gehabt, einen Verleger zu finden.

Wir können also nun festhalten, dass weibliches Begehren ein Potenzial zur Weltveränderung in sich birgt. Es hat dieses Potenzial, gerade weil es nicht im Gegenüber zur Welt nach Selbstbestätigung strebt, sondern sich auf der Suche nach dem eigenen Ort in der gegebenen Welt befindet. Dies ist der entscheidende Punkt, den Chiara Zamboni so formuliert: „Wir haben Teil an der Welt, ohne dass wir jemals entschieden hätten, ein Teil davon zu sein. Unsere Mutter hat uns zur Welt gebracht, und man achte darauf: nicht ‚in' die Welt, sondern ‚zur' Welt, wie ein Geschenk für die Welt und für uns. [...] Die Welt zwingt sich uns also auf, mit ihren Gesetzen und ihren Notwendigkeiten. Wenn aber unsere Beziehung zur Welt etwas Konstitutives, Grundlegendes ist und nichts Überflüssiges, dann heißt das: Wenn ich meine Beziehung zur Welt verändere, dann verändert sich die Welt."[25]

Diese Auffassung von politischem Handeln unterscheidet sich deutlich von den herkömmlichen Denkmustern „linker" Theorien, die mit Begriffen wie Widerstand, Interessenskonflikten, Klassen-, Rassen- und Geschlechterkampf operieren. Es ist in diesem Schema vor allem der Gegner und die Auseinandersetzung mit ihm, woran sich politisches Handeln orientiert, nicht die eigene Position und das eigene Begehren.

Es ist daher kein Wunder, dass die linke Tradition Harriet Beecher-Stowe (und vielen anderen Denkerinnen) keine Lorbeerkränze gebunden hat. Im Gegenteil, ihr Werk gilt eigentlich sogar als peinlich. Ihr Romanheld, der Sklave Tom, kann kein Vorbild für politische Befreiungskämpfe sein: Er erhebt sich nicht gegen seine Herren, ist nicht aufmüpfig und revolutionär. Aufrechtes revolutionäres Bewusstsein und Radikalität wird aber im Allgemeinen gerade an der Eindeutigkeit abgelesen, mit der den Unterdrückern entgegengetreten wird – und so gesehen, ist der Sklave Tom ein Schwächling, eigentlich sogar ein Kollaborateur.

Auch die Frauenemanzipationsbewegung hat diese Rhetorik teilweise übernommen. Wie der Kampf von Schwarzen gegen Weiße, von Arbeitern gegen Kapitalisten, geht es hier um den Kampf von Frauen gegen Männer. Das hat einerseits zur Folge gehabt, dass feministisches Denken einen unerhörten Aufwand an Energie und Kreativität in die Aufdeckung männlicher Irrtümer gesteckt hat. Statt selbst zu sprechen, wurden Bibliotheken mit feministischen Kommentaren zu Werken von Männern gefüllt. Es hatte aber noch eine wesentlich fatalere Folge. Die politischen Ideen von Frauen vergangener Jahrhunderte und Jahrzehnte wurden verflacht, verbogen oder verschwiegen: Immer dann nämlich, wenn sie den Ansprüchen des „Geschlechterkampfes" nicht zu genügen schienen. Luisa Muraro betont jedoch: „Im Licht des Denkens der Geschlechterdifferenz ist der Bezug auf die weibliche Schwäche nicht eine Auseinandersetzung mit dem Mann, sondern mit Gott."[26]

Indem Frauen dem männlichen Konzept von „Autonomie" nacheiferten, konnten sie nicht mehr auf das hören, was andere Frauen sagten. Indem sie die Politik von Frauen auf „Frauenpolitik" beschränkten, beschnitten sie das revolutionäre Potenzial des weiblichen Denkens, schwächten sie die Fähigkeit des weiblichen Begehrens, die Welt zu verändern. Denn „durch die weibliche Freiheit ist das Unvorhergesehene repräsentiert, während unsere Emanzipation etwas Vorhersehbares war"[27], wie Luisa Muraro schreibt.

Es geht um ein Verständnis von Weltveränderung, das der gegebenen Realität Rechnung trägt und sie gerade dadurch verändern kann – ein solches Konzept ist heute, wo die Machbarkeitsfantasien der instrumentellen Vernunft bereits fatale Auswirkungen gezeigt und die klassischen „linken" Bewegungen jede innovative Kraft verloren haben, dringend geboten.

Die Geschichte des weiblichen Begehrens als Potenzial der Weltveränderung ist nicht nur eine Erfolgsgeschichte, wie schon das Schicksal der Antigone zeigt. Sie wird von Kreon in eine Grotte eingesperrt, in der sie verhungern soll, und begeht dort Selbstmord. Margarete Porete starb auf dem Scheiterhaufen. Eine Frau, die auf diese Weise politisch handelt, kann von der patriarchalen Kultur zum Tode verurteilt werden – sie muss es aber nicht, wie das Beispiel der Teresa von Avila beweist: Sie wurde von derselben patriarchalen Kultur heilig gesprochen. Die Urteile des männlichen Denkens sagen über die Qualität weiblichen politischen Handelns nichts aus, auch nicht die der „linken" Tradition, die die Figur der Antigone zur Heldin erkoren haben, Harriet Beecher-Stowes Onkel Tom jedoch zum Feigling stempelten.

Was ist eine politische Tat? Wie verändert man die Welt? Ich würde nun antworten: im Hören auf das weibliche Begehren, das sich, von Lob und Tadel der männlichen symbolischen Ordnung unbeirrt, an den „glänzenden Gesetzen" orientiert, die sich unserer Seele in Momenten gelungenen Zusammenlebens offenbaren. Viele Frauen tun das ohnehin, indem sie von ihrer persönlichen Situation ausgehen. Es kommt nun darauf an, diese „Subjektivität" des weiblichen Handelns als etwas zu verstehen, das nicht nur einem inneren Impuls folgt, sondern den objektiven Notwendigkeiten angemessen ist. Denn natürlich braucht politisches Handeln Kriterien, muss sich dem Urteil anderer stellen. Ein wichtiges Kriterium hat Annarosa Buttarelli vorgeschlagen: „Weltveränderung", so schreibt sie, „ist nicht die Frucht des Willens, des Werke schaffenden Bewusstseins, sondern das Wiederauffinden von Sinn."[28] Wenn mein Handeln – meine Tat, meine Worte, meine Weigerung, mein Schweigen – den Sinn der gegebenen Realität entdeckt und für andere, Frauen und Männer, sichtbar macht, dann habe ich politisch gehandelt. Und die Welt verändert.

Anmerkungen

[1] Ich beziehe mich hier auf die Diskussionen im Umfeld der Philosophinnengemeinschaft Diotima in Verona. Die hier besprochenen Aufsätze von Luisa Muraro, Annrosa Buttarelli und Chiara Zamboni liegen bislang nicht in dt. Übersetzung vor. Es ist aber ein Sammelband mit politischen Texten von Diotima in Vorbereitung, den ich gemeinsam mit Andrea Günter und Dorothee Markert herausgebe. Er wird im Ulrike Helmer Verlag in Freiburg erscheinen und – neben zahlreichen anderen – auch die hier zitierten Texte enthalten.

[2] Auf diese Gefahr hat Andrea Günter hingewiesen, vgl. Andrea Günter: *Weibliche Maßlosigkeit, weiblicher Größenwahn und die Suche nach der guten Mutter.* In: dies.: *Politische Theorie und sexuelle Differenz.* Freiburg 1998.

[3] Harriet Beecher-Stowe: *Onkel Toms Hütte*. Frankfurt a.M. 1977, S. 2.

[4] Luisa Muraro: *La nostra commune capacità d'infinito*. In: Diotima: *Mettere al mondo il mondo. Oggetto e oggetività alla luce della differenza sessuale*. Milano 1990, S. 65f.

[5] Ebd. S. 66.

[6] Vgl. z.B. G. W. F. Hegel: *Grundlinien der Philosophie des Rechts*. Frankfurt a.M./Berlin/Wien 1972, S. 101, wo er beides als Synonym gebraucht.

[7] Vgl. ebd., S. 157ff., der das meisterhaft darlegt.

[8] Im 17. Jahrhundert, vgl. Thomas Hobbes: *Leviathan*. Stuttgart 1980, insb. S. 114ff.

[9] Im 18. Jahrhundert, vgl. Jean-Jacques Rousseau: *Vom Gesellschaftsvertrag*. Stuttgart 1986.

[10] Muraro 1990, a.a.O. (Anm. 4), S. 68.

[11] Ebd., S. 70.

[12] Ebd.

[13] Annarosa Buttarelli: *Partire da sé confonde Creonte*. In: Diotima: *La sapienza di partire da sè*. Neapel 1996, S. 103.

[14] Vgl. Sophokles: *Antigone*. In: ders.: *Tragödien*. München, 1990, S. 137; zur abweichenden Übersetzung vgl. Buttarelli 1996, a.a.O. (Anm. 13), S. 104.

[15] In den meisten Antigone-Auslegungen wird das so interpretiert, daß Antigone die Gesetze der Götter über die der Menschen stelle. Buttarelli weist aber darauf hin, daß im Originaltext des Sophokles eher der Anschein erweckt wird, auch die Götter selbst richteten sich nach diesen Gesetzen, deren Herkunft ja unbekannt ist. Vgl. Buttarelli 1996, a.a.O. (Anm. 13), S. 104f.

[16] Chiara Zamboni: *Il materialismo dell'anima*. In: Diotima: *La sapienza di partire da sé*. Napoli 1996, S. 165.

[17] Ebd., S. 161.

[18] Vgl. Hannah Arendt: *Vita activa*. Zürich 1998, S. 243.

[19] Beecher-Stowe 1977, a.a.O. (Anm. 3), S. 360f.

[20] Luisa Muraro: *Politische Leidenschaft, Spirituelle Leidenschaft*. Unveröffentlichter Vortrag (eine dt. Übersetzung wird in dem oben genannten Sammelband, s. Anm. 1) erscheinen).

[21] Buttarelli 1996, a.a.O. (Anm. 13), S. 110.

[22] Vgl. zu dieser in Deutschland häufig missverstandenen und falsch interpretierten Bedeutung des Mutter-Tochter-Verhältnisses im Denken der Italienerinnen: Andrea Günter: *Von der Weisheit, die Mutter zu lieben. Ein Ausdruck von weiblicher Freiheit und Selbstliebe*. In: dies. 1998, a.a.O. (Anm. 2), S. 139ff.

[23] Margarete Porete: *Der Spiegel der einfachen Seelen*. Zürich/München 1987, S. 136.

[24] Muraro, *Politische Leidenschaft*, a.a.O. (Anm. 20).

[25] Zamboni 1996, a.a.O. (Anm. 16), S. 157.

[26] Muraro 1990, a.a.O. (Anm. 4), S. 67.

[27] Muraro, *Politische Leidenschaft*, a.a.O. (Anm. 20)

[28] Buttarelli 1996, a.a.O. (Anm. 13), S. 111.

LENA LINDHOFF

Zwischen Hysterie und Androgynie
(Post-)Feministische Perspektiven und weibliche Autorpositionen am Beispiel von Ingeborg Bachmann und Gertrude Stein

Wenn sich heute die Unterscheidung zwischen einem traditionellen, emanzipatorischen Feminismus und einem dekonstruktiven, poststrukturalistischen oder postfeministischen Feminismus durchgesetzt hat, so wird das Verhältnis zwischen beiden von den Verfechterinnen der neuen Ansätze häufig in der Art eines linearen Fortschrittsmodells konstruiert, nach dem eine überlegene Theorie eine unterlegene, historisch obsolet gewordene abgelöst hat. Kennzeichnend für diese Debatte ist, auf beiden Seiten, ein polemischer Ton, der auf der Seite der dekonstruierenden Töchter nicht selten muttermörderische Züge annimmt.

Doch die Kritik der Dekonstruktivistinnen ist nicht unberechtigt. Denn die Spielarten des emanzipatorischen Feminismus tendieren dazu, gegen die ausgrenzende Praxis der patriarchalen Kultur Weiblichkeitsvorstellungen zu setzen, die ihrerseits totalisierende und ausgrenzende Wirkung haben. Das gilt, trotz der extremen Unterschiedlichkeit ihrer jeweiligen Weiblichkeitsmodelle, gleichermaßen für Gleichheits- wie Differenztheorien, für konstruktivistische wie essenzialistische Ansätze.[1] Die Gleichheitsmodelle gehen zwar von der kulturellen Konstruiertheit geschlechtlicher Identität aus, tendieren aber dazu, Frauen eine „männliche" Subjektivität zu verordnen, obwohl sie deren Selbstsetzungs- und Ausgrenzungsmechanismen reflektieren.

Ein frühes Beispiel dafür ist die Theoriebildung Simone de Beauvoirs. Beauvoir analysiert die Mechanismen, mit denen sich das männliche Subjekt seit den Anfängen der abendländischen Kulturtradition als identisches, autonomes und rationales setzt, indem es all das, was seine Identität und Autonomie gefährdet, abspaltet. Sie zeichnet nach, wie der Frau die Aufgabe zugewiesen wird, als die „Andere" des menschlichen/männlichen Subjekts den Bereich des Abgespaltenen, des im Zuge der Subjektkonstitution Verdrängten zu verkörpern, um dieses Verdrängte über sie gefahrlos wieder aneignen zu können. Nicht dieser Ausgrenzungsprozess selbst wird aber bei Beauvoir problematisiert, sondern die Tatsache, dass die Frau als die Andere in den Bereich des Ausgegrenzten gebannt bleibt, statt sich ihrerseits durch die Erhebung über das Ausgegrenzte als Subjekt setzen zu können. Der Frau ist damit die Aufgabe zugewiesen, den Status der Anderen zu überwinden; die emanzipierte Frau ist bei Beauvoir eine, die sich zur männlich konnotierten „Transzendenz" erhebt, statt in der weiblichen „Immanenz" zu verharren.

Die Differenzmodelle versuchen im Gegenzug, den Status der Anderen aufzuwerten, verwickeln sich dadurch aber in eine Problematik, die aus dekonstruktiver Sicht auf dasselbe hinausläuft: auf das normative Postulat einer „weiblichen Identität", auch wenn diese jetzt nicht mehr nach Maßgabe des männlichen Subjekts, sondern als Desiderat eines anderen, weiblichen Subjekts bestimmt wird und dabei durchaus identitätskritische Züge annehmen kann. Das verdrängte „Weibliche", dem in der differenztheoretischen Theoriebildung Raum gegeben werden soll, speist sich aus dem Bereich jenes kulturell Verdrängten, das die Frau als Andere des Subjekts von jeher verkörpern soll: des Natürlichen, Körperlichen, Sinnlichen, Emotionalen, Materiellen, Ungeschiedenen, des Begehrens, des Unbewussten, des Flüssigen, des Nicht-Identischen. Die differenztheoretischen Ansätze neigen daher unfreiwillig zur Essenzialisierung der patriarchalen Ordnung der Geschlechter und der männlichen und weiblichen „Geschlechtscharaktere", die sie hervorgebracht hat.[2] Dabei kann das „Weibliche" von den Frauen durchaus abgehoben werden: Poststrukturalistische differenztheoretische Ansätze können sogar so weit gehen, das zum subversiven „Verfahren" abstrahierte „Weibliche" vorrangig bei männlichen Subjekten wie den Künstlern der klassischen Moderne zu finden.[3] Doch auch sie bleiben dabei an einem Begriff des Weiblichen als des Anderen orientiert. Ob sie identitätsaffirmativ oder identitätskritisch, „traditionell" oder poststrukturalistisch/dekonstruktivistisch ausgerichtet sind – indem differenzorientierte feministische Ansätze eine andere, „weibliche" Identität gerade auf die weibliche Nicht-Identität zu gründen suchen, machen sie ihrerseits Vorgaben, was „Weiblichkeit" zu sein habe – und was sie nicht sein dürfe, nämlich all das, was dem Bereich „männlicher", „phallogozentrischer" Identität und Rationalität zugeschlagen wird. Gleichheits- wie differenztheoretische Ansätze laufen so gleichermaßen auf das normative Postulat einer „weiblichen Identität" hinaus, auch wenn sie dabei konträre Modelle privilegieren. In den gleichheitstheoretischen Ansätzen liegt die Betonung eher auf „Identität" als auf „weiblich", in den differenztheoretischen eher auf „weiblich" als auf „Identität". Beide stützen jedoch letztlich die duale, bürgerliche Geschlechterordnung mit ihren komplementären Konzepten des männlichen Subjekts und der weiblichen Anderen. Die einen privilegieren das eine, die anderen das andere; das System selbst aber, das die Genderkategorien männlich und weiblich als duale hervorbringt, setzen sie nicht wirklich außer Kraft.

Genau diese grundlegende Kritik der Kategorie Geschlecht unternimmt der dekonstruktive oder postfeministische Feminismus im Sinne Judith Butlers, der anders als die – gleichfalls dekonstruktiv verfahrenden

– französischen Poststrukturalistinnen Kristeva, Irigaray und Cixous nicht mehr differenztheoretisch ausgerichtet ist. Diese neue Ausrichtung hat einen Übergang von Frauen- oder Weiblichkeitsforschung zu Geschlechterforschung, von *Women Studies* zu *Gender Studies* hervorgebracht. Die *Gender Studies* nehmen das System selbst in den Blick, das die Genderkategorien als duale generiert, das „Macht/Diskurs-Regime", wie Butler es nennt, das auf „Zwangsheterosexualität" und „Phallogozentrismus" basiert.[4] Pauschal, aber nicht unberechtigt, kritisiert der Postfeminismus an den Spielarten des emanzipatorischen und differenztheoretischen Feminismus, dass dieser von einer vorgegebenen Identität der Frau ausgehe, einem imaginären weiblichen Kollektivsubjekt, das er zu repräsentieren beanspruche. Das gilt zwar schon nicht mehr uneingeschränkt für poststrukturalistische Differenztheorien, aber anders als diese privilegiert der Postfeminismus auch nicht mehr den von der „Frau" abgelösten Begriff des „Weiblichen" als des „Anderen".

Dieser Begriff, der im Feminismus der 70er und 80er Jahre zentrale Bedeutung hatte, als ein Ort jenseits der patriarchalen Kultur, ein subversives Potenzial jenseits der „phallogozentrischen" symbolischen Ordnung, interessiert den Postfeminismus nicht mehr. Der dekonstruktive Feminismus im Sinne Butlers sucht nicht mehr nach dem „Anderen", er bewegt sich innerhalb der Macht- und Diskursformationen; er versteht sich, mit Foucault, als eine kritische „Genealogie" der Kategorie Geschlecht. Er untersucht und kritisiert die Genderkategorien als diskursive Konstrukte und legt dabei ein performatives Identitätsmodell zu Grunde. Geschlechtsidentitäten sind danach Inszenierungen, instabile Resultate kultureller Praktiken. Männer und Frauen sind als Geschlechtswesen nichts als Transvestiten, Geschlechtsdarsteller und Geschlechtsdarstellerinnen, die ihr Geschlecht in immer neuem inszenatorischem Handeln, in immer neuen Wiederholungen erst hervorbringen. Sie sind Kopien ohne Original. Sie orientieren sich dabei an den zwar substanzlosen, aber realitätsmächtigen, „eingefleischten" Idealen einer eindeutig männlichen oder weiblichen Geschlechtsidentität. Eine Infragestellung des „Macht/Diskurs-Regimes", das den Individuen diese illusionären Geschlechtsidentitäten aufzwingt, wird im Postfeminismus nicht mehr in einer Emanzipation der Frauen hin zum Subjektstatus und auch nicht mehr in einer Aufwertung des ausgegrenzten „Weiblichen" gesehen, sondern in kulturellen Praktiken, die geeignet sind, das duale Schema der Geschlechtsidentität als solches zu erschüttern: Praktiken, die die scheinbar natürliche Koppelung von Geschlechtskörper, sozialem Geschlecht und heterosexuellem Begehren stören, auf der das bestehende System basiert, und so Geschlechtsidentität als Konstrukt erkennbar werden lassen. Solche Praktiken sind Butler zufolge vor allem parodistische Inszenierungen von Geschlechtsidentität, die die Beziehungen innerhalb der Triade aus *sex, gender* und *desire* verschieben, wie sie in Travestie, Trans- oder Homosexualität praktiziert werden. Von dem ursprünglichen feministischen Leitkonzept der „weiblichen Identität" bleibt bei einer solchen Ausrichtung nichts mehr übrig; beide Bestandteile dieses Begriffs werden jetzt gleichermaßen zurückgewiesen.

Die Frage ist, was diese Diskurse konkret für „Frauen" bedeuten, als die wir uns auf der Ebene der Lebenspraxis weiterhin vorfinden, auch wenn wir uns als solche heute in Anführungszeichen setzen müssen. Im Folgenden möchte ich anhand des literarischen Schreibens von Frauen im 20. Jahrhundert der Frage nachgehen, was die skizzierte Theorieentwicklung für die feministische Literaturwissenschaft bedeuten könnte. Schon durch die Wahl dieses Gegenstandsbereichs, des Schreibens von Frauen, wird deutlich, dass ich dabei an einem feministischen Vorgehen festhalte, das dekonstruktive Ansätze meist in Frage stellt: Ich sehe es als einen relevanten Unterschied an, ob ein literarischer Text von einem Mann oder einer Frau geschrieben wurde. Das bedeutet keine Rückkehr zu differenztheoretischen oder essenzialistischen Positionen, sondern eine Berücksichtigung der institutionellen und psychosozialen Faktoren und Prägungen, die männliche und weibliche Autoren in unterschiedlicher Weise betreffen.

Wie vielfach gezeigt wurde, ist das bürgerliche Konzept von Autorschaft nicht geschlechtsneutral, sondern auf männliche Subjekte zugeschnitten; schreibende Frauen sahen sich, ob sie wollten oder nicht, schon vor jedem literarischen Ausdruck mit der Problematik ihrer Marginalisierung konfrontiert. Das Geschlecht des oder der Schreibenden hat daher notwendig Konsequenzen für die Positionierung des Autorsubjekts im Text und die Perspektive, die dabei eingenommen wird. Jenseits der bloßen geschlechtlichen Konnotationen von Schreibweisen und literarischen Verfahren, wie sie, abgelöst vom „biologischen Geschlecht", im Poststrukturalismus zum Thema wurden, möchte ich fragen, ob und wie sich Frauen in ihrem Schreiben jeweils als Frauen, als Subjekte, als Autorinnen positioniert haben und wie eine feministische Literaturwissenschaft, die sich innerhalb der Entwicklungen der (post-)feministischen Theoriebildung zu situieren sucht, mit diesen Texten heute umgehen könnte. Ermöglichen die veränderten theoretischen Voraussetzungen neue Lesarten scheinbar vertrauter Texte? Und eröffnen die Texte vielleicht ihrerseits Perspektiven, die über die unversöhnlich scheinenden Konflikte der Theorien hinausführen? Wie haben sich Autorinnen zu den literarischen Kategorien verhalten, die sie als schreibende Frauen vorfanden? Inwieweit haben sie sie erfüllt oder verweigert, reflektiert oder vielleicht produktiv verschoben? Mit dieser Fragestellung bin ich auf zwei gegensätzliche Konzepte weiblicher Autorschaft im 20. Jahrhundert gestoßen, die mir in diesem Zusammenhang besonders

Zwischen Hysterie und Androgynie

fruchtbar erscheinen: „Hysterie" und „Androgynie". Sie sollen im Folgenden exemplarisch an den Beispielen Ingeborg Bachmann und Gertrude Stein diskutiert werden. Doch zunächst möchte ich kurz den Hintergrund beleuchten, vor dem sich die Positionierungsversuche von Autorinnen im 20. Jahrhundert notwendig abspielen: das Paradigma literarischer Autorschaft in der bürgerlichen Gesellschaft und die Verteilung geschlechtlicher Positionen, die es vorsieht.

Bürgerliche Geschlechterordnung und männliche Autorschaft

Hatte Karin Hausen schon in den 70er Jahren auf die Polarisierung der „Geschlechtscharaktere" als Spiegelung der bürgerlichen Dissoziation von Erwerbs- und Familienleben hingewiesen,[5] so haben verschiedene kulturhistorische Studien[6] der letzten Jahre deutlich gemacht, wie weitgehend nicht nur unsere Vorstellungen von männlicher und weiblicher Geschlechtsidentität, sondern auch von deren angeblicher Grundlage, dem in zweifacher Ausführung vorkommenden Geschlechtskörper, soziokulturell und sprachlich vermittelt sind. Die uns vertraute Auffassung der dualen Geschlechterdifferenz wurde als bürgerliche Geschlechterordnung erkennbar, die erst seit dem späten 18. Jahrhundert Geschlechterdifferenz in dieser extrem polarisierenden Weise bestimmt hat. Das „Zwei-Geschlechter-Modell" erschien nicht mehr als einzige Möglichkeit der Konzeptionierung von Geschlecht; ihm war seit der Antike ein „Ein-Geschlecht-Modell" vorausgegangen, das Männlichkeit und Weiblichkeit nicht als zwei polar unterschiedene Geschlechtscharaktere einander gegenüberstellt, sondern als Endpunkte auf einer einzigen Skala ordnet, auf der stufenlose Übergänge möglich sind. Das Ein-Geschlecht-Modell betont zwar stärker die Hierarchie der Geschlechter, denn es ist ein Modell „teleologischer Männlichkeit", in dem der Mann die höchste, die Frau die niedrigste Form menschlichen Lebens darstellt, aber dafür wird in diesem Modell die Grenze zwischen den Geschlechtern durchlässig: Frauen können sich zu „männlicher" Vollkommenheit erheben, Männer zu „weibischer" Schwäche herabsinken; eine feste Grenze zwischen Geschlechtsidentitäten und Geschlechtskörpern besteht nicht.

Das Ende dieses Modells kam mit der bürgerlichen Epoche und ihrer Trennung von öffentlicher und privater Sphäre. Der bürgerliche Beamtenstaat und die beginnende Industrialisierung brachten im späten 18. Jahrhundert eine geschlechtsspezifische Arbeitsteilung hervor, die Männern und Frauen streng geschiedene Lebens- und Tätigkeitsräume zuwies. Der Mann ging in der öffentlichen Sphäre der Erwerbsarbeit nach, während die Frau zur Familienarbeit bestimmt und auf den privaten Raum verwiesen wurde. Die zeitgenössischen Wissenschaften trugen dazu bei, diese bürgerliche Geschlechterordnung zu naturalisieren: Um 1800 bildete sich ein Denken über die unüberwindliche Verschiedenheit der „Geschlechtscharaktere" heraus, das die geschlechtsspezifische Arbeitsteilung als natürliche Bestimmung der Geschlechter erscheinen ließ. Zwischen Mann und Frau wurden eindeutige Grenzen gezogen, die man in ihren körperlichen und seelischen Eigenschaften gespiegelt sah. So stehen sich in der bürgerlichen Gesellschaft „Männlichkeit" und „Weiblichkeit" in den uns vertrauten Gegensatzkategorien gegenüber: Der Mann ist rational, die Frau emotional; der Mann aktiv, die Frau passiv; der Mann autonom, die Frau fürsorglich; der Mann verkörpert Kultur, die Frau Natur; der Mann ist Subjekt, die Frau ist die Andere des Subjekts. Natürlich reicht auch dieser Dualismus der Geschlechterauffassung, wie schon Beauvoir gezeigt hat, bis in die Antike zurück; die Rede von einem Paradigmenwechsel der Geschlechtermodelle ist wie jede Geschichtsschreibung eine Konstruktion. Aber die polarisierende bürgerliche Geschlechterordnung verschärft, verabsolutiert und naturalisiert die alten Bilder einer dualen Geschlechterdifferenz und verleiht ihnen die Dignität moderner wissenschaftlicher Erkenntnis.

Diese Verschiebung der Geschlechterordnung um 1800 ist Teil eines komplexen Umschichtungsprozesses, der auch die Bestimmung literarischer Autorschaft betrifft. Ina Schabert und Barbara Schaff fassen ihn folgendermaßen zusammen:

„Innerhalb einer neuen Episteme eines Denkens in Gegensatzkategorien [...] werden auch Mann und Frau in einem scharf dualistischen Verhältnis zueinander gedacht [...]. Unterschiede, die im teleologisch männlichen Modell relativ waren, werden jetzt absolut gesetzt, die Kontrastkonturen einer traditionellen Symbolik der Geschlechter werden wörtlich genommen. So stehen sich nun die Bereiche von Mann und Frau in den – uns vertrauten – Gegensatzkategorien polar gegenüber: Geist vs. Stoff, Formkraft vs. Materie, väterliche Schrift vs. mütterliche Stimme, Kultur vs. Natur, symbolisches Universum vs. vorsymbolischer Bereich. Die Vorstellung vom männlichen Künstler und seinem weiblichen Modell verdrängt alternative Möglichkeiten des Geschlechterbezugs im künstlerischen Akt; die Asymmetrie, die die Frau zur Projektionswand männlicher Fantasien macht, wird dominant. [...] an die schreibenden Frauen in der Ära des cartesianischen Feminismus mag man sich nicht mehr erinnern. Künstlertum, Kreativität, Autorschaft sind zum Privileg des Mannes geworden."[7]

Das neue, bürgerliche Paradigma literarischer Autorschaft ist durch das Postulat des Autonomiecharakters der Kunst und durch den Ausschluss von Frauen aus Positionen anerkannter Autorschaft geprägt. Vor diesem Paradigmenwechsel war der Autor der Gelehrte; er war weniger durch seine individuelle Leistung oder Begabung herausgehoben als vielmehr durch seine Teilhabe am lateinischen Bildungswesen. An diesem Paradigma von Autorschaft konnten, zumindest prinzipiell, auch Frauen teilhaben. In der zweiten Hälfte des 18. Jahrhundert dagegen wird der Autor zum „Original-Genie", zum unverwechselbaren Individuum, das nicht mehr an einem kollektiven Projekt des Wissens weiter schreibt, sondern mit dessen Werk das Schöpfertum immer neu einsetzt.[8] Dieses Konzept von Autorschaft schließt Frauen als Produzentinnen aus. Die dichotome Geschlechterkonstruktion der Nachaufklärung weist ihnen die Rolle der Anderen zu, versteht sie als Ergänzung des männlichen Subjekts, als ein von Emotionalität und Selbstverleugnung geprägtes Wesen, das Wissen und Welterfahrung für sich nicht in Anspruch nehmen kann. An den Institutionen Kunst und Literatur nimmt die Frau nicht als Autorin teil – ihre Teilhabe ist allenfalls auf marginale und triviale Genres beschränkt –, sondern als Muse und literarische Figur. Sie produziert nicht Kunst, sie wird selbst zum schönen Bild, zu einem Naturwesen, das die Vollkommenheit der Kunst antizipiert.

Seit der Antike lässt die abendländische Kunstauffassung die künstlerische Schöpfung in Konkurrenz zur natürlichen Hervorbringung treten. Die „Geburt" des Kunstwerks aus Kopf und Hand des männlichen Künstlers wiederholt und ersetzt auf höherer Ebene die natürliche Geburt aus dem weiblichen Körper. Die künstlerische Produktion erscheint so als eine zweite Geburt, eine Überwindung der unvollkommenen Natur durch eine vollkommenere Nachbildung; sie transformiert und verewigt das Kreatürliche in eine höhere, „geistige" Schöpfung. Aber nicht nur durch diese Parallelisierung von natürlicher und künstlicher Geburt wird das „Weibliche" im künstlerischen Schöpfungsakt ersetzt. Die patriarchale Identifikation des „Weiblichen" als des Anderen mit der Natur selbst lässt die Frau zur idealen Verkörperung jenes Natürlichen, Kreatürlichen werden, das durch die künstlerische Neuschöpfung vervollkommnet und ersetzt werden soll. Das „Weibliche" wird so zum privilegierten Stoff der Kunst. Die Beziehung zwischen Weiblichkeit und Kunstproduktion, die so entsteht, hat die feministische Literaturwissenschaft mit dem Schlagwort *Killing women into Art* treffend auf den Punkt gebracht.

Auch hier hat die bürgerliche Epoche die alten, aus der Antike tradierten Metaphern beim Wort genommen, die alten Dichotomien vereindeutigt und zementiert. Wie Elisabeth Bronfen gezeigt hat,[9] ist der Tod einer schönen Frau seit der Mitte des 18. Jahrhunderts eines der beliebtesten Themen der bürgerlichen Literatur. Den verborgenen geschlechtlichen Implikationen der bürgerlichen Autonomieästhetik korrespondiert auf der Handlungsebene literarischer Texte häufig eine „Opferung" weiblicher Figuren zu Gunsten der Selbstschöpfung eines männlichen Helden.[10] Die literarische Gattung, die diesen Selbstschöpfungsprozess am reinsten vorführt, ist der Bildungsroman. Der männliche Held des Bildungsromans steht stellvertretend für das moderne Subjekt; Frauen sind Stationen auf seinem Weg, Verkörperungen von Eigenschaften und Prinzipien, die er sich aneignet, Versuchungen, die er überwindet. Die weibliche fungiert als Geburtshelferin der männlichen Subjektivität, und diese Rolle endet oft tödlich.

Der weibliche „Bildungsroman" ist dem männlichen konträr: Die bürgerliche Dichotomisierung der Geschlechtscharaktere, die Männer ins Äußere treibt und Frauen im Inneren einschließt, lässt einer weiblichen Entwicklung nur den Weg nach innen offen, den Rückzug von der äußeren Realität, dessen konsequentes Ziel nicht wie im männlichen Bildungsroman die Entfaltung einer psychophysischen Einheit im Einklang mit der Welt ist, sondern Verinnerlichung, Entsubjektivierung, Entkörperlichung, Selbstauslöschung und Tod. Paradigmatisch für diesen weiblichen Entwicklungsgang ist die Geschichte der „schönen Seele", die Goethe als invertiertes Gegenbild zur Geschichte seines männlichen Helden ins Zentrum von *Wilhelm Meisters Lehrjahren* eingebettet hat.[11]

Der Anspruch von Frauen, selbst als Subjekte der Kunstproduktion aufzutreten, musste so auf Schwierigkeiten treffen, die nicht nur in der gesellschaftlichen Rollenzuweisung an die Frauen begründet waren, sondern im bürgerlichen Konzept der Kunst selbst und in den männlichen Genres, die es hervorgebracht hat. Noch zu Beginn des 20. Jahrhunderts lässt sich diese fundamentale Problematik etwa an den Versuchen um einen weiblichen Bildungsroman ablesen. Exemplarisch dafür ist Virginia Woolfs erster Roman *The Voyage Out*, der nach einem mühsamen, langwierigen Entstehungsprozess 1915 erschien. Schon sein Titel situiert den Text, in dem Woolf ihre junge, autobiografisch gefärbte Heldin auf eine initiatorische Reise ins Leben schickt, in der Tradition des Bildungsromans. Aber diese *Fahrt hinaus* ist ein Aufbruch ins Leben, der nicht in einem entfalteten Ich endet, das seinen Ort in der Gesellschaft findet, sondern in Rückzug, Krankheit und Tod. Noch im 20. Jahrhundert entfaltet in literarischen Texten von Frauen jenes weibliche „Schicksal" seine Nachwirkungen, das in der Literatur der bürgerlichen Epoche den weiblichen Bildungsgang als einen dem männlichen konträren gezeichnet hat. Die weibliche Subjektwerdung ist keine „Fahrt hinaus", sondern eine Reise ins Innere, die von Selbstverleugnung und Weltentsagung geprägt ist, die aber auch in die Freiheit mystischer Entgrenzung führen kann.

Hysterie als Diskurs „der Frau"
Diese Freiheit durch innere Emigration birgt durchaus ein kritisches Potenzial. Der erzwungene, spezifisch weibliche Bildungsgang lässt sich zu jenen subversiven Potenzialen in Beziehung setzen, die der differenztheoretische Feminismus in der Position der Frau als der Anderen ausgemacht

hat. Die feministische Aufwertung dieser marginalisierten Position der Frau greift häufig auf einen Begriff zurück, der ursprünglich - und umgangssprachlich bis heute - einen misogynen Beiklang hat: den Begriff der Hysterie[12]. Im Anschluss an Jacques Lacan und Luce Irigaray wurde Hysterie zum Synonym für ein subversives „weibliches Verfahren", das das Verdrängte, Unbewusste der „phallogozentrischen" symbolischen Ordnung offen zu legen vermag. Weil die Hysterikerin ihren Protest gegen diese patriarchale Ordnung nicht aus der Position eines selbstbewussten Subjekts vorbringt - die dem männlichen Subjekt vorbehalten ist -, sondern aus einem gespaltenen, unbewussten Zustand heraus, konnte sie zugleich als eine Art Vorbildfigur der Dekonstruktion der abendländischen Identitätslogik verstanden werden.

Lacan und Irigaray verbinden Hysterie mit Mystik; beide sprechen von einem selbstlosen hysterischen/mystischen Diskurs als dem spezifischen Diskurs der Frau. Die Hysterikerin erschien als reinste Verkörperung der Frau als der Anderen des männlichen Subjekts, die jenseits der männlichen Projektionen und Vereinnahmungen ein subversives Potenzial zum Ausdruck bringt; so konnte sie zu *der* Figuration des Weiblichen im französischen poststrukturalistischen Denken werden.[13] Als emblematische Figur des differenzorientierten und poststrukturalistischen Feminismus übernahm die Hysterikerin jene Rolle, die die emanzipierte Frau für die gleichheitstheoretischen Positionen spielte.[14] Exemplarisch lässt sich diese Umwertung am Wandel der Rezeption des Spätwerks von Ingeborg Bachmann ablesen, das immer wieder zum Hysterie-Begriff in Beziehung gesetzt wurde.

Das Unverständnis, das Feministinnen zunächst einer „hysterischen" Subjektstruktur entgegengebracht hatten, ist durchaus nachvollziehbar. Die Hysterikerin ist eine kranke Frau, die sich ihrer Identität nicht gewiss ist, sich in einem Hang zur Selbstzerstörung ein „eingebildetes" Leiden zuzieht, das ihr Schmerzen und Lähmungen zufügen, sie ihrer Handlungsfreiheit und sogar der Sprache berauben kann, und dieses Leiden häufig für den Mann/Vater/Gott inszeniert, den sie auf eine besitzergreifende Weise anbetet. Diese kranke Frau konnte zu einer Figur subversiven weiblichen Protests werden, weil in differenztheoretischen und poststrukturalistischen Ansätzen mit den „männlichen", „phallogozentrischen" Konzepten von Identität und Subjektivität auch die Postulate seelischer Krankheit und Gesundheit fragwürdig geworden sind:

„Die [...] männlich determinierte[n] Identitäts- und Subjektkonzepte, wie sie medizinisch und philosophisch fundiert werden, schließen das Weibliche als eine Krankheit aus. Insofern spezifiziert die Hysterie nicht eine Krankheit von Frauen, sondern sie betrifft die Frauen schlechthin. In der Rede über Hysterie wird über Frauen verhandelt."[15]

Hysterie wird so zu einem Begriff, der geeignet scheint, die spezifische Position und Problematik der Frau in der bürgerlichen Geschlechterordnung zu bezeichnen. Das gilt auch für ihre Autorposition, die eine paradoxe ist. Denn wenn eine Frau schreibend das Wort ergreifen will, findet sie sich qua Geschlecht aus dem Subjektkonzept ausgegrenzt, das sie sich als Autorin zu Eigen machen will. Nach einer These von Juliet Mitchell ist daher jede Schriftstellerin eine Hysterikerin; die Stimme der Schriftstellerin, so Mitchell, ist „die Stimme der Hysterika, die die männliche Stimme der Frau ist [...], die von weiblicher Erfahrung spricht."[16] Jede Schriftstellerin unterliegt demnach einer Persönlichkeitsspaltung, indem sie „weibliche" Erfahrung nur mittels einer „männlichen" Stimme, einer „männlichen" Autorinstanz, zum Ausdruck bringen kann. In Texten von Frauen finden sich in der Tat häufig Bilder einer heteronomen, widersprüchlichen, gespaltenen Autorschaft. Bei Autorinnen wie Unica Zürn, Marlen Haushofer oder Anne Duden etwa erscheint das Schreiben der Frau häufig als das Aufzeichnen der Stimme eines Anderen oder als eine vom eigenen Bewusstsein entfremdete, somnambule, getriebene, traumatisierte und stigmatisierte Produktion.[17] Im selben Zug, in dem sich das weibliche Subjekt als Autorsubjekt setzt, streicht es sich aus, weist es die Verantwortung für sein Schreiben von sich oder lokalisiert den Ursprung dieses Schreibens außerhalb seines Bewusstseins und seiner Verfügungsgewalt.

Texte wie Marguerite Duras' Roman *Le ravissement de Lol V. Stein*[18] oder Ingeborg Bachmanns *Franza*-Buch[19] erzählen Geschichten von Frauen, die hysterische Züge tragen und ihrer Umgebung damit einen subversiven Spiegel vorhalten; aber sie erzählen sie aus der Sicht männlicher Subjekte: Ein männlicher Erzähler oder Protagonist leiht der weiblichen Geschichte seinen Blick und seine Stimme. Dem traditionellen Konzept eines autonomen, sich selbst schaffenden, mit sich und seiner Geschichte identischen männlichen Autorsubjekts, das in der Moderne noch in seiner eigenen Ausstreichung seine Souveränität demonstriert, steht im Schreiben der Frauen häufig ein selbstzerstörerisches, gespaltenes oder leidendes Autorsubjekt gegenüber, ein Subjekt, das zugleich Nicht-Subjekt ist. Eine solche Schreibhaltung gleicht der „Produktion" der Hysterikern, die in Symptomen, Träumen und Halluzinationen ein unbewusstes Wissen zum Ausdruck bringt, das sich ihrer eigenen bewussten Subjektivität entzieht. Der Hysterikerin fehlt die Einheit einer personalen Identität und die Kontinuität der eigenen Lebensgeschichte; Freud zufolge war das Krankheitsbild der Hysterie vor allem daran erkennbar, dass die Patientinnen nicht in der Lage waren, ihre Lebens- und Krankengeschichte als eine zusammenhängende zu erzählen.[20] Sie hatten Erinnerungslücken und litten gerade deshalb an „Reminiszenzen": abgespaltenen Erinnerungen, die sie nicht in ihre Geschichte integrieren konnten und deshalb immer wieder symbolisch wiederholen mussten. In ihrem Mangel an Identität, oder besser: in ihrem Leiden an einer weiblichen Identität, die sie zwingt, Erfahrungen abzuspalten, die diese Identität bedrohen und unterminieren, lässt die Hysterikerin sichtbar werden, dass Identität eine reduktive Konstruktion ist und sich über Konstruktionen konstituiert, z.B. über die narrative Fiktion des Bildungsromans, über das rückblickende Erzählen einer linearen Lebens-Geschichte. Aber in ihrem Leiden an dieser Nichtidentität lässt sie das Desiderat einer anderen Identität aufscheinen.[21] Die Hysterie mag im Poststrukturalismus als dekonstruktive Praxis gefeiert worden sein: Eine lebbare Praxis ist sie nicht.

Ingeborg Bachmanns 1971 erschienener Roman *Malina*[22] bestätigt und widerlegt zugleich die These von der männlichen Stimme der schreibenden Frau und der Unmöglichkeit einer weiblichen Autor- und Subjektposition. Denn anders als in Bachmanns unvollendet abgebrochenem *Franza*-Buch wird in *Malina* der Versuch unternommen, die hysterisierte Frau selbst sprechen zu lassen. Die namenlose Ich-Erzählerin in *Malina* ist traumatisiert, ihr wurde etwas angetan, sie fühlt sich „ermordet". Aber sie erinnert sich nicht. Ihr Schreiben ist der Versuch, die „verschwiegene Erinnerung" wieder zu finden. Die Schreibposition, die Bachmann in diesem Text entwirft, ist der Versuch eines Schreibens aus der Position der Anderen, der Position der Hysterikerin, die versucht, von ihrer verschütteten Erfahrung zu sprechen. Mit dem Erinnerungsversuch ist die Hoffnung verbunden, einen Heilungsprozess in Gang zu setzen, der der Aneignung der eigenen Geschichte in der *talking cure* der Psychoanalyse vergleichbar wäre. Doch der Versuch scheitert. Am Ende verschwindet das weibliche Ich in einem symbolischen Selbstmord in der Wand, und zurück bleibt das männliche Alter Ego *Malina*, das zunächst als reale Figur eingeführt, im Laufe des Textes aber als eine zweite Instanz des Ichs selbst erkennbar wird: in der Tat eine „männliche Stimme der Frau". Im zentralen Traumkapitel des Buches schildert das Ich Malina seine Träume. In ihnen kommt es der verschwiegenen Erinnerung, verschlüsselt in symbolische Traumbilder, am nächsten. Es träumt von seinem Vater als seinem Mörder, der es verschiedenen Todesarten unterwirft.

An die Traumerzählungen schließen sich Dialoge mit Malina an, in der das Ich nach dem Sinn dieser Träume fragt. Aber er fragt in einer Weise, die dem Ich nicht hilft: Er fordert Eindeutigkeit und streicht Emotionalität aus. Die Rollen von Ich und Malina in diesen Dialogen erinnern an die von Hysterikerin und Therapeut: Wie in Freuds Krankengeschichte der Hysterie-Patientin „Dora" scheitert die Rekonstruktion der Geschichte des weiblichen Ich, weil sich im Verhältnis von Analytiker und Analysandin selbst jenes Geschlechterverhältnis reproduziert, das am Ursprung ihrer Krankheit steht. In *Malina* ist dieses Geschlechterverhältnis in das Individuum selbst verlagert, als eine innere Spaltung. Malina erscheint als internalisierte männliche Instanz des Ich, als Fortsetzung und Verinnerlichung der Vater-Instanz. In den Dialogen mit ihm hat das Ich keine Chance, seine Geschichte zu artikulieren. Es entlarvt durch sein Scheitern zwar die Gewaltstrukturen, an denen es krankt, auch die latente Gewalt von Malina, der die rationale, männliche, autonome Subjektivität in Person ist. Aber wie die Vorgängerfigur Franza geht es daran zu Grunde.

Das Überleben des männlichen Alter Ego, der Malina-Figur, ließe sich durchaus positiv deuten, etwa im Sinne einer Überwindung der Position der Anderen, wie Beauvoir sie anstrebte. Aber das erfordert eine Interpretation gegen den Strich: „Es war Mord", lautet der letzte Satz, gesprochen von einem Ich, das noch aus seinem surrealen Grab in der Wand heraus Malina als seinen Mörder zu brandmarken scheint. Dieser Sicht sind zahlreiche feministische Lektüren gefolgt. Sie nehmen, wie der Text selbst, Partei für das weibliche Ich, das, ganz in Entsprechung zur autoaggressiven Struktur hysterischer Symptomatiken, in seinem Selbstmord seinen Mord durch die anderen zugleich bekräftigt und zur Anklage bringt. Aber die Doppelfigur aus Ich und Malina, die der Konstruktion des Textes zu Grunde liegt, geht auch nicht in einer Lektüre auf, die ein „authentisches" weibliches Ich von einer entfremdenden, männlichen Instanz unterdrückt sieht: Gleichheits- wie differenztheoretische Interpretationen greifen hier gleichermaßen zu kurz. Und anders als beispielsweise im Fall von Marguerite Duras' Roman *Le ravissement de Lol V. Stein* bürsten auch poststrukturalistische Lesarten, die die hysterische Subversion der phallogozentrischen Ordnung feiern, Bachmanns Text gegen den Strich. Denn Duras' „verzückter" Hysterikerin steht hier eine Leidende gegenüber, die verzweifelt utopische Bilder einer neuen Identität beschwört.

Wenn die eingangs skizzierten Veränderungen der feministischen Theoriebildung neue, fruchtbare Lesarten vertrauter Texte zu eröffnen vermögen, so lässt sich hier ein Beispiel dafür finden. Die neue Sicht der *Gender Studies* auf die Kategorie „Geschlecht" als Prozess einer „Genderisierung", die männliche und weibliche Geschlechtsidentitäten als duale hervorbringt, ermöglicht es in stärkerem Maße als bisher, beide Seiten des Geschlechterverhältnisses, das sich in *Malina* abspielt, in ihrem Zusammenhang in den Blick zu nehmen. Das weibliche Ich erweist sich vor diesem Blick als so wenig authentisch wie sein männliches Alter Ego. Bachmanns Text macht vielmehr deutlich, dass das Ich die Struktur, an der es krankt, selbst reproduziert. Es ist eine Struktur zweier komplementärer Geschlechtsidentitäten. Bei allem Aufbegehren gegen Malina spricht das Ich ihm den Status des Wissenden und des Retters zu. Malina allein scheint dieses Vermögen zuzukommen; er ist Historiker, er betreibt professionell und auf kollektiver Ebene jene Geschichtskonstruktion, die dem weiblichen Ich auf der individuellen misslingt. Das Ich schreibt (sich) keine

Geschichte, es produziert eine komplexe Collage aus Erinnerungsfragmenten, utopischen Bildern, Reflexionen, Zitaten und Briefentwürfen, aufgeladen durch höchste Erfahrungsintensität. Genau diese Spaltung aber, so lässt der Text deutlich werden, ist die eigentliche Krankheit: die Spaltung in ein identisches, rationales, männliches Subjekt, das erklärungs- und konstruktionsmächtig, aber tödlich ist, und ein nicht-identisches, weibliches Ich, das lebendig, aber lebensunfähig ist. In den beiden Stimmen von Malina und Ich ist auseinander gesprengt, was nur als Einheit lebbar und erzählbar wäre. So bleibt das weibliche Ich identitäts- und geschichtslos; gefangen in einem bedrohlichen „Heute": ohne erinnerte Vergangenheit und ohne Handlungsentwürfe für die Zukunft.

Eine differenzorientierte Lesart, die dieses hysterische weibliche Ich privilegiert, wiederholt nur die Problematik, von der der Text erzählt: Sie hält die duale Geschlechterordnung aufrecht und bannt die Frau in die Position der Anderen. Wenn wir dagegen die Doppelfigur Ich/Malina ernst nehmen, stellt sie sich zunächst als eine Figur des Androgynen dar: Männliches und Weibliches sind hier in einem Wesen vereint. Anders als in der männlichen Tradition[23] erscheint Androgynie hier aber nicht als harmonische Einheit, sondern als unvereinbare Gespaltenheit, wie der Ich-Erzählerin im Text von einer Astrologin bestätigt wird:

„Sie zeigte mir mein Horoskop, das ihr ungemein merkwürdig erschien, [...] sie sagte, eine unheimliche Spannung sei schon auf den ersten Blick daraus zu lesen, es sei eigentlich nicht das Bild von einem Menschen, sondern von zweien, die in einem äußersten Gegensatz zueinander stünden, es müsse eine dauernde Zerreißprobe für mich sein. [...] Getrennt, meinte Frau Novak, wäre das lebbar, aber so, wie es sei, kaum, auch das Männliche und das Weibliche, der Verstand und das Gefühl, die Produktivität und die Selbstzerstörung träten auf eine merkwürdige Weise hervor."[24]

Von einer ähnlichen inneren Spaltung entlang der Geschlechtergrenze schrieb 170 Jahre früher eine andere Schriftstellerin, Karoline von Günderrode:

„[...] warum ward ich kein Mann! Ich habe keinen Sinn für weibliche Tugenden, für Weiberglückseligkeit. Nur das Wilde, Große, Glänzende gefällt mir. Es ist ein unseliges, aber unverbesserliches Missverhältnis in meiner Seele; und es wird und muss so bleiben, denn ich bin ein Weib und habe Begierden wie ein Mann, ohne Männerkraft. Darum bin ich so wechselnd und so uneins mit mir."[25]

Die Ambivalenz der Androgynie
Bei Günderrode artikuliert sich ein Unbehagen an der bürgerlichen Geschlechterordnung, das um 1800 bei Männern und Frauen gleichermaßen zu finden ist. Vor allem für die Künstler und Künstlerinnen der Früh-

romantik ist es charakteristisch. Beide Geschlechter greifen bei der Artikulation dieses Unbehagens auf das alte Konzept der Androgynie zurück; beide greifen diese Idee jedoch in einer signifikant unterschiedlichen Weise auf. Bei Günderrode bedeutet die innere Androgynie nicht eine Überschreitung der einseitigen weiblichen Geschlechtsidentität zu Gunsten eines erweiterten Spektrums von Möglichkeiten, sondern eine unlebbare Spannung und Spaltung. Friedrich Schlegel dagegen entwirft Androgynie als eine regressive Utopie geschlechtlicher Ungetrenntheit, die Heilung von der Zerrissenheit des Individuums in der Moderne verheißt. Den Weg zur Realisierung der Androgynie sieht Schlegel in der Liebe zwischen den Geschlechtern, die er zu einer Liebesreligion überhöht: einer erlösenden, androgynen Liebe, in der Mann und Frau nicht länger gegensätzlich sind, sondern sich bis hin zum erotischen Rollentausch ähnlich werden. Das Androgyniekonzept, das Schlegel dem anbrechenden 19. Jahrhundert in seiner *Lucinde*[26] auf den Weg zu geben sucht, bleibt jedoch folgenlos. In der bürgerlichen Gesellschaft setzt sich das entgegengesetzte Paradigma durch: eine entschiedene Dichotomie der Geschlechter.

Für Frauen macht das allerdings keinen so großen Unterschied, wie es auf den ersten Blick scheint. Denn hinter dem vordergründigen Postulat einer Entfaltung beider Geschlechter zur vollen Menschlichkeit sind die Androgyniekonzepte der männlichen Romantiker letztlich allein auf die Vervollkommnung des männlichen Subjekts ausgerichtet. Sie stehen auf einer „schiefen Ebene"[27]: Sie überwinden nicht wirklich die duale, hierarchische Bestimmung der Geschlechter, sie mildern sie nur ab. Im Zentrum steht bei aller Aufwertung des „Weiblichen" das männliche Subjekt. Feministische Literaturwissenschaftlerinnen wie Christina von Braun, Sigrid Weigel, Inge Stephan und Susanne Amrain haben die Androgyniekonzepte der Frühromantiker als ein Bestreben männlicher Subjekte kritisiert, durch eine Aneignung des ausgegrenzten, als weiblich deklarierten „Anderen" zu einer imaginären Doppelgeschlechtlichkeit und damit zu „genialer" Schöpferkraft zu gelangen. Die Aufwertung des „Weiblichen", die damit einherging, betraf nicht reale Frauen, sondern die innere Weiblichkeit der „androgynen", männlichen Künstlersubjekte. Für die realen Frauen in der Umgebung der männlichen „Genies" war diese Aneignung nicht selten vernichtend, wie Christina von Braun am Beispiel von Novalis und seiner jungen Braut Sophie gezeigt hat.[28] Die differenzorientierte feministische Literaturwissenschaft bewertete Androgynie dementsprechend als Verleugnung oder Vereinnahmung von Weiblichkeit: Als Vereinnahmung, wenn sie bei männlichen Künstlern, als Selbstverleugnung und Übernahme männlicher Maßstäbe, wenn sie bei Künstlerinnen auftrat. Das vielleicht radikalste Verdikt über die Androgynie hat in den 80er Jahren Susanne Amrain formuliert:

„Der Androgyn, eine ‚Männerfantasie' reinster Ausprägung, kann für Frauen keine hoffnungsvolle Utopie sein, denn in ihm waren Anteile weiblicher Realität oder realistischer Weiblichkeit noch niemals enthalten. Er bietet dafür seiner Natur nach keinen Platz. - Schaffen wir ihn ab."[29]

Das neue Augenmerk der *Gender Studies* auf die Nichtnatürlichkeit von Geschlecht lässt dieses Verdikt fragwürdig werden. Wenn Männlichkeit und Weiblichkeit nicht länger feste Größen sind, kann auch Androgynie nicht als ein statisches, notwendig androzentrisches Konzept verstanden werden. Die Idee des Androgynen, die nicht nur in der romantischen Opposition gegen die bürgerliche Geschlechterordnung zum Ausdruck kommt, sondern seit der Antike in Zeiten gesellschaftlicher Umbrüche immer wieder aktuell geworden ist und vor allem in den präfeministischen Strömungen der Renaissance und der Frühaufklärung zum Tragen kam, birgt ein kritisches Potenzial, das die feministische Literaturwissenschaft der 80er Jahre in ihrer Fixierung auf die duale Geschlechterdifferenz nicht gesehen hat. Um dieses kritische Potenzial freizusetzen, bedarf es allerdings einer Umdeutung der männlichen Tradition. Diese Umdeutung hat bereits im frühen 20. Jahrhundert eingesetzt, als Autorinnen wie Gertrude Stein und Virginia Woolf die männlichen Androgyniekonzepte für sich entdeckten. Es ist kein Zufall, dass gerade diese beiden Autorinnen zu den wenigen gehören, die in den Kanon der „großen", innovativen Schriftsteller des 20. Jahrhunderts aufgenommen wurden. Androgyne Autorpositionen scheinen günstig zu sein für eine erfolgreiche Selbstsetzung als Autorin. Der Vorwurf der Vermännlichung greift dabei zu kurz.

Virginia Woolfs Ideal der weiblichen und männlichen Künstlerandrogynie als einer gleichermaßen harmonischen, inneren Doppelgeschlechtlichkeit, wie sie es in *A Room of One's Own* und *Orlando* formuliert, ist so bekannt wie umstritten; es wurde als eine „Flucht" vor der eigenen Weiblichkeit interpretiert, da es einer verkürzenden differenztheoretischen Lesart widersprach, zu der sich Woolf als Pionierin der Frauenliteratur-Geschichtsschreibung in besonderem Maße anbot. Bei Gertrude Stein dagegen erscheint eine solche Lesart von vornherein fehl am Platz, weshalb sie in der feministischen Literaturwissenschaft keine allzu große Rolle spielte. Feministinnen hatten schon deshalb wenig Freude an Stein, weil deren Auffassung von Genialität, die sie sich selbst ungeniert zuschrieb, auf den ersten Blick relativ bruchlos an die platonische Tradition eines hierarchischen, geschlechtlich konnotierten Dualismus von Geist und Natur anknüpft. „Genie" bezeichnet für Stein die höchste Ausprägung des „menschlichen Geistes", den sie von der „menschlichen Natur" abhebt. Ihre Kunst soll den menschlichen Geist zur Darstellung bringen, nicht die menschliche Natur.[30] Zu der misogynen Tendenz, die sich darin auszusprechen scheint, passt gut, dass Stein ihre Verbindung von Genialität und

Androgynie nicht nur von Ralph Waldo Emerson, sondern auch aus Otto Weiningers misogynem Klassiker *Geschlecht und Charakter* bezog. Doch sie deutete Weiningers Ausführungen, die Frauen von der Möglichkeit der Genialität ausschließen, für sich produktiv um.[31]

Autorinnen wie Woolf und Stein haben das männliche Konzept der Künstlerandrogynie nicht einfach übernommen, sie haben es durch ihre Aneignung aus der männlichen Tradition entwendet. Ihr Geschlecht stört die traditionellen Implikationen, die mit diesem Konzept verbunden sind. Zwar sind bei beiden Autorinnen Widersprüche zu verzeichnen, zwar gibt es bei beiden Tendenzen, traditionelle Hierarchien und misogyne Konnotationen zu reproduzieren. Aber durch den Akt der weiblichen Aneignung verändern sich die alten Oppositionen und Hierarchien, entsteht eine neue Praxis, in der sie sich tendenziell auflösen. Androgynie wird so nutzbar für neue, weibliche Subjektivitätskonzepte, die die Stigmatisierung durch die duale Geschlechterordnung überwunden haben, weil es ihnen gelungen ist, sich Eigenschaften und Verfahren anzueignen, die bislang als männlich deklariert waren. Sie machen damit einen Ausweg aus dem Dilemma sichtbar, das in *Malina* so radikal zugespitzt ist: das Leiden eines „hysterischen" weiblichen Ichs, dessen Verdikt über alles „Männliche" sein Leiden unheilbar werden lässt.

Gertrude Stein und Virginia Woolf entwickeln neue Artikulationen von Subjektivität und Autorschaft jenseits traditioneller Identitätskonzepte. Stein geht in dieser Hinsicht sehr viel weiter als Woolf. Paradoxerweise steht ihrem extremen Selbstbewusstsein als Autorin, ihrer Selbstsetzung als Genie, eine ebenso radikale Zurückweisung von Identität gegenüber. Gertrude Stein hat eine ganze Reihe von autobiografischen Texten geschrieben; zwei davon sind schon im Titel ausdrücklich als Autobiografien deklariert. Aber Stein transformiert die Autobiografie, das Genre der Identitätskonstitution, in eine Reihe von experimentellen Texten, die Identität zugleich behaupten und zurückweisen. In ihrer *Autobiography of Alice B. Toklas* eröffnen Titel und Erzählstruktur ein komplexes Spiel mit Identität und Differenz, denn Gertrude Steins Autobiografie wird aus der Perspektive ihrer Lebensgefährtin Alice B. Toklas erzählt. In dem späteren Text *Everybody's Autobiography* übernimmt zwar Stein selbst die Verantwortung für den Text, doch auch hier entgrenzt bereits der Titel die Identität und Individualität der Autorin zu einer Verkörperung des Allgemeinen. Stein praktiziert in ihren Autobiografien eine Selbstsetzung mittels Selbstentgrenzung. Sie präsentiert sich in verwirrender Personalunion mit Alice B. Toklas, als „Everybody", als exemplarisches Subjekt des 20. Jahrhunderts. Die zentrale Figur, „Gertrude Stein", macht in diesen Autobiografien keinerlei Entwicklung durch: Die Texte reihen anekdotische Episoden aneinander und verwirren die Chronologie der Ereignisse. Diese

Erzählweise produziert den ungewohnten Eindruck einer reinen Oberfläche ohne Tiefendimension; alles Erzählte ist im alltäglichen Leben verhaftet und geht aus der Kommunikation der Individuen hervor, ob es sich um triviale Ereignisse oder um kunsttheoretische Reflexionen handelt. Die Autobiografie wird zur Manifestation einer kontinuierlichen Gegenwart, in der sich die Erlebnisse und Handlungen eines entwicklungslosen, immer schon mit sich identischen und zugleich entgrenzten „Genies" abspielen. Der Verzicht auf die Konstruktion einer Geschichte, die die Gegenwart auf die Vergangenheit und Zukunft hin transzendieren würde, soll nicht nur die Wahrnehmung der Gegenwart intensivieren, sondern auch die Zeit außer Kraft setzen. Während sich Werke des menschlichen Geistes, wie Gertrude Stein sie anstrebt, durch Zeitlosigkeit auszeichnen, sind traditionelle Geschichten, die einen Anfang, eine Mitte und ein Ende haben, ihr zufolge der Zeit und der menschlichen Natur verhaftet. In ihrem Streben nach einer Überwindung der linearen Konstruktion von Geschichte und Geschichten sieht sich Gertrude Stein als Pionierin des 20. Jahrhunderts.[32]

Steins Schreiben hat vieles mit einer „hysterischen" Schreibweise gemeinsam: Es fragmentiert, es ist auf eine intensivierte Gegenwartserfahrung reduziert, es erzählt keine Geschichten. Aber es ist frei von Hysterie. Was die Hysterikerin unbewusst praktiziert oder als Leiden inszeniert, wird bei Gertrude Stein zu einem bewussten, affirmativen Ergebnis intensiver künstlerischer Arbeit. Steins kontinuierliche Gegenwart ist kein bedrohliches „Heute" wie in Malina, sondern ein zeitloses, ewiges Jetzt, das in meditativer Ruhe genossen werden kann. Wo Bachmanns weibliches Ich in *Malina* eine Erinnerungsarbeit anstrebt, die die bedrohliche Gegenwart wieder auf Vergangenheit und Zukunft hin öffnen soll, leistet Gertrude Stein eine Arbeit des Vergessens, die reine Gegenwart hervorbringen will. Vergangenheit und Zukunft sind für Stein nur noch Fiktionen, die die Gegenwart untergraben und deshalb außer Kraft gesetzt werden sollen. Diese Intention hat durchaus humanistische Grundlagen: Sie zielt auf das Glück der Individuen, auf eine neue Intensität der Wahrnehmung, auf ein meditatives Schauen und hedonistisches Genießen.

So sehr Gertrude Stein in ihren ästhetischen Konzepten den Geist privilegiert, so sehr ist ihr Scheiben im sinnlich Wahrnehmbaren und Alltäglichen verhaftet und macht dabei auch vor dem Banalen nicht Halt. Traditionelle Hierarchien zwischen dem Bedeutenden und dem Banalen unterläuft sie zu Gunsten der Aufwertung jenes vorsymbolischen Zugangs zur Sprache, den Kristeva mit dem Begriff des „Semiotischen" bezeichnete. Im Fortgang ihrer literarischen Experimente erhält dieser Bereich, der frühkindliches Sprachverhalten reaktiviert, ein immer stärkeres Gewicht. Unter der Hand subvertiert Steins Kunstproduktion damit die traditionellen

Kategorien des Ästhetischen und trägt durchaus Züge, die in den 70er und 80er Jahren als Elemente einer subversiven „weiblichen" Ästhetik galten. In ihrem Schreiben kommen bislang nicht literaturwürdige Erfahrungen zum Tragen, die der „weiblichen" Sphäre des Alltäglichen entstammen. In ihren frühen Erzählungen *Three Lives* hat sie einer weiblichen Existenzweise in drei Porträts einfacher Frauen mimetisch ihre Stimme geliehen und dabei spezifische Qualitäten dieser Existenz zum Ausdruck gebracht: Immanenz, Unmittelbarkeit, Intensität der Empfindungen, Fürsorge für andere, Liebesfähigkeit, Selbstlosigkeit. Diese Qualitäten sind aber auch die Ziele von Gertrude Steins eigenem Schreiben, das nach einer unmittelbaren Objektbezogenheit jenseits sprachlich-intellektueller Sinnkonstruktionen und einer Überwindung von Subjektzentriertheit strebt. In Steins Schreiben sind diese „weiblichen" Qualitäten jedoch von der selbstzerstörerischen weiblichen Geschlechtsidentität abgelöst, die in *Three Lives* die Schilderung weiblichen Lebens zur Schilderung weiblichen Sterbens werden lässt.

Wie Bachmann in ihrem *Todesarten*-Zyklus, so beschreibt auch Stein in *Three Lives* drei weibliche Todesarten. Aber ihre Todesarten sind keine Morde. Bei ihr ist jede Verankerung der tödlichen weiblichen Geschlechtsidentität in der patriarchalen Geschlechterordnung eliminiert. Passivität, Aufopferung und das Fehlen einer stabilen Subjektposition der Frauen werden zwar als Ursachen ihres Sterbens deutlich; diese Haltungen gehen aber nicht, wie im *Todesarten*-Zyklus, aus Geschlechterbeziehungen hervor, sie erscheinen vielmehr naturalisiert. Anders als bei Bachmann sind die weiblichen Figuren dadurch aus einer Opferposition befreit. So lassen sich die Texte lesen als ein Plädoyer für eine größere Selbst-Achtung und Selbst-Sorge der Frauen, wie sie in den hedonistischen weiblichen Figuren der Texte bereits verkörpert ist. Zugleich aber ist der Einfluss der Geschlechterordnung auf das Leben und Sterben dieser Frauen eliminiert. Weibliche Geschlechtsidentität erscheint als Natur.

Gertrude Stein selbst, so scheint es, ist erfolgreich aus dem weiblichen Geschlecht ausgetreten. In ihrem Pariser Exil entzieht sie sich im Leben wie im Schreiben geschickt und eigenwillig der Geschlechterordnung und tut das so lange und beharrlich, bis auch die Welt sie als Ausnahmeerscheinung anerkennt. Feministisches Engagement ist ihr fremd. Gertrude Stein stellt die Geschlechterordnung nicht explizit in Frage, sie kämpft nicht für die Anerkennung weiblicher Kunstproduktion, sondern sie setzt sich als singuläre Künstlerin und arbeitet an einer hermetischen Ästhetik, die patriarchale Vorgaben nur implizit zurückweist.

Durch diese Ästhetik aber gerinnt Gegenwart zu voraussetzungsloser Natur. Diese Naturalisierung impliziert nicht nur eine Ausblendung der Geschlechterverhältnisse, sondern auch eine Verleugnung der eigenen, schmerzhaften Vorgeschichte,[33] die zu Steins „Austritt" aus dem weiblichen Geschlecht geführt hat: Auch ihre eigene Subjektivität erscheint als voraussetzungslose Natur. So lässt sich in Steins Schreiben der Versuch einer Leugnung der Problematik weiblicher Subjektivität durch eine Eliminierung von Geschlecht und Geschichte erkennen. Gertrude Stein entkommt der Geschlechterordnung um den Preis ihrer Verdrängung. Produktiv wird diese widersprüchliche Haltung aber, weil sie die Antizipation der Überwindung der Geschlechterordnung ermöglicht.

Zwischen-Räume

Der Postfeminismus hat den Begriff des „Weiblichen" als des „Anderen" ad acta gelegt. Er überwindet damit aber nur scheinbar die differenztheoretische Fixierung der Frau oder des Weiblichen auf die weibliche Seite der Geschlechterordnung. Die Eliminierung der „Anderen" im Postfeminismus scheint mir eher eine Verdrängung als eine Überwindung zu sein – eine Verdrängung, die sich durchaus mit der verdrängenden Tendenz im Schreiben von Gertrude Stein parallelisieren lässt. Denn wenn in den *Gender Studies* männliche und weibliche Geschlechtsidentität gleichermaßen als Identitätskonstrukte erscheinen, die durch neue, verschiebende Geschlechterpraxen dekonstruiert werden sollen, so blendet diese Sicht die Tatsache aus, dass die weibliche Geschlechtsidentität nie eine Identität war. Nicht nur der emanzipatorische Feminismus, auch der dekonstruktive Feminismus hat blinde Flecken – Ausblendungen, die sich durch einen wechselseitigen Dialog eher erhellen ließen als durch einen muttermörderischen Generationenkampf.

Auch „Hysterie" – ob als „Krankheit der Weiblichkeit" oder als weibliche Autorposition – lässt sich als eine parodistische Praxis verstehen – und ist von Poststrukturalisten und Poststrukturalistinnen so verstanden worden. Auch Hysterikerinnen sind „Geschlechtsdarstellerinnen", denen die Natürlichkeit ihres Geschlechts abhanden gekommen ist. Aber anders als jene parodistischen Inszenierungen von Geschlecht, auf die Butler verweist, parodiert Hysterie gerade die Asymmetrie des Geschlechterverhältnisses. Parodistische Praktiken, wie sie bei Butler als Subversion dichotomer Geschlechtskonstruktionen propagiert werden, sind symbolische Verschiebungen, nicht aber Veränderungen der Lebenspraxis. Sie funktionieren gerade auf der Grundlage dessen, was sie parodieren; sie setzen das Funktionieren der Ordnung voraus und bewahren sie dadurch im selben Zug, in dem sie sie überschreiten. Ähnliches gilt für die Hysterie: Durch ihre Überinszenierung von „Weiblichkeit" lässt sie zwar die Asymmetrie des Geschlechterverhältnisses sichtbar werden, hält es aber zugleich in extremer Form aufrecht. Der Ort der Frau in diesem Geschlechterverhältnis ist der Ort der Anderen des Subjekts.

Weibliche Autorpositionen dagegen, die sich auf Konzepte einer positiv verstandenen Androgynie stützen, sind Versuche, diesen Ort zu verlassen, das asymmetrische Geschlechterverhältnis außer Kraft zu setzen und dadurch Freiräume für eine neue, eigene Subjektposition zu schaffen. Beide Konzepte – Hysterie und Androgynie – sind aber gleichermaßen „Mythen" weiblicher Autorschaft. Sie sind Funktionen des Imaginären, die komplexe Geschlechterdiskurse in identitätsstiftende und zugleich widersprüchliche Bilder fassen: Bilder einer inneren Spaltung entlang der Geschlechtergrenze und Bilder einer harmonischen Doppelgeschlechtlichkeit oder Geschlechtslosigkeit. Theorien können helfen, diese Bilder zu entziffern und die Geschlechterdiskurse darin in Bewegung zu setzen. Doch dieses Verhältnis zwischen Theorie und Literatur ist ein wechselseitiges. Denn auch die divergierenden Theorien enthalten ihre identitätsstiftenden Mythen, die nicht in Bildern, sondern in Begriffen auftreten.

Die von Frauen geschriebene Literatur des 20. Jahrhunderts, so scheint es, hat die Streitfragen der feministischen Theoriedebatten antizipiert. Wenn wir bei Virginia Woolf und Gertrude Stein Selbstsetzungsstrategien jenseits der Geschlechterdifferenz finden, so sind darin nicht nur gleichheitstheoretische Positionen, sondern bereits Dekonstruktionen der Kategorie Geschlecht vorweggenommen, während Marguerite Duras und Ingeborg Bachmann, in unterschiedlicher Weise, differenztheoretische und poststrukturalistische Weiblichkeitsauffassungen antizipieren. Anders als die Theorie vermag der literarische Diskurs diese Problematiken aber in einer verdichtenden Weise darzustellen, die Bilder des Lebendigen entwirft und Widersprüche in der Schwebe hält, statt sie begrifflich zu abstrahieren und zu vereindeutigen.

So lässt sich vielleicht auch der ausstehende Dialog zwischen den Positionen und Generationen der (post-)feministischen Theorie auf dem Feld des literarischen Diskurses antizipieren. Die literarischen Subjektivitätskonzepte Ingeborg Bachmanns und Gertrude Steins, die ich als Beispiele gewählt habe, sind extrem gegensätzlich. Steins universelle Affirmation des Bestehenden als zweite Natur steht Bachmanns ebenso universeller Kritik am Bestehenden als Gewordenes gegenüber. Trägt Steins Ästhetik, die den menschlichen Geist über die menschliche Natur stellt, Züge einer Verdrängung schmerzhafter Erfahrungen und potenzieller Konflikte, ermöglicht dadurch aber eine Selbstsetzung als offenes, entgrenztes, nicht mehr durch sein Geschlecht stigmatisiertes Autor-Ich, so stellt sich Bachmanns Ästhetik zwar schonungslos dem Schmerzhaften und Verdrängten, das dem „Weiblichen" historisch aufgebürdet ist, bleibt aber gefangen in einer Isolation, die eine selbstzerstörerische Unvereinbarkeit von Wunsch und Welt zur Folge hat. Die Autorkonzepte beider verwenden Bilder des Androgynen, aber auch in dieser Hinsicht sind sie gegensätzlich.

Bei Ingeborg Bachmann finden wir eine Spaltung in ein weibliches, emotionales Ich und ein männliches, rationales Alter Ego, mit der Tendenz, das Weibliche als hysterisches zu privilegieren. Bei Gertrude Stein finden wir eine vorgeschlechtliche oder geschlechtsneutrale Ungeschiedenheit der Geschlechter, die umgekehrt in Gefahr ist, das Männliche zu privilegieren.

Auf *einen* Begriff, auf *eine* Bestimmung „weiblichen Schreibens" sind diese beiden Haltungen zu Subjektivität, Autorschaft und Geschlecht nicht zu bringen. Aber sie lassen sich in anderer Weise in Beziehung setzen. Jede der Autorinnen ist ihrem Schreibprojekt, ihrer Problemkonstante, wie Bachmann es ausgedrückt hat, in konsequenter Arbeit gefolgt. Jede rückt gerade das ins Licht, was der blinde Fleck der anderen ist. Wo Bachmanns Ästhetik ein radikales Denken aus der dualen Geschlechterordnung heraus ist, das Erinnerung sucht, um das untergründige Fortwirken vergangener Unrechtserfahrungen erkennen zu können und gegen die Deformationen des Bestehenden eine Utopie der Freiheit zu setzen, ist Steins Ästhetik eine Praxis, die das Vergessen sucht – nicht um das Bestehende zu rechtfertigen, sondern um Freiheit zu antizipieren. Auch die Freiheit von einer dualen Geschlechterordnung. Beide Perspektiven, so scheint mir, brauchen wir heute: die Perspektive auf das, was noch immer zu rekonstruieren, zu kritisieren und zu verändern ist, und auf das, worauf diese Veränderung zielen könnte. Wir sollten in einem doppelten Sinn aus der Geschlechterordnung heraus denken: von der Geschlechterordnung aus denken, aber uns zugleich aus ihr herausdenken.

Anmerkungen

[1] Polarisierende Gegenüberstellungen wie „Gleichheits-" vs. „Differenztheorien", „Konstruktivismus" vs. „Essenzialismus" oder auch „soziohistorischer" vs. „poststrukturalistischer" oder „dekonstruktiver" Feminismus sind natürlich verkürzende Konstruktionen, die den einzelnen Theorien, ihren Differenzen und Überschneidungen, die häufig quer zu den gängigen Klassifizierungen und Oppositionsbildungen verlaufen, nur beschränkt gerecht werden.

[2] Vgl. Claudia Honnegger: *Die Ordnung der Geschlechter. Die Wissenschaften vom Menschen und das Weib 1750–1850.* Frankfurt a.M. 1991; und Karin Hausen: *Die Polarisierung der „Geschlechtscharaktere" – Eine Spiegelung der Dissoziation von Erwerbs- und Familienleben.* In: Werner Conze (Hrsg.): *Sozialgeschichte der Familie in der Neuzeit Europas.* Stuttgart 1976, S. 363–393. Eine historische Situierung dieser Begriffe wird im Folgenden im Zusammenhang mit der Frage nach einer weiblichen Autorposition in der Moderne vorgenommen.

[3] Vgl. z.B. Julia Kristeva, Eva Meyer.

[4] Judith Butler: *Das Unbehagen der Geschlechter.* Frankfurt a.M. 1991, S. 10.

[5] Hausen 1976, a.a.O. (Anm. 2).

[6] Vgl. u.a. Honegger 1991, a.a.O. (Anm. 2); Thomas Laqueur: *Auf den Leib geschrieben. Die Inszenierung der Geschlechter von der Antike bis Freud.* Frankfurt a.M./New York 1992.

[7] Ina Schabert / Barbara Schaff (Hrsg.): *Autorschaft. Genus und Genie in der Zeit um 1800.* Berlin 1994, S. 12f.

8 Vgl. Heinrich Bosse: *Autorschaft ist Werkherrschaft. Über die Entstehung des Urheberrechts aus dem Geist der Goethezeit.* Paderborn/München/Wien/Zürich 1981; und Christine Battersby: *Gender and Genius. Towards a Feminist Aesthetics.* London 1989, S. 23-34, die anders als Bosse die geschlechtsspezifischen Implikationen dieser Veränderungen thematisiert.

9 Elisabeth Bronfen: *Nur über ihre Leiche. Weiblichkeit, Tod und Ästhetik.* München 1996.

10 Vgl. u.a. Sigrid Weigel: *Die Verdoppelung des männlichen Blicks und der Ausschluss von Frauen aus der Literaturwissenschaft.* In: dies.: *Topographien der Geschlechter. Kulturgeschichtliche Studien zur Literatur.* Reinbek bei Hamburg 1990, S. 231-264; Marianne Schuller: *Literarische Szenarien und ihre Schatten. Orte des „Weiblichen" in literarischen Produktionen.* In: dies.: *Im Unterschied. Lesen, Korrespondieren, Adressieren.* Frankfurt a.M. 1990, S. 47-66.

11 Marianne Hirsch: *Spiritual Bildung. The Beautiful Soul as Paradigm.* In: Elizabeth Abel / Marianne Hirsch / Elizabeth Langland (Hrsg.): The Voyage In: Fictions of Female Development. London 1983, S. 23-48.

12 Zur feministischen Hysterietheorie und -kritik vgl. u.a. Christina von Braun: *Nicht Ich. Logik, Lüge, Libido.* Frankfurt a.M. 1990; Marianne Schuller: *Im Unterschied. Lesen, Korrespondieren, Adressieren.* Frankfurt a.M. 1990; Regina Schaps: *Hysterie und Weiblichkeit. Wissenschaftsmythen über die Frau.* Frankfurt a.M. 1992. Seit Freud lässt Hysterie sich interpretieren als ein „Schreiben", das in der spezifisch hysterischen Symptombildung der Körper zum Text, zum Ausdrucksmedium eines verdrängten Unbewussten werden lässt. Die Traditionslinie, auf der die Figur der Hysterikerin in poststrukturalistische und feministische Diskurse gelangt ist, verläuft über Charcot, Freud, den Surrealismus, Lacan und Irigaray; vgl. Sigmund Freud / Josef Breuer: *Studien über Hysterie.* Frankfurt a.M. 1991; Sigmund Freud: *Bruchstück einer Hysterie-Analyse. Gesammelte Werke.* Frankfurt a.M. 1966ff., Bd. 5, S. 161-286; Louis Aragon / André Breton: *Le Cinquantenaire de l'hystérie.* In: *La Révolution surréaliste*, 15. März 1928; Jacques Lacan: *Encore. Das Seminar Buch XX*, Weinheim/Berlin, 2. Aufl. 1991; Luce Irigaray: *Speculum - Spiegel des anderen Geschlechts.* Frankfurt a.M. 1980.

13 Vgl. Lena Lindhoff: *Dekonstruktive Hysterie oder Die Entrückung der „Frau" in die Texte der Männer.* In: Christa Bürger (Hrsg.): *Literatur und Leben. Stationen weiblichen Schreibens im 20. Jahrhundert.* Stuttgart 1996, S. 164-196.

14 Vgl. Lena Lindhoff: *Einführung in die feministische Literaturtheorie.* Stuttgart 1995.

15 Marianne Schuller: *„Weibliche Neurose" und „kranke Kultur". Zur Literarisierung einer Krankheit um die Jahrhundertwende.* In: *Im Unterschied*, S. 13-46; hier: S. 24.

16 Zit. n. Bronfen 1996, a.a.O. (Anm. 9), S. 579.

17 Vgl. z.B. Unica Zürn: *Der Mann im Jasmin und Katrin - die Geschichte einer kleinen Schriftstellerin. Gesamtausgabe*, Bd. 2. Berlin 1989; Marlen Haushofer: *Die Mansarde.* Hamburg/Düsseldorf 1969; Anne Duden: *Das Judasschaf.* Berlin 1994.

18 Marguerite Duras: *Le Ravissement de Lol V. Stein.* Paris 1964; dt.: *Die Verzückung der Lol V. Stein.* Frankfurt a.M. 1984.

19 Ingeborg Bachmann: *Der Fall Franza.* München, 4. Aufl. 1990; vgl. auch Ingeborg Bachmann: *„Todesarten"-Projekt*, bearbeitet von Monika Albrecht und Dirk Göttsche, Bd. 2: *Das Buch Franza.* München 1995.

20 Stephen Marcus: *Freud und Dora. Roman, Geschichte, Krankengeschichte.* In: *Psyche*, 28. Jg., 1974, S. 54.

21 Es ist das Charakteristikum der Hysterikerin, dass das, wogegen sie aufbegehrt, zugleich ihre eigene Identität ist: die weibliche Genderidentität, die sie zur Nicht-Identität verurteilt und auf die sich doch ihr gesamtes Wertesystem stützt. Von dieser Art Identität ist etwa

bei Anne Duden die Rede, wenn es über die Protagonistin ihres Textes *Das Judasschaf* heißt: „Sie war in etwas tief Eingesunkenes verkeilt und darin bei aller Kälte so gut und fest aufgehoben, dass alle Versuche der Entwirrung und Befreiung nicht gelohnt hätten" (Duden 1994, a.a.O. [Anm. 17], S. 7). Auch in Bachmanns *Franza*-Buch kann die Protagonistin nur um den Preis der Selbstzerstörung das Zerstörende zurückweisen, das ihre weibliche Identität zutiefst geprägt hat.

[22] Ingeborg Bachmann: *Malina*. Frankfurt a.M. 1980; vgl. auch Ingeborg Bachmann: „*Todesarten*"-*Projekt*, bearbeitet von Monika Albrecht und Dirk Göttsche, *Bd. 3.1 u. 3.2: Malina*. München 1995.

[23] Vgl. zur männlichen Tradition des Androgyniemotivs Achim Aurnhammer: *Androgynie. Studien zu einem Motiv in der europäischen Literatur*. Köln/Wien 1986; und zu seiner feministischen Kritik u.a. Susanne Amrain: *Der Androgyn. Das poetische Geschlecht und sein Aktus*. In: Renate Berger / Monika Hengsbach u.a. (Hrsg.): *Frauen, Weiblichkeit, Schrift. Dokumentation der Tagung in Bielefeld vom Juni 1984*. Berlin 1985, S. 119–129; Ulla Bock: *Wenn die Geschlechter verschwinden*. In: Hartmut Meesmann / Bernhard Sill (Hrsg.): „*Jeder Mensch in sich ein Paar!?" Androgynie als Ideal geschlechtlicher Identität*. Weinheim 1994, S. 19–34.

[24] Bachmann 1980, a.a.O. (Anm. 22), S. 260f.

[25] Caroline von Günderrode an Gunda Brentano, 29. August 1801, zit. n. Christa Wolf. In: Karoline von Günderrode: *Der Schatten eines Traumes*. Hamburg/Zürich 1981, S. 5.

[26] Friedrich Schlegel: *Lucinde (1799)*. Frankfurt a.M./Berlin/Wien 1980.

[27] Bock 1994, a.a.O. (Anm. 23), S. 23.

[28] Christina von Braun: *Männliche Hysterie – Weibliche Askese. Zum Paradigmenwechsel der Geschlechterrollen*. In: dies.: *Die schamlose Schönheit des Vergangenen. Zum Verhältnis von Geschlecht und Geschichte*. Frankfurt a.M. 1989, S. 51–79.

[29] Amrain 1985, a.a.O. (Anm. 23), S. 128.

[30] Gertrude Stein: *Die geographische Geschichte von Amerika oder die Beziehung zwischen der menschlichen Natur und dem Geist des Menschen*. Frankfurt a.M. 1988.

[31] Monika Hoffmann: *Gertrude Steins Autobiographien „The Autobiography of Alice B. Toklas" und „Everybody's Autobiography"*. Frankfurt a.M./Bern/New York/Paris 1992, S. 87ff. u. S. 108.

[32] Ebd., S. 114.

[33] Vgl. Leon Katz: *Introduction to Gertrude Stein*. In: Gertrude Stein: *Fernhurst, Q.E.D. and Other Early Writings*. New York 1973.

3. Teil

Neue Wirklichkeiten

ULRIKE BAIL

Dem Schweigen ins Wort fallen
Psalm 55 als literarische Repräsentation von Vergewaltigung

„Gewalt ist der Abbruch von Kommunikation, die wir als menschlich bezeichnen" - so schreibt Doris Janshen.[1] Die Gewalt „hat etwas Unfassbares und damit auch Unaussprechbares an sich. Deshalb fühlen wir uns bis in den schweigsam-unbewussten Kern unserer innersten Existenz verletzt, wenn wir Gewalt erleiden, deshalb macht uns weder das Mitleid mit dem missbrauchten Kind noch die Wut auf den Mann wirklich sprachmächtig.
Wie aber soll das Antisprachliche, wie soll Gewalt zur Sprache gebracht werden? Das ist mühsam, riskant und gelingt zur Gänze nie. So schnell wird Sprache von Gewalt erfasst und selbst zum gewalttätigen Instrument. [...] Dennoch aber sind wir nicht aus der Not entlassen, sondern im Gegenteil, in die Notwendigkeit gestellt, Gewalt entsprechend öffentlich zu machen und sie als Teil der Verhältnisse, in denen wir leben, als unsere Verhältnisse anzuerkennen. Widerstand entsteht in der Entdeckung einer gemeinsamen Gegensprache." - Dieses Zitat habe ich meinen Überlegungen vorangestellt, um deutlich zu machen, worum es mir geht.

Angesichts der geschwätzigen Sprachlosigkeit der Medien zum Thema sexuelle Gewalt gegen Mädchen und Frauen, müssen wir eine Gegensprache entwerfen, die die Gewalt nicht voyeuristisch in unseren eigenen Worten reproduziert. Der sich an der Gewalt ergötzende Blick, der das Entsetzen kultiviert, ist aufzubrechen zu Gunsten eines Blickes, der die Opfer und Überlebenden der Gewalt wahrnimmt und nach einer Sprache sucht, die mitten in der Rede über Gewalt gegen diese Gewalt protestiert – eine Sprache, die dem Schweigen ins Wort fällt.

Vom Versuch einer solchen Gegensprache mit all ihren Schwierigkeiten soll die Rede sein, von einer Sprache, die mitten in den Gewaltverhältnissen gegen die Gewalt ihre Stimme erhebt. Und ich möchte die Frage stellen, ob die Klagepsalmen des Alten Testaments eine Art Modell einer solchen Gegensprache sein könnten.

In den Klagepsalmen des Alten Testaments spricht ein literarisches Ich. Es spricht von der Bedrängnis, in die es geraten ist, von der Gewalt, die es erleidet, vom Schrecken, der es bis ins Mark getroffen hat. Dieses literarische Ich ist nicht geschlechtsspezifisch festgelegt, gleichwohl in der alttestamentlichen Forschung in der Regel von einem männlichen Sprecher ausgegangen wird: Es ist der Kranke, der unschuldig Angeklagte, der Verfolgte, dessen Stimme hörbar werde.

Aber – und so lautet meine Ausgangsfrage – kann die Stimme des literarischen Ichs der Klagepsalmen auch als Stimme einer Frau, die sexuelle Gewalt erfahren hat, gehört werden? Ist eine Lektüre möglich, die die in diesen Texten zur Sprache gebrachte Bedrängnis auch als literarische Repräsentation von Vergewaltigung versteht? Exemplarisch möchte ich diese Fragen an den Klagepsalm Ps 55 stellen.[2]

Eine feministische Lektüre dieses Klagepsalms mit Hilfe poststrukturalistischer Literaturtheorien – und dies möchte ich zeigen – vermag diesen Text als biblische Erinnerung zu aktualisieren. Diese Lektüre dekonstruiert Ps 55 gerade nicht in Belanglosigkeit und Beliebigkeit hinein, sondern lässt ihn politisch-theologisch bedeutsam werden.

Ps 55 bietet ein Sprachmuster, das eine Gegensprache entwirft und gleichzeitig die Probleme benennt, die eine solche Gegensprache aus der Perspektive von Frauen aufwirft. Methodische Reflexionen und konkrete Interpretationen werden sich abwechseln, um ausgewählte Passagen des Psalms zu Wort kommen zu lassen. Obgleich nicht der ganze Psalm ausführlich interpretiert wird, soll eine Übersetzung aller Verse am Beginn stehen.

1. Der Text von Ps 55[3]

V 1   *Dem Chormeister, mit Saitenspiel, ein Weisheitslied von David.*
V 2   *Vernimm, Gott, mein Gebet, und verbirg dich nicht vor meinem Flehen.*
V 3   *Merke auf mich und antworte mir.*
       Ich irre umher in meiner Verzweiflung und bin verwirrt
V 4   *wegen des Geschreis des Feindes,*
       wegen der Bedrängnis seitens des Frevlers.
       Ja, sie lassen Unheil herabfallen auf mich,
       und im Wutschnauben beschuldigen sie mich.
V 5   *Mein Herz bebt in meiner Mitte, und Todesschrecken fallen auf mich.*
V 6   *Furcht und Zittern kommen zu mir, und mich bedecken Schrecken.*
V 7   *So sprach ich: Hätte ich Flügel gleich der Taube –*
       fliegen wollte ich und mich niederlassen.
V 8   *Siehe, ich möchte in die Ferne flüchten,*
       in der Wüste übernachten,
V 9   *zu meinem Zufluchtsort eilen,*
       fort vom reißenden Wind, vom Sturm.
V 10   *Verwirre, mein Herr, spalte ihre Zunge.*
       Ja, ich sehe Gewalttat und Streit in der Stadt.

Dem Schweigen ins Wort fallen 121

V 11 *Sie umkreisen sie tags und nachts auf ihren Mauern,*
und Unheil und Mühsal wohnt in ihrer Mitte.
V 12 *Verderben wohnt in ihrer Mitte,*
und nicht von ihrem Markt weichen Bedrückung und Trug.
V 13 *Ja, wenn ein Feind mich schmähte, so wollte ich's tragen.*
Wenn mein Hasser über mich groß getan hätte,
so wollte ich mich verbergen vor ihm.
V 14 *Du aber: ein Mensch meinesgleichen, mein Vertrauter,*
mein Bekannter,
V 15 *die wir miteinander süß machten den Kreis,*
im Hause Gottes wandelten in der Menge.
V 16 *Der Tod soll über sie herfallen, sie sollen lebendig*
zur Scheol hinabfahren,
denn Bosheit (ist) wo sie wohnen in ihrer Mitte.
V 17 *Ich, zu Gott rufe ich, und GOTT wird mich retten.*
V 18 *Abends und morgens und mittags klage und stöhne ich,*
und er wird meine Stimme hören.
V 19 *Er wird retten zum Heil mein Leben aus dem Streit wider mich,*
denn zu Vielen sind sie um mich.
V 20 *Gott wird hören und sie demütigen, er, der thront seit der Urzeit,*
denn sie kennen keine Verpflichtung und fürchten Gott nicht.
V 21 *Er erhebt seine Hände gegen seinen Wohlgesinnten,*
er entweiht seinen Bund;
V 22 *glatter als Butter schmeichelt sein Mund, aber Streit liegt*
ihm am Herzen;
weicher als Öl fließen seine Worte, aber sie sind Dolche.
V 23 *Wirf auf GOTT dein Begehren,*
und er, er wird dich aufrecht halten,
er lässt es auf ewig nicht zu, dass der Gerechte wankt.
V 24 *Du aber, Gott, möchtest du sie fahren lassen in die tiefste Grube,*
die Männer des Blutes und des Truges
mögen nicht erreichen die Hälfte ihrer Tage.
Ich aber, ich vertraue auf dich.

2. Ps 55 oder Topografie der Gewalt

In Ps 55 wird die Gewalt und der Schrecken, dem das literarische Ich des Psalms ausgeliefert ist, mit einer Stadt verglichen. Die Mauern der Stadt sind von der Gewalt besetzt, und die Gewalt ist bis in das Zentrum, den Markplatz vorgedrungen.

So heißt es in den Versen 10b – 12:

Ich sehe Gewalttat und Streit in der Stadt.
Sie umkreisen sie tags und nachts auf ihren Mauern,
und Unheil und Mühsal wohnt in ihrer Mitte.
Verderben wohnt in ihrer Mitte,
und von ihrem Markt weichen Bedrückung und Trug nicht.

Die Stadt wird als ein Ort der Gewalt geschildert, allerdings ohne die konkrete Gewalt zu nennen. Vielmehr wird die Stadt mit Begriffen bevölkert, die allgemeine Missstände anzeigen. Diese Begriffe treten wie Personen auf: Gewalttat und Streit umkreisen die Stadt, Bedrückung und Trug weichen nicht vom Marktplatz.

Die Gewalt ist bis in den letzten Winkel der Stadt vorgedrungen und hat sie besetzt. Die beiden Verben *umkreisen* und *nicht weichen*, die diese Beherrschung ausdrücken, bilden zusammen einen Kreis und einen Punkt, Bewegung und Verharren. Nicht nur in der räumlichen Ausdehnung, auch in der Bewegung im Raum ist die Gewalt gegenwärtig. Dazu kommt die Beherrschung der Zeit: *tags und nachts*. Es gibt keine andere Zeit als die Zeit des Schreckens. Zeit und Raum sind eingeschlossen von der Gewalt.

Die Stadt ist aber nicht nur Ort, sondern auch Objekt der Gewalt. Sie ist Objekt des Verbs *umkreisen*, das in militärischen Kontexten eine Belagerung benennt. Doch der Angriff ist schon mitten in der Stadt, der Belagerungsring vor der Stadt hat sich bis in die Mitte der Stadt zusammengezogen, die Stadtmauern selbst sind zu Belagerungswällen geworden.

Die Mauern, die die Angreifer abhalten sollen, sind in ihrer Hand. Nur noch die Angreifer selbst haben Bewegungsfreiheit. Der Schutzraum der Stadt bietet keine Zuflucht mehr, ist im Grunde nicht mehr existent. Denn die Gewalt wohnt in ihrer Mitte.

Der Psalm verbindet nun das Bild der belagerten und eroberten Stadt mit dem literarischen Ich des Psalms. In den Passagen, in denen das Ich von sich spricht, in den V 3–6, spricht es von sich als einem Objekt der Gewalt. Das Ich ist Objekt, an dem gehandelt wird. Die Subjekte der Handlungen sind Feinde, Frevler, Todesschrecken, Furcht, Zittern und Schrecken.

Auf syntaktischer Ebene sind Ich und Stadt als Objekte der Gewalt ineinander geschoben. Auch Stichwortverbindungen verweben die Stadt und das Ich miteinander. So wird das Wort Unheil im Kontext beider genannt (V 4.11) und bei beiden wird durch die Wendung *in der Mitte* das jeweilige Zentrum betont (V 5.11.12).

Beide, das literarische Ich und die eroberte Stadt sind der Gewalt ausgeliefert, beide werden in dieser Gewalterfahrung zu einem Objekt. Nimmt man die Verben, mit denen das Ich seine Erfahrung der Gewalt in V 4b–6 ausdrückt, zum Stadtbild hinzu, wird die totale Beherrschung des Raums noch deutlicher. Während im Stadtbild die bedrängenden Bewegungen horizontal verlaufen, bewegt sich das Unheil, dem das Ich ausgesetzt ist, in vertikaler Linie (herabfallen lassen, fallen auf, bedecken). Es entsteht das Bild eines geschlossenen Raumes, aus dem es kein Entrinnen gibt. Die Topografie der Gewalt ist total.

★

Wen aber repräsentiert das literarische Ich, das seine Gewalterfahrung auf diese Weise verbalisiert? Und von welcher Gewalt ist die Rede?

Eine historische Rekonstruktion der Entstehungssituation der Klagepsalmen ist kaum möglich. Weder lassen sich die Psalmen eindeutig datieren, noch bildet die Sprache der Psalmen deskriptiv eine einzige Situation ab.

Die Not, von der das Ich des Psalms spricht, ist nicht im Sinne einer kriminologischen oder medizinischen Diagnose konkret; die Sprache der Psalmen will die Wirklichkeit nicht fotografisch und detailgetreu abbilden, sondern das totale Ausmaß innerer und äußerer Not zur Sprache bringen. Und dies geschieht in bestimmten Metaphern und Sprachstrukturen, die dem Schmerz, der als sprachlos erfahren wird, eine Sprache geben.

Psalmen bieten Identifikationsmuster an, um das selbst Erlebte aussprechen zu können. Sie eröffnen einen Bildraum, in dem der Schmerz zur Sprache kommen und die Gewalt in Worte gefasst werden kann.

So geht die Frage nach einer möglichen Autorinnenschaft ins Leere, denn auch Metaphern und Themen, die möglicherweise auf Frauen hindeuten, sind kein sicherer Beleg für eine historische Autorinnenschaft. Sie repräsentieren lediglich auf der Ebene des Textes ein geschlechtsspezifisches Arrangement, das aber noch nichts über die zu Grunde liegende historische Wirklichkeit aussagt.

Auch korrespondiert ein Text nicht in dem Sinne mit einer zu Grunde liegenden Erfahrung, dass daraus eine Bedeutung zu eruieren wäre. Erfahrung und Text sind auf komplexe Weise miteinander verbunden, die keine Reduzierung auf eine einzige Situation, die historisch bestimmbar wäre, erlaubt.

3. *On Gendering Texts* **oder von Stimmen im Text**
In ihrem Buch *On Gendering Texts* entwickeln Athalya Brenner und Fokkelien van Dijk-Hemmes ein anderes Konzept von Autorinnenschaft.[4] Sie suchen nicht länger nach historischen Autorinnen, sondern nach geschlechtsspezifischen Stimmen, die auf der Textebene zu hören sind – voices within a text.

Stimme wird dabei definiert als die Summe der Sprechakte, die einer fiktiven Person, dem Erzähler oder der Erzählerin innerhalb eines Texte zugeschrieben werden. Stimmen von Frauen, die im primär männlichen Diskurs der biblischen Schriften gefunden werden, werden als F voice, d.h. als female voice, als weibliche Stimme bezeichnet. Analog dazu werden männlich geprägte Stimmen als M voices (masculine/male voices) benannt.[5]

Klagepsalmen jedoch weisen weder eine frauenspezifische Sprache auf, noch kommen Frauen als Handelnde oder als ›Behandelte‹ vor. Dies allerdings scheint für das ›gendering‹-Konzept von Brenner und van Dijk-Hemmes eine Voraussetzung zu sein, um Texte auf eine mögliche F voice hin zu untersuchen. Um eine F voice zu eruieren, müssen zumindest minimale Spuren von Frauen sichtbar sein.

Doch das Verständnis von AutorInnenschaft im Ansatz von Brenner und van Dijk-Hemmes weist gleichwohl einen Weg, Klagepsalmen als weibliche Stimme zu lesen. Brenner und van Dijk-Hemmes versuchen nicht, einen Autor oder eine Autorin als historische Person zu identifizieren, sondern suchen nach Autoren und Autorinnen literarisch, d.h. auf der Ebene der Texte als Stimme im Text, als der Stimme, der textuell Autorität zukommt.

In den Klagepsalmen der Einzelnen nun taucht auf der Ebene der Texte ein Autor auf, dem viele Psalmen fiktiv zugeschrieben wurden: nämlich König David. Auch Ps 55 nennt ihn in der Überschrift: *Dem Chormeister, mit Saitenspiel, ein Weisheitslied von David.*

Die Überschriften der Psalmen sind im Laufe der Überlieferung sekundär zum Psalmtext hinzugefügt. Sie nennen Männer (David, Söhne des Korach, Asaph, Salomo, Etan, Mose) als literarische und fiktive Autoren des jeweiligen Psalms. Auf diese Weise konkretisieren die Psalmüberschriften Psalmen als Stimmen der jeweiligen Männer und verknüpfen sie mit deren Biografien, wie sie im Ersten Testaments erzählt werden. So wird z.B. durch die Überschrift Ps 51 mit der Erzählung von David und Bathseba verwoben und repräsentiert die Stimme Davids (vgl. 2 Sam 12). Die Überschrift lautet:

Dem Chormeister, ein Psalm Davids,
als der Prophet Nathan zu ihm kam,
weil er zu Bathseba gegangen war.

David wird damit zum Autor des Psalms, nicht zum historischen, jedoch zum fiktiven Autor in dem Sinne, dass David auf der Ebene des Textes die tragende Stimme wird: es sind seine Worte, die Ps 51 wiedergibt. David würde demnach der „Stimme im Text", von der Brenner/van Dijk Hemmes schreiben, entsprechen. Die Schlussfolgerung aus der literarischen

Autorschaft Davids wäre, dass Ps 51 auf literarischer Ebene eine männliche Stimme repräsentiert und somit als M voice zu bezeichnen ist.
Aber es ist eine fiktive Stimme, die nur auf der literarischen Ebene präsent werden kann. Lediglich über die literarische Verknüpfung der Psalmen mit der Biografie Davids kann der Psalm als Stimme Davids gehört werden. Gerade die Möglichkeit aber, Psalmtexte mit anderen Texten zu verknüpfen, kann nutzbar gemacht werden für die Möglichkeit, den Klagepsalm Ps 55 als F voice zu lesen.

Durch die Psalmüberschrift wird das Lesen und Verstehen des Psalms in eine bestimmte Richtung gelenkt. Von einem bestimmten historischen, sozio-kulturellen und theologischen Standpunkt aus wird durch die Zufügung der Überschrift die Rezeption des Psalms festgelegt.[6] Das Ich des Psalms wird durch die Nennung eines Subjektes konkretisiert, und es wird eine innerbiblische Verknüpfung mit anderen Texten des Ersten Testaments ermöglicht.

Aus einer Vielzahl von Möglichkeiten wird eine Rezeptionsweise festgeschrieben. Die Autoren der Psalmüberschriften vertexten gewissermaßen ihr Leseergebnis, indem sie dem Psalm eine interpretierende Überschrift geben.

Diese Verknüpfung von poetischem Psalmtext und narrativ-biografischem (Kon-)Text durch die Psalmüberschriften kann eine Möglichkeit sein, Psalmen feministisch zu lesen. Das durch die Psalmüberschriften gesponnene Netz innerbiblischer Verknüpfungen kann verändert und erweitert werden. Aus der Perspektive von Frauen kann dieses Verweisungsnetz im Sinn einer intertextuellen Lektüre auf die Stimmen von Frauen in den Psalmtexten fokussiert werden.

4. Intertextualität als feministisch-hermeneutisches Konzept

Das intertextuelle, literarisch-aktualisierende Verknüpfungspotenzial der Psalmüberschriften ermöglicht es, auch Frauenstimmen in den Psalmen zu hören, indem die Psalmen mit narrativen Texten über Frauen verknüpft werden. Verknüpfung ist hier nicht in einem einfachen Sinn von Einfühlung, Empathie oder Identifikation gemeint, sondern in der literaturtheoretischen Bedeutung von Intertextualität, wie sie sich in der poststrukturalistischen Literaturtheorien ausgeprägt hat. Hier aber kann nur der kleinste gemeinsame Nenner dieser Theorien entfaltet werden.[7]

Ausgangspunkt dabei ist ein bestimmtes Verständnis von dem, was ein Text ist und wodurch sich Bedeutung etabliert. Intertextualität meint die Beziehungen der Texte untereinander, alle literarischen Texte sind aus anderen literarischen Texten gewebt, jedoch nicht im konventionellen Sinn als Spuren des Einflusses von anderen Texten, sondern in dem Sinn, dass jeder Text prinzipiell mit jedem korrelierbar ist.

Diese Definition von Text wehrt sich gegen ein übermäßiges Betonen der Textgrenzen, bei dem diese so in den Vordergrund gerückt werden, dass Texte wie Inseln erscheinen, isoliert von allen anderen in der endlosen Weite des Meeres, wie Gefangeneninseln, auf denen die Bedeutung ein für alle mal festgesetzt ist und nur eine Sichtweise, eine Art zu lesen dominiert.

Texte aber sind keine Inseln und die Leserin keine Schiffbrüchige, die ohne Gedächtnis und ohne Erinnerung Palmen zählt und sie in Kategorien einteilt.

Denn Texte sind dialogisch, sie rufen andere Texte ins Gedächtnis, erinnern an bereits Gelesenes, an bereits Erlebtes. Kein Text steht isoliert da, jeder sucht sich einen Ort in einer schon vorhandenen Welt der Texte. Dieser Ort nun ist nicht statisch, sondern der Text ist in Bewegung und nicht auf eine Aussage festzulegen. Texte bergen eine Vielzahl von Bedeutungen in sich, sie sind vieldeutig, vielstimmig, niemals eindeutig.

Die durch Verknüpfung evozierten neuen Lesarten entstehen bei jeder Lektüre von Texten, und so gibt es auch nicht den Text, sondern immer nur verschiedene Lesarten eines Textes.

Im Prozess des Lesens wird ein Text immer in Verbindung gebracht mit anderen Texten. Es ist unmöglich, der Intertextualität zu entfliehen, denn Texte – so formuliert Danna Nolan Fewell –, Texte sprechen miteinander, sind sich gegenseitig Echo, stoßen sich an, bekämpfen einander, sie sind Stimmen, die zusammenklingen, Stimmen in Auseinandersetzung und im Wettstreit.[8]

Manche dieser intertextuellen Verknüpfungen sind im Text als eindeutige Markierungen präsent, doch in den meisten Fällen ist es der Leser, die Leserin, die diese Verbindungen herstellt, nämlich einmal aufgrund des einfachen Zufalls vorgängiger Lektüre, zum anderen aufgrund bewusster Setzung oder aufgrund von kaum sichtbaren Spuren, die zu den Rändern des Textes führen und über die Seite hinaus, vagabundierend und erinnernd in der Welt der Texte.

In welche Richtung das Lesen und das Erinnern geht, hängt davon ab, in welchem Sprach- und Kultursystem eine und einer verortet ist, an welchem Diskurs jemand partizipiert, von welcher gesellschaftlichen Position aus jemand Texte liest, welche Lesekonventionen in einer Gesellschaft dominieren und welches Geschlecht (gender) der/die Lesende hat.

Das Modell der Intertextualität lässt sich m.E. sehr gut mit einem feministischen Erkenntnisinteresse verbinden, denn es ermöglicht, im Sinne einer feministischen Parteilichkeit Texte miteinander ins Gespräch zu bringen und frauenspezifische Spuren als Verknüpfungsstellen zu wählen.[9]

5. Eine intertextuelle Lektüre von Ps 55

Mit welchen Texten nun kann Ps 55 verknüpft werden? Sind Spuren im Psalmtext zu finden, die über den Text hinausführen zu anderen Texten? Diese Spuren sind zu finden. Es sind mehrere Spuren, die einander ergänzen und es wird ein Gewebe entstehen, das es ermöglicht, Ps 55 als die Stimme einer Frau, die Gewalt ausgeliefert ist, zu hören.

Vieles kann ich hier nur andeuten, was ich in meinem Buch *Gegen das Schweigen klagen* ausführlich thematisiert habe.

Eine erste Spur: Die Gewalt, der das Ich ausgesetzt ist, wird am Bild der in Besitz genommenen Stadt aufgezeigt. Keine historisch fixierbare Bedrohung einer historisch fixierbaren Stadt ist gemeint, sondern das Stadtbild ist Teil der Topografie der Gewalt, die metaphorisch über die Raumstruktur des Psalms ausgedrückt wird.

Das Nomen Stadt hat im hebräischen feminines Genus und wird häufig als Frau personifiziert. Tochter Zion und Jungfrau Jerusalem sind Beispiele für die Verbindung von Frau und Stadt. Diese erste Spur deutet daraufhin, dass aufgrund der Berührungspunkte zwischen Stadt und ich in Ps 55 und andererseits der zwischen Stadt und Frau an ein weibliches Subjekt in Ps 55 gedacht werden kann.

Eine zweite Spur birgt das Verb „sbb", das „umgeben", „umkreisen" bedeutet. In den Klagepsalmen bringt die Tätigkeit dieses Wortes die Bedrohlichkeit der Gewalt, ihr erschreckendes Ausmaß und die Ohnmacht der Beterin zur Sprache. So formuliert z.B. der 17. Psalm:

Schon <u>umkreisen</u> sie mich, ihre Augen spähen aus, mich nieder zu strecken.

Doch v.a. die Verbindung von Stadt und Marktplatz mit dem Verb „umkreisen" wie in Ps 55 deutet eine intertextuelle Markierung an. Diese Markierung verweist auf eine Erzählung im Ersten Testament, nämlich auf Ri 19.

In dieser Erzählung ist der Ort der Gewalt das Innere einer Stadt, der Marktplatz. Die Gewalt nimmt ihren Anfang bei dem Verb „umkreisen", das eine Vergewaltigung zur Folge hat. In Ri 19 wird eine Frau von Männern, die das Haus umringen, die ganze Nacht vergewaltigt. Sie stirbt am frühen Morgen.

Beziehen wir nun Ri 19 und Ps 55 intertextuell aufeinander und lesen sie gewissermaßen gleichzeitig, dann entsteht eine Parallele zwischen der Stadt und dem Körper der Frau. Die Gewalt, der in Ps 55 die Stadt ausgesetzt ist, entspricht der Gewalt, die in Ri 19 den Körper der Frau zerstört.

Die Spur des Wortes „umkreisen"/sbb lässt sich weiter verfolgen. In der Bedeutung „feindlich umgeben" steht das Verb häufig in kriegerischen, militärischen Kontexten, d.h. im Kontext der Belagerung und Eroberung einer Stadt.

Ri 19 und sbb/umkreisen als Terminus der Belagerung und Eroberung einer Stadt als Intertexte mitgelesen, ermöglicht es, die Verse aus Ps 55 als literarische Repräsentation von Vergewaltigung zu lesen. Die Beterin spricht dann aus, dass ihr eigener Raum, ihr eigener Körper, gleich der eroberten Stadt seiner Unversehrtheit beraubt wurde. Die Verfügbarkeit des Ortes entspricht der Verfügbarkeit des weiblichen Körpers. Die Grenzen der Stadt wie die Grenzen des Körpers werden nicht respektiert. Der Körper einer Frau kann wie eine Stadt erobert, eingenommen, geplündert und zerstört werden. Die Eroberung der Stadt entspricht der Vergewaltigung der Frau.

Als Folgen der Eroberung einer Stadt werden in der hebräischen Bibel immer wieder die Worte wüst, öd und leer genannt. So heißt es z.B. in Jer 51,43:
Seine Städte sind zur Wüste geworden, zum dürren und wüsten Land. Niemand wohnt mehr darin und kein Mensch durchwandert sie mehr.

Besonders das Wort „smm" „zerstört, verwüstet werden" wird häufig gebraucht, um die Kriegsstrategie, die dem Gegner nur verbrannte Erde übrig lässt, zu bezeichnen.[10]

Dieses Verb nun verknüpft die Auswirkungen der Eroberung einer Stadt mit den Auswirkungen einer Vergewaltigung. In der biblischen Erzählung von der Vergewaltigung Tamars wird ihr Zustand nach der Vergewaltigung mit eben diesem Wort bezeichnet.

In 2 Sam 13 wird erzählt, wie Amnon, der Bruder Tamars, sie mit der Lüge, er sei krank, in sein Zimmer lockt. Dort vergewaltigt er Tamar gegen ihren Willen. Nach der Vergewaltigung wirft er sie hinaus auf die Straße. Dort geht sie schreiend, klagend. Ihr anderer Bruder Absalom fordert sie auf, zu schweigen, sich die Vergewaltigung nicht zu Herzen zu nehmen und in seinem Haus zu wohnen.

In 2 Sam 13,20 heißt es dann: „Und es wohnte Tamar einsam im Haus Absaloms, ihres Bruders". Zwischen den Worten „Tamar" und „Haus" ist ein Wort eingeschoben, das eine Spannung verursacht. Zwischen Tamars Wohnen und dem Ort ihres Wohnens steht „we_omemah", das gewöhnlich mit „einsam" übersetzt wird, aber das von dem Verb „_mm/zerstört werden" abgeleitet ist.

Angesichts der Verwendung des Verbs, um verwüstetes Land und zerstörte Städte zu bezeichnen, müsste hier eher mit „verwüstet, zerstört, vom Leben abgeschnitten" übersetzt werden. Dazu kommt, dass das Land und die Städte, deren Zustand mit „_mm" beschrieben werden, als unbewohnbar gelten und mit „Wüste" in Verbindung gebracht werden. Es entsteht so eine unauflösbare Spannung zwischen „verwüstet, unbewohnbar sein" und „Tamar wohnte".

Die Zerstörung der Integrität und Identität durch die Vergewaltigung hat zur Folge, dass Tamar selbst über keinen eigenen Raum mehr verfügt, in dem sie – in psychischer wie physischer Hinsicht – wohnen könnte. Das Haus Absoloms wird zu einem Ort, in dem sie verschwindet, hinter dessen Mauern sie vergessen wird. *Und Tamar wohnte unbehaust im Haus ihres Bruders* wäre dann eine mögliche Übersetzung.

In dieser Aussage als Folge der Vergewaltigung bergen sich mehrere Konnotationen wie Einsamkeit, Ortslosigkeit, sprachloser Schrecken und das Bild der verwüsteten Stadt.

Das Bild dieser Stadt und der vergewaltigte Körper Tamars schieben sich ineinander, beide sind Ort und Objekt der Gewalt. Von dieser Topografie der Gewalt kann Ps 55 mit der Erzählung von der Vergewaltigung Tamars verknüpft werden und es entsteht eine intertextuelle Beziehung zwischen dieser Erzählung und dem Klagepsalm Ps 55, die in weiteren Verknüpfungen lesbar wird. Einen Aspekt möchte ich noch nennen:

Die Vergewaltigung Tamars geschieht in einem geographisch und emotional bekannten Raum. Es ist Amnon, ihr Bruder, der sie vergewaltigt. Diese Topografie der Nähe wird auch in Ps 55 sichtbar. In V 14 wird der Täter direkt angesprochen mit den Worten:

Du aber, ein Mensch meinesgleichen, mein Vertrauter, mein Bekannter.

Der Täter wird als einer benannt, der in einem Vertrauensverhältnis zur Beterin stand. Er missbraucht das freundschaftliche Verhältnis, das Gewalt eigentlich ausschließen sollte, und zerstört es mit seiner Tat.[11]

In der Erzählung von Tamars Vergewaltigung bleibt auch nach der Gewalttat die Pervertierung der Nähe bestehen. Das Haus ihres anderen Bruders, in dem Tamar Zuflucht findet, ist verbunden mit dem Befehl, zu schweigen, sich die Tat nicht zu Herzen zu nehmen. So wird dieses Haus eher ein Schutzraum für den Täter und seine Mitwisser, da kein Laut durch die Mauern dringt. Die Mauern verschweigen die Tat außerhalb des Hauses. Die Vergewaltigung wird aus der Sprache ausgegrenzt, indem Tamars Sprechen in die Grenzen des Hauses verwiesen wird. Abgeschnitten von jeder Kommunikation lebt Tamar wie „eine lebendig Begrabene"[12] ohne Perspektive in Absaloms Haus.

★

Wenn wir Ps 55 als die Stimme einer Beterin, die sexuelle Gewalt erfahren hat, lesen, wenn wir die Topografie der Gewalt als literarische Repräsentation von Vergewaltigung verstehen, dann wird auch hörbar, was es bedeuten kann, angesichts oder mitten in der Gewalt zu sprechen.

Das Bild, mit dessen Hilfe die Beterin ihre Not formuliert, das Bild der besetzten Stadt in Analogisierung mit dem vergewaltigten Körper, ist einem Diskurs entliehen, den militärische Kategorien strukturieren. In diesem Diskurs der Gewalt werden die Städte sexualisiert und der Körper der

Frau gleich der Stadt als Ort gesehen, der verfügbar ist, den man(n) besetzen und besitzen kann. Innerhalb dieses Diskurses, der eher am Täter als am Opfer orientiert ist, scheint kein eigenständiges weibliches Subjektwerden möglich.

Zwar wird die Gewalt so radikal wie möglich benannt, doch bleibt in der Analogisierung von eroberter Stadt und vergewaltigtem Frauenkörper die Frau tendenziell auf der Opferseite.

Pointiert formulieren Gordon/Washington: „Vergewaltigung als militärische Metapher zur Sprache gebracht, ist männliche Sprache: sie formuliert und unterstützt eine unbestrittene männliche Autorität, die sowohl Gewalttaten als auch die schwere Körperverletzung der Kriegführung billigt."[13]

Dass dieser Diskurs jedoch nicht die einzige Möglichkeit ist, die Gewalt zur Sprache zu bringen, und dass es Bruchstellen im Diskurs gibt, die Widerstand und Protest ermöglichen, zeigt das Sprachbild der Taube.

6. Die Taube in der Wüste oder von instabilen Bedeutungen

In den Versen 7 - 9 wünscht sich die Beterin gleich der Taube in die Wüste zu fliehen.

V7	*So sprach ich: Hätte ich Flügel gleich der Taube -*
	fliegen wollte ich und mich niederlassen.
V8	*Siehe, ich möchte in die Ferne flüchten,*
	in der Wüste übernachten,
V9	*zu meinem Zufluchtsort eilen,*
	fort vom reißenden Wind, vom Sturm.

In diesen Versen wird einerseits die Rettung als nicht realisierbare Wirklichkeit dargestellt. Das Ich bleibt als Objekt ausgeliefert. Doch andererseits spiegelt diese Passage eine Überlebensstrategie wider, nämlich die der Dissoziation. Das Bild der Taube, die in die Wüste als ihrem Zufluchtsort flieht, steht isoliert im Psalm. Keine Stichwortverbindungen binden es in den übrigen Psalm ein. Das Taube-Wüsten-Bild ist gewissermaßen dissoziiert.

Dissoziation bedeutet, dass die Gefühle abgespalten und der Körper vom Ich getrennt wird, um in ausweglosen Situationen körperlicher und seelischer Bedrängnis zwischen dem Ich und einem nicht auszuhaltenden Schmerz eine Grenze zu ziehen. Es ist ein Überlebensversuch, das „verzweifelte Bemühen, das in Auflösung begriffene Ich wiederherzustellen"[14].

Die Beterin stellt sich vor, wie eine Taube in die Wüste zu fliehen, um nicht bis in die letzte Tiefe des Ichs zerstört zu werden. Was dem Körper der Frau nicht möglich ist, nämlich der Gewalt eine Grenze zu setzen und sie zu beenden, versucht das Ich, indem es das Bild der in die Wüste fliehenden Taube entwirft. Mit Hilfe dieses Bildes gelingt es dem Ich, die alles überwältigende Gewalterfahrung zu überstehen, ohne sich zu verlieren.[15]

Die Dissoziation des Taubenbildes jedoch ist nicht einfach ein Verdrängen des Schreckens. In diesen Versen wird auf der poetischen Ebene ein neues Sprachbild entworfen, ein Sprachbild, das einen Ort nennt, von dem aus ein Sprechen trotz Ohnmacht möglich ist, um der Gewalt zu widersprechen.

Es ist ein Sprechen, das instabile Bedeutungen ausnutzt. Das Bild der Taube hat Stellvertreterinnenfunktion und steht für Orientierungshilfe. Die Taube ist verbunden mit Klage und Not, sie ist Opfertier und Siegesbotin, und wird in Verbindung mit Flüchtlingen, Liebenden und Göttinnen gesehen.[16]

In Ps 55 ist es vor allem die Bedeutung der Taube als Stellvertreterin in der Not, die aktualisiert wird, die Bedeutungsaspekte Botin, Orientierung, Klage und Flucht sind damit aber keinesfalls ausgeblendet. Das Sprachbild der Taube verweist also nie auf nur eine Bedeutung.

Davon ausgehend, dass Diskurse ihre Wirkmächtigkeit v.a. dadurch zu stabilisieren suchen, dass sie auf einer Eindeutigkeit der Bedeutung beharren, wird durch das Taubenbild ein feiner Riss sichtbar. Die Taube lässt sich nicht festlegen, und darin beginnt ein Widerstand gegen die Eindeutigkeit zu sprechen.

Die Taube wird zudem im Alten Testament oftmals mit Flucht verbunden.[17] Beim Propheten Jeremia steht das Taubenbild für Flüchtlinge, die aus einer Stadt, die von Zerstörung bedroht oder schon zerstört ist, fliehen (Jer 48,28; Jer. 4,23ff.; Jer 9,9ff.). Das Land ist von Menschen verlassen, die Vögel sind entflogen, die Städte verbrannt und verwüstet, das Land ist zur Einöde, zur Wüste geworden.

Wenn aber eroberte und zerstörte Städte der negativ und tödlich qualifizierten Wüste gleichen, warum flieht und fliegt die Taube in Ps 55 gerade in die Wüste – gewissermaßen aus einem unbewohnbaren Ort zu einem anderen unbewohnbaren Ort?

Der Diskurs, der Vergewaltigung im Zusammenhang mit dem Bild der eroberten und zerstörten Stadt zur Sprache bringt, ist ein militärisch dominierter, der dazu tendiert, die Gewalt zu legitimieren. In der Taubenpassage aber wird dieser Diskurs unterbrochen, indem eine instabile Bedeutungen „ausgenutzt" werden.

In der biblischen Tradition ist das Wort „Wüste" nicht nur negativ konnotiert. Wüste/midbar kann auch das „Übergangsgelände zwischen Saatland und Wildnis"[18] bezeichnen. Insbesondere die Exodustradition kennt die heilvolle Bedeutung der Wüste.[19] In Ps 107 kommt dies pointiert zur Sprache:

V 4 *Sie irrten umher in der Wüste*
und in der Einöde (tl»'fiYo ÈYoA),
einen Weg zu einer wohnlichen Stadt fanden sie nicht.
V 5 *Sie waren hungrig und auch durstend,*
ihre Kehle in ihnen verschmachtet.
V 6 *Sie schrien zu GOTT in ihrer Bedrängnis,*
aus ihrer Bedrängnis entriss er sie.
V 7 *und ließ sie treten auf einen geraden Weg,*
um zu gehen in eine wohnliche Stadt.

Die Wüste hat also nicht nur eine tödliche Potenz, in ihr liegt ebenso die Möglichkeit der Rettung zum Leben. Insofern kann die Wüste auch ein Zufluchtsort sein.[20] Im Raum der Wüste geht es um das Überleben. Auf der einen Seite Gefährdung des Lebens, Zerstörung, Verwüstung, auf der anderen Seite Rettung in der Wüste, Heimkehr und Heilung, dazwischen gewissermaßen die Klage, der Schrei zu GOTT.

Diese Struktur prägt das Wüstenbild in Ps 55. Die Taube flieht aus der verwüsteten Stadt in die Wüste in der Hoffnung, zu überleben. Die Gefährdung bleibt, aber es entsteht die Hoffnung, dass Leben möglich ist. Die Taube, die Noah in der Wasserwüste ausschickt, kehrt mit einem Ölbaumzweig zurück mit der Botschaft, dass zwar die Wüste noch ist, aber die Wüste nicht alles ist.

Das Sprachbild der in die Wüste fliehenden Taube kann als Bruchstelle verstanden werden, weil zwei Worte gewählt werden, deren Bedeutungen vielschichtig sind und gegenteilige Konnotationen hervorrufen können. Die Taube flieht aus der Verwüstung der eroberten Stadt in die Wüste, in der GOTT das Schreien hört und zu einer bewohnbaren Stadt führt.

Die Verbindung von Wüste und Taube vermag den Bedeutungsraum der Wüste in lebensrettender Weise zu füllen.[21] Mitten in der Ver-wüstung findet die Beterin im Wüsten-Tauben-Bild einen Ort, der ein Überleben möglich erscheinen lässt.

Diese Überlegungen lassen auch Ps 55,10 verstehen, wo es heißt:

Verwirre, mein Herr, spalte ihre Zunge.

Die Sprache des Täters, wie sie in V 22 charakterisiert ist, soll in ihrer Wirkmächtigkeit unterbrochen werden. V 22 lautet:

Glatter als Butter schmeichelt sein Mund, aber Streit liegt ihm am Herzen.
Weicher als Öl fließen seine Worte, aber sie sind Dolche (gezückte Schwerter).

Die Konstruktion der Wirklichkeit durch die Täter wird entlarvt als Verschleierung der Gewaltverhältnisse.

Der Diskurs, der die Bedeutungen im Sinne derer festlegt, die über die Definitionsmacht verfügen, soll verwirrt und gespalten werden. Die

Mächtigkeit des Gewaltdiskurses wird erkannt, gegen den die Stimme der angegriffenen Beterin immer in der Gefahr ist, ungehört zu verhallen. Dagegen nimmt sich im literarischen Raum der Klagepsalmen die Beterin das Recht zu sprechen – ohne Unterbrechung und aus ihrer Perspektive.

Was also fiktiv und dissoziierend als Gegendiskurs im Tauben-Wüsten-Bild ausgedrückt wird, soll von GOTT durchgesetzt werden, und dies, bevor die Beterin ihre Gewalterfahrung im militärischen Diskurs der Eroberung und Zerstörung einer Stadt ausspricht. *Verwirre, spalte ihre Zunge* steht genau zwischen dem Wüsten-Tauben-Bild und der Topografie der Gewalt im Bild der eroberten Stadt. Damit wird dieser Diskurs in gewissem Sinne relativiert, indem GOTT aufgefordert wird, die Sprach- und Gewaltmacht der Täter zu zerstören und der Stimme der Beterin Raum und Gehör zu schaffen.

7. Von der Möglichkeit einer Gegensprache oder mit doppelter Stimme sprechen

Um ihre Erfahrung von Gewalt zu verbalisieren, greift die Beterin auf die Bildersprache der Klagepsalmen zurück. Wo die Sprache verstummt ist oder niemand das Schreien hört, bietet der Psalm eine Möglichkeit zu sprechen. Das Ich, das sich als Objekt sexueller Gewalt erfahren hat, kann sich im Sprachraum des Psalms erneut verorten, um wieder Subjekt zu werden. In Ps 55 ist eine Bewegung zu sehen, die mit dem verzweifelten Aufschrei beginnt und ihr Ziel in V 24 *Ich aber, ich vertraue auf dich* findet.

Gehen wir davon aus, dass Subjektivität über Sprache gestaltet wird, ist dies von großer Bedeutung. „Die Subjektivität eines Individuums wird jedes Mal, wenn es spricht, in der Sprache konstituiert."[22] – so Chris Weedon. Je nachdem in welchem Diskurs eine sich verortet, werden Erfahrungen gedeutet.

Die in Ps 55 zur Sprache gebrachte Bedrängnis kann, so haben wir gesehen, über das Bild der eroberten und zerstörten Stadt als literarische Repräsentation von Vergewaltigung gelesen werden. Diesem Diskurs, der sexuelle Gewalt zwar benennt, aber dazu tendiert, diese zu legitimieren, wird ein Diskurs entgegengestellt, der die Instabilität von Bedeutungen gebraucht, um sie zu verändern. Die Taube flieht aus der verwüsteten Stadt in eine Wüste, die positiv konnotiert wird und Rettung imaginiert.

Doch beide Weisen über die Gewalt zu sprechen sind miteinander verflochten. Während im dissoziierten Tauben-Wüsten-Bild das literarische Ich sich in eine Identifikation hineinspricht – *hätte ich Flügel gleich der Taube* – formuliert sich dasselbe Ich im Bild der eroberten Stadt in einer gewissen Distanz – *ich sehe Gewalt und Streit in der Stadt*. Die Distanz der Dissoziation scheint auch im Stadtbild präsent.

Doch das literarisches Ich und die eroberte Stadt werden ineinander geschoben. Sexuelle Gewalt wird in einem Diskurs zur Sprache gebracht, der Vergewaltigung und Eroberung einer Stadt in eindeutiger Weise zusammenbindet. Gleichzeitig geschieht dies in einem Diskurs, der gerade gegen eindeutige Zuweisungen instabile Bedeutungen eröffnet, um gegen die Eindeutigkeit der auswegslosen Gewalt anzusprechen.

Zwischen dem radikalen Benennen der Totalität der Gewalt im androzentrisch geprägten Bild der eroberten Stadt und einer Gegensprache, wie sie sich im Wüsten-Tauben-Bild andeutet, liegt ein unüberwindbarer Widerspruch, der jedoch im Psalm als Spannung im Sprechen selbst formuliert ist. Um überhaupt zu sprechen zu können, muss das literarische Ich mit doppelter Stimme sprechen, mit der androzentrischen Stimme des militärischen Diskurses und mit der Stimme der Taube, die Überleben thematisiert. Doch – und dies muss betont werden, es kommt allein darauf an, wer spricht – „who is speaking may be all that matters".[23]

Es ist ein Unterschied, ob Betroffene so reden oder ob es in einer Außenperspektive geschieht. Von dort aus, wo es ums Überleben geht, spricht die angegriffene Beterin gegen die Bedränger an. Es ist ein Ort am Rand der Sprache, am Rand der Gesellschaft, am Rand des Vergessens.

Um die Totalität der Gewalt auszusprechen und gleichzeitig dagegen anzusprechen, spricht die angegriffene Beterin mit doppelter Stimme.[24]

Sie gebraucht gewissermaßen das Bild der verwüsteten Stadt, um die Sprache der Gewalt und die Gewalt selbst zu einem Ende zu bringen.

Die totale Topografie der Gewalt im Munde der Täter dagegen würde die Taube endgültig in das Satzgefüge des Irrealis verscheuchen und verbannen. Die Flucht der Taube bliebe dann im Kreislauf der Gewalt gefangen.

Doch als Stimme einer Frau, als F voice steht die Flucht der Taube in die Wüste als Gegenbewegung hin zu einer Sprache, die ein Ende der Gewalt einklagt und dem Schweigen, in dem die Opfer sexueller Gewalt noch immer verschwinden, ins Wort fällt, klagend und anklagend.

Die Klage bietet einen Ort, an dem der Schrecken ins Wort finden kann in der Gewissheit, dass die Texte der Klage solidarisch sind und keine andere Stimme die Stimme der Opfer und Überlebenden verdrängt oder übertönt. Die Texte der Klage sind immer auf der Seite der Angegriffenen, auch auf der Seite der Opfer und Überlebenden sexueller Gewalt.

Zwar ist die Bedrängnis und die Gewalt, von der der Psalm spricht, historisch nicht rekonstruierbar, sowie auch keine Autorin im Sinne einer historischen Person festgestellt werden kann. Durch eine intertextuelle Lektüre jedoch kann der Psalm als Stimme einer Frau, die sexuelle Gewalt erfahren hat, gelesen werden. Die Topografie der Gewalt im Bild der eroberten und verwüsteten Stadt kann als literarische Repräsentation von Vergewaltigung verstanden werden.

Klagepsalmen sind Widerstandstexte gegen das Schweigen, den Schrecken und die Gewalt, indem sie als literarische Kommunikationsmuster der Klage und der Anklage denen ihre Stimme leihen, die die Gewalt an den Rand der Sprache gebracht hat. Gegen die dominante Sprachmacht der Gewalttäter nehmen die Angegriffenen sich das Recht zu sprechen und dem über sie verhängten Schweigen ins Wort zu fallen.

Der Klagepsalm Ps 55 erhebt mitten in den Gewaltverhältnissen gegen die Gewalt seine Stimme, allerdings eine doppelte Stimme. Als F voice, als Stimme einer Frau jedoch könnte der Psalm eine Gegensprache andeuten, eine Sprache im Namen der Taube, die Überleben ermöglicht, gleichwohl sie noch mit doppelter Stimme spricht, denn – so Ingeborg Bachmann – „dies bleibt doch: sich anstrengen müssen mit der schlechten Sprache, die wir vorfinden, auf diese eine Sprache hin, die noch nie regiert hat, die aber unsere Ahnung regiert und die wir nachahmen."[25]

Anmerkungen

[1] Doris Janshen: *Gewaltverhältnisse oder: Für die Freiheit menschlicher Lösungen.* In: Komitee für Grundrechte und Demokratie (Hrsg.): *Gewaltverhältnisse. Eine Streitschrift für die Kampagne gegen sexuelle Gewalt.* Sensbachtal, 4. Aufl., 1989, S. 5-21, hier: S. 6.

[2] Eine ausführliche Interpretation von Ps 55 siehe Ulrike Bail: *Gegen das Schweigen klagen. Eine intertextuelle Studie zu den Klagepsalmen Ps 6 und Ps 55 und der Erzählung von der Vergewaltigung Tamars.* Gütersloh 1998, S. 160-212.

[3] Übersetzung durch die Verfasserin.

[4] Athalya Brenner / Fokkelien van Dijk Hemmes: *On Gendering Texts. Female and Male Voices in the Hebrew Bible.* Leiden/New York 1993.

[5] Brenner/van Dijk Hemmes (s. Anm. 4) gehen davon aus, dass die biblischen Texte ausschließlich, zumindest fast ausschließlich, von Männern und für Männer geschrieben worden seien. Texte von Frauen seien, wenn überhaupt, darin eingebettet und durch editorische und redaktionelle Aktivitäten von Männern geformt und eingerahmt. Nicht nur von daher sei es ein äußerst spekulatives Verfahren, Autoren und Autorinnen historisch zu identifizieren, auch der anonyme Charakter der biblischen Schriften, die zudem vor langer Zeit verfasst wurden, verunmöglicht diese Suche.

[6] In der Regel wird diese Situation als spätnachexilisch benannt. Da es aber um den hermeneutischen Aspekt der Überschriften geht, wird auf Datierungsfragen nicht ausführlicher eingegangen.

[7] Eine ausführliche Darstellung siehe Bail 1998, a.a.O. (Anm. 2), S. 98-113.

[8] Donna Nolan Fewell (Hrsg.): *Reading Between Texts. Intertextuality and the Hebrew Bible.* Louisville, Kentucky 1992, S. 12.

[9] Vgl. Gisela Ecker: *Zum Wi(e)derlesen: Intertextualität und das Programm einer anderen Literaturgeschichte.* In: dies.: *Differenzen. Essays zu Weiblichkeit und Kultur.* Dülmen/Hiddingsel 1994, S. 77-98.

[10] Vgl. Bail 1998, a.a.O. (Anm. 2), S. 197ff.

[11] Auch aus heutiger Perspektive ist diese Analogie auffällig. Die Topografie der Nähe ist bei den meisten Vergewaltigungen zu finden. Etwa die Hälfte aller Vergewaltigungen wird von Männern verübt, die die Frau schon vor der Tat kennt. Zwei Drittel der Vergewaltigungen

finden nicht im Freien, sondern im Haus statt. Dies zeigt, um mit Feldmann zu sprechen, dass „dem Opfer die größten Gefahren durch bekannte Täter in einer vertrauten Umgebung drohen". Vgl. Harald Feldmann: *Vergewaltigung und ihre psychischen Folgen* (= Forum der Psychiatrie. Neue Folge 33). Stuttgart 1992, S. 17; Bail 1998, a.a.O. (Anm. 2), S. 171ff.

[12] Silvia Schroer: *Die Samuelbücher* (Neuer Stuttgarter Kommentar Altes Testament 7). Stuttgart 1992, S. 172.

[13] Pamela Gordon/Harold C. Washington: *Rape as a Military Metaphor in the Hebrew Bible*. In: Athalya Brenner (Hrsg.): *A Feminist Companion to the Latter Prophets* (The Feminist companion to the Bible 8). Sheffield 1995, S. 308-325, hier: S. 323 („Rape as a military metaphor is masculinist language: it formulates and promotes an unchallenged masculine authority that sanctions both violent acts and the mayhem of warfare.")

[14] Ursula Wirtz: *Seelenmord. Inzest und Therapie*. Stuttgart 1989, S. 147. Feldmann 1992, a.a.O. (Anm. 11), S. 52f.

[15] Die Kraft, in der Situation absoluter Ohnmacht neue Bilder zu sprechen und neue Räume zu entwerfen, korrespondiert mit dem *Ich aber* am Ende des Psalms. Was in V 7-9 nur angedeutet wird, nämlich einen Zufluchtsort zu finden, gewinnt durch das korrespondierende *Ich aber* Gewissheit: Gott steht auf der Seite der Beterin, die mit dem Psalm ihre Erfahrung der Vergewaltigung zur Sprache bringt.

[16] Ausführlich zur Taube siehe Bail 1998, a.a.O. (Anm. 2), S. 207-212. Siehe auch Umberto Eco: *Die Insel des vorigen Tages*. Roman. München 1995, S. 348-357. Eco bringt exkursartig die verschiedensten Deutungen der Taube, wobei er auch Ps 55 erwähnt.

[17] Vgl. auch Nah 2,8. Zum Vergleich von Vögeln mit Flüchtlingen siehe Jes 16,2; Prov 27,8; Jer 4,25; 9,9; Jer 9,1.

[18] S. Talmon: Art. *Ë–"fi*. ThWAT IV (1984), S. 659f., 677.

[19] Vgl. z.B. Dtn 2,7; 32; Ps 78; Ps105; Ps 106. Auch die sogenannte Fundtradition spricht von einer positiven Bedeutung der Wüste, vgl. Dtn 32,10; Hos 9,10. Vgl. auch die Erwähnung der Wüstenwanderung in den Psalmen als einer Zeit der Hilfe Gottes so z.B. in Ps 68,8; Ps 78,15.19f.52; Ps 136,16. So auch Hos 2,16f; Hos 9,10; Hos 13,5f; Jer 2,2.6.

[20] Vgl. z.B. Ex 13,21; Ex 14,22; Ex 16,1ff; Num 10,12; Dtn 1,19.31; Dtn 2,17; Dtn 8,2.15f; Dtn 11,5; Dtn 29,4; Dtn 32,10; Jos 14,10; Jes 43,19; Jer 2,3; 31,2; Hos 9,10; 13,5; Ps 78,52; Ps 106,9; Ps 107,4ff; Ps 136,16; u.ö. Das Motiv der Wüste kann auf vergleichbare Erfahrungen übertragen werden. Sie »symbolisiert die Passage von einem negativen Pol - Knechtschaft, Exil - zu dem positiven - verheißenen Land«, so Talmon 1984, a.a.O. (Anm. 18), S. 686. Auch die Wüstengeschichten einzelner Menschen spiegeln dies wider. So flieht Hagar in die Wüste und bekommt dort eine Verheißung, wie sie sonst nur den Erzvätern zukommt (Gen 16); auch der Prophet Elia flieht erschöpft und voll Todesangst in die Wüste, wo ein Bote GOTTes ihn findet und stärkt.

[21] Eine weitere Verknüpfung von Taube und Wüste wird in dem Motiv der ›Liebe-in-der-midbar‹ (vgl. Talmon 1984, a.a.O. [Anm. 18], S. 691f.) sichtbar. In Cant 3,6; Cant 8,5 kommt die Geliebte aus der Wüste, in Cant 2,14; Cant 5,2.12; Cant 6,9 wird die Taube mit ihr identifiziert. Auch in Hos 2,16ff.; Jer 2,2; 31,2ff. geht es um ein Liebesverhältnis in der Wüste.

[22] Chris Weedon: *Wissen und Erfahrung. Feministische Praxis und poststrukturalistische Theorie*. Zürich, 2. Aufl. 1991, S. 115. Siehe auch Ruth Seifert: *Entwicklungslinien und Probleme der feministischen Theoriebildung. Warum an der Rationalität kein Weg vorbei führt*. In: Gudrun-Axeli Knapp / Angelika Wetterer (Hrsg.): *Traditionen Brüche. Entwicklungen feministischer Theorie*. Freiburg (Breisgau) 1992, S. 255-285.

[23] Lynn A. Higgins / Brenda R. Silver: *Introduction: Rereading Rape*. In: Lynn A. Higgins / Brenda R. Silver (Hrsg.): *Rape and Representation*. New York 1991, S. 1-11, 1. Vgl. auch Erich Zenger: *Ein Gott der Rache? Feindpsalmen verstehen*. Freiburg/Basel/Wien 1994, S. 162.

²⁴ Vgl. Brenner/van Dijk Hemmes 1993, a.a.O. (Anm. 4), S. 27ff. Auch in der gegenwärtigen feministischen Literaturwissenschaft wird dieser Aspekt diskutiert. Sigrid Weigel thematisiert die „Doppelexistenz von Frauen" in ihrem Aufsatz *Der schielende Blick* (Sigrid Weigel: *Der schielende Blick. Thesen zur Geschichte weiblicher Schreibpraxis*. In: Inge Stephan / Sigrid Weigel (Hrsg.): *Die verborgene Frau. Sechs Beiträge zu einer feministischen Literaturwissenschaft* (Literatur im historischen Prozess. Neue Folge 6). Berlin, 2. Aufl. 1988, S. 83-137). Sie geht davon aus, dass Frauen in der männlichen Ordnung zugleich beteiligt und ausgegrenzt seien. Dadurch sehen Frauen, wenn sie sich selbst sehen, immer auch „durch die Brille des Mannes" (ebd., S. 85). Zwischen Blickverweigerung und Identifizierung mit dem männlichen Blick entwickelt Weigel den Begriff des schielenden Blickes, der Frauen fähig mache zu überleben, indem sie „sich mit einem (bebrillten) Auge im Alltag zurecht zu finden, um in dem anderen (freien) Auge ihre Träume und Wünsche zu entwerfen" (ebd., S. 130). Die These vom schielenden Blick antwortet auch auf die Tatsache, dass der Konflikt der Doppelexistenz und der doppelten Sprache wie des doppelten Blicks noch nicht zu lösen ist. Frauen müssen, um zu überleben, in der durch die androzentrische Ordnung geprägten Sprache sprechen.

²⁵ Ingeborg Bachmann: *Literatur als Utopie*. In: dies.: *Werke, Bd. 4*. Hrsg. v. Christine Kuschel. München 1994, S. 255-271, hier: S. 270.

ANNEDORE PRENGEL

Interpretationen der Geschlechterverhältnisse
Folgen für die pädagogische Forschung und Praxis

Über Geschlechterverhältnisse wissen wir *nicht unmittelbar* Bescheid, sondern sie sind uns nur auf dem Weg *über Interpretationen* zugänglich. Das gilt für alle Erkenntnisgegenstände grundsätzlich, denn immer ist Welt real, aber Welterfassung interpretativ (Lenk 1993). In den von der neuen Frauenbewegung initiierten und bis heute wirksamen wissenschaftlichen, politischen und pädagogischen Auseinandersetzungen um Geschlechterverhältnisse spielen (neben anderen) drei Interpretationsweisen von Weiblichkeit und Männlichkeit eine Rolle: die Auffassungen von Geschlechterdifferenz als „natürlich", als „sozialisiert" und als „konstruiert". In diesem Beitrag möchte ich zunächst einige perspektivitätstheoretische Überlegungen vorstellen, um zu klären, welche Bedeutung der Unterschiedlichkeit von Erkenntnisperspektiven zukommt (I.), im nächsten Schritt werde ich die drei genannten Erklärungsansätze von Geschlechterdifferenz diskutieren (II.) und abschließend Konsequenzen für pädagogische Theorie und Praxis ziehen (III.).

I.

Perspektivitätstheorien können dabei helfen, das Phänomen der Unterschiedlichkeit unserer Wahrnehmung von Erkenntnisgegenständen, das, wenn es um Geschlechterverhältnisse geht, besonders irritiert, im alltäglichen und im wissenschaftlichen Leben besser zu begreifen.

Perspektivitätstheorien belegen, dass kognitive Situationen stets perspektivischer Struktur sind, dass menschliches Erkennen perspektivengebunden ist. In unterschiedlichen historischen Epochen sowie in natur- und geisteswissenschaftlichen Disziplinen finden sich Theoreme der Perspektivität. Dazu gehören so berühmte Ansätze wie Leibniz' *Monadologie* (1994/1720), Nietzsches psychologische Reflexionen (1969/1887) oder Meads Sozialphilosophie (1969). Umfassende systematische Studien zur Geschichte, Philosophie und Psychologie der Perspektivität legten Carl F. Graumann (1960), Elisabeth Zeil-Fahlbusch (1983) und Gert König (1989) vor. Perspektivitätstheorien haben dabei meines Erachtens den Vorteil, dass sie in den Diskussionen um die Bedeutung der Beobachtenden oder des Beobachtungsgegenstandes im Erkenntnisprozess Polarisierungen auflösen und eine Balance mit Aufmerksamkeit für den Einfluss verschiedener Seiten offen halten. Im Folgenden möchte ich einige ausgewählte Strukturelemente von Perspektivität vorstellen, die helfen können, Erkenntnismöglichkeiten und -grenzen der zu befragenden Ansätze zu erfassen.[1]

Wir nehmen jeweils völlig verschiedenes wahr, je nachdem in welcher *Größendimension* unsere Wahrnehmung angesiedelt ist. So können, um ein eindrucksvolles naturwissenschaftliches Beispiel zu wählen, Forschungen auf der kleinsten derzeit wahrnehmbaren Mikro-Ebene der Elementarteilchen oder auf der größten derzeit wahrnehmbaren Makro-Ebene der Galaxien oder auf einer aus der Fülle der dazwischen liegenden Größendimensionen angesiedelt sein. Sozialwissenschaftliche Untersuchungen, auch zum Geschlechterverhältnis, können in qualitativ-empirischen Fallstudien die Mikroebene interpersoneller Interaktionen oder in groß angelegten quantitativ-empirischen Untersuchungen die Makroebene globaler Bevölkerungsentwicklungen und Migrationsdynamiken erfassen.

Innerhalb einer Größendimension kommen die unterschiedlichsten *Ausschnitte* zur Ansicht. Leibniz verdeutlichte 1720 im berühmten 57. Paragrafen seiner *Monadologie*, „dass ein und dieselbe Stadt von verschiedenen Seiten betrachtet immer wieder anders und gleichsam perspektivisch vervielfältigt erscheint". Standort und Blickrichtung bedingen die *Hinsicht* auf den Gegenstand und konstituieren die in dieser Hinsicht mögliche Ansicht, während zugleich andere Ansichten verdeckt sind.

Unsere Blicke, die wir forschend auf Weltausschnitte richten, prägen im Ausschnitt ein *Betontheitsrelief*, denn sie sind nicht neutral im Sinne einer Tabula rasa. Unser eigener Zustand, bedingt durch die große Fülle an vorangehenden Erfahrungen, Voraussetzungen, Bedürfnissen, Konventionen und bewussten und unbewussten erkenntnisleitenden Interessen lässt einige Momente im wahrgenommenen Ausschnitt als Erhabene in den Vordergrund, andere sich verflachend in den Hintergrund treten. Da unsere Wahrnehmungsweisen vorgeformt sind, geben sie ihrerseits dem Wahrgenommenen Form. Ohne durch das Betontheitsrelief unserer Deutungsmuster und erkenntnisleitenden Interessen zu interpretieren, können wir nicht erkennen.

Die Strukturmomente einzelner Perspektiven wurden bisher nur statisch beschrieben. Hinzu kommt aber: sie sind von *Dynamik* bestimmt. Schon wenn wir nur unsere Augen rollen, unseren Kopf drehen, nehmen wir neue Weltausschnitte wahr. Indem die erkennenden Subjekte sich bewegen, verändern sie ihre Standorte und bekommen damit unaufhörlich gleitend andere Weltausschnitte in ihr Blickfeld.

Carl F. Graumann sagt: „Alles, was wir anblicken begrenzt unseren Blick [...]. Der Einzelanblick, auf den angewiesen wir gerichtet sind, erweist sich als prinzipiell ungenügend, er verweist auf weiteres zu Erblickendes" (1960, S. 178). Weil wir also nie alles sehen können – das wäre die Vorstellung einer Gottesperspektive, denn nur Gottes Auge sähe alles – haben wir stets Grund zur Neugierde und lebensweltliches und wissenschaftliches Erkennen kommen nie an ein Ende, immer neue Perspektiven können sich auftun und unseren Wissensdurst wecken. Elisabeth Zeil-Fahlbusch hat in ihrer philosophisch-perspektivitätstheoretischen Studie (1983) auf die Ambivalenz zwischen Zentrierung und Dezentrierung hingewiesen: Eine Spannung entsteht zwischen dem zentrierenden Erschließen *einer* Erkenntnisperspektive, die sich *von einem* bestimmten Standpunkt aus eröffnet einerseits und der Dynamik der dezentrierenden Grenzüberschreitung *hin zu immer neuen* Perspektiven andererseits. (Bei der Entwicklung und Darstellung wissenschaftlicher Vorhaben geht es übrigens darum, *bewusst* Untersuchungsausschnitte einzugrenzen und Fragestellungen und Deutungsmuster zu wählen. Im Interesse einer intersubjektiven Überprüfung in der Scientific Community kommt es darauf an, die gewählte Perspektive präzise zu beschreiben.)

Mein Fazit aus der Auseinandersetzung mit perspektivitätstheoretischen Erkenntnissen lautet: Wissenschaftliche Aussagen, auch in der Frauen- und Geschlechterforschung, sind perspektivengebunden. Es gibt nicht die eine richtige und die andere falsche Sicht auf das Geschlechterverhältnis, sondern verschiedene Perspektiven ermöglichen verschiedene Deutungen der Welt der Geschlechter. Jeder Ansatz erfasst Ausschnitte, nimmt einiges in den Blick und anderes nicht, und die Art der Fragestellungen und Deutungsmuster ermöglicht die Gestalt der Forschungsergebnisse.

II.

Geschlechterverhältnisse sind verschieden interpretiert worden, sie wurden unter anderem als „natürlich", als „sozialisiert" oder auch als „konstruiert" konzipiert.

Als das begründende Paradigma der neuen Frauenbewegung lässt sich die Sozialisationstheorie bezeichnen. Der Feminismus legitimiert seine Politik der Geschlechterdemokratie mit der sozialisationstheoretischen Erkenntnis, dass Mädchen und Jungen im Sozialisationsprozess die empirisch vorfindlichen unterschiedlichen Gefühls-, Verhaltens- und Denkweisen erwerben. Feministinnen wählen damit eine Erkenntnis- und Handlungsperspektive, die ihren persönlichen Lebenswünschen und ihren politischen Absichten Argumente zu liefern vermag. Das Erkenntnisinteresse richtet sich auf solche Ausschnitte der Welt der Geschlechter, die *veränderlich* sind. Durch das Betontheitsrelief des feministischen Blicks kommen jene Phänomene des gewählten Weltausschnitts in den Vordergrund, die sichtbar machen, wie Frauen unterdrückt und entwertet werden, welche gesellschaftlich bedeutsamen Werte Frauen schaffen und wie Frauen die Geschlechterhierarchie überwinden und zu einem selbstbestimmten Leben finden können. Dabei kann der Blick auf unterschiedliche Größendimensionen und Weltausschnitte, also sowohl auf die Mikroebenen einzelner Biografien und persönlicher Interaktionen, als auch auf die gesellschaftliche Makroebene allgemeiner Strukturen, als auch auf die chronologische Ebene historischer Entwicklungsprozesse eingestellt werden.

Da das zentrale Erkenntnisinteresse von Feministinnen die Befreiung aus der schmerzlichen und ungerechten Unterdrückungssituation ist, sind sie die erklärten Gegnerinnen „biologistischer" Denkweisen. Aussagesysteme, die eine „natürliche" *Über*ordnung des Mannes und eine „natürliche" *Unter*ordnung der Frau postulierten, waren äußerst einflussreich, verbreitet und langlebig (Hausen 1978, Honegger 1991). Diese hierarchischen Vorstellungen werden aus feministischer Sicht bekämpft, weil sie, indem sie von einer „natürlich" festgelegten Wesensbestimmung ausgingen, Veränderbarkeit ausschlossen und damit die Demokratisierung der Geschlechterverhältnisse undenkbar machten. Die gleiche ontologisierend-biologistische Denkstruktur begründete ebenso wie die Geschlechterhierarchie auch andere Formen sozioökonomischer, soziokultureller, rassistischer und behindertenfeindlicher Ausbeutung, Ausgrenzung und Diskriminierung (vgl. zusammenfassend Prengel 1995). Die Perspektive der Sozialisationstheorien in all ihren Variationen (vgl. Hurrelmann/Ulich 1991) ist für die von der Frauenbewegung aber auch von anderen sozialen Bewegungen inspirierten Forschungs- und Handlungskonzepte so attraktiv, weil sie Hoffnung auf demokratische Innovationen zulassen.

Das Interpretationskonstrukt von Geschlechterverhältnissen als durch Sozialisation bedingt ist in der inzwischen 30-jährigen Geschichte feministischer erziehungswissenschaftlicher Forschung und pädagogischer Praxis für zahlreiche theoretische und empirische Studien und konkrete Projekte im Feld bestimmend. Wir wissen inzwischen viel über die subtilen Einflüsse, durch die im alltäglichen Prozess des Aufwachsens Kinder von Geburt an zu Mädchen und Jungen gemacht werden und wie *diese gesellschaftlichen Einwirkungen auf die Subjekte* in allen Lebensphasen fortdauern (vgl. zum Beispiel Brück u.a. 1992, Horstkemper/Zimmermann 1998) – darin liegt die große Erkenntnisleistung des Sozialisationskonzepts.

Dem Sozialisationskonzept wurde vorgeworfen, es fokussiere zu sehr auf die Zurichtung der Subjekte durch gesellschaftliche Strukturen und negiere deren Aktivität (Bilden 1991). Der Vorwurf ist aber allenfalls punktuell berechtigt, da der Sozialisationsprozess als Wechselverhältnis zwischen Individuum und Umfeld gefasst wird und die *produktive* Aneignung von Realität einschließt (vgl. Hurrelmann/Ulich 1991; im Hinblick auf

Geschlechtersozialisation vgl. Heinzel/Prengel 1998, Horstkemper/Zimmermann 1998). Neuere Studien, deren Forschungsperspektive sich auf die Aktionen der Kinder richtet, können zeigen, wie im Sozialisationsprozess Mädchen und Jungen sich selbst in ihrer Geschlechtszugehörigkeit aktiv handelnd entwerfen (Krappmann/Oswald 1995, Breidenstein/Kelle 1998, Oswald 2000). Es lässt sich also sagen, dass aus sozialisationstheoretischer Sicht auch *Wissen über die Konstruktionsleistungen der Subjekte* den Erkenntnisstand über Geschlechterverhältnisse bereichert.

Zwei andere Perspektiven haben in den letzten Jahren von ganz verschiedenen Standpunkten und Gesichtspunkten her Irritationen im feministischen sozialisationsorientierten Diskurs über Geschlechterverhältnisse ausgelöst, es handelt sich um die Perspektive der Kritik der Zweigeschlechtlichkeit und um die evolutionstheoretische Perspektive.

Die Perspektive der *Kritik der Zweigeschlechtlichkeit* führt feministisch-sozialisationstheoretische Erkenntnisse weiter. Aus dieser Sichtweise wird, vereinfachend zusammengefasst, auf folgende Aspekte fokussiert: Der untersuchte Weltausschnitt umfasst die Konstruktionen der Subjekte und deckt auf, wie sie Zweigeschlechtlichkeit in ihren alltäglich regelhaft gelebten Praxen herstellen, aber auch wie sie sie – wenn auch seltener – durchkreuzen und Geschlechterzugehörigkeit vervielfältigen. Das Betontheitsrelief dieser Perspektive lässt in den Vordergrund treten, dass in der sozialen Ordnung der Geschlechter „Weiblichkeit" mit Untergeordnetheit einhergeht. Frauenbefreiung soll ermöglicht werden durch Aufhebung des Frauseins. Diese soll erreicht werden durch Abschaffung der Struktur der Zweigeschlechtlichkeit und der Vervielfältigung der Geschlechter hin zu so vielen Geschlechtern wie es Individuen gibt, hin zu *unendlich vielen* Geschlechtern. Da die Menschen Weiblichkeit und Männlichkeit selbst konstruieren, können sie, dem Prinzip des „undoing gender" entsprechend, auch aufhören dies zu tun (vgl. Gildemeister/Wetterer 1992, Butler 1991). Diese Ansätze haben eine innerfeministische Debatte ausgelöst. Während die Frauengeneration der – inzwischen schon nicht mehr neuen – neuen Frauenbewegung ihr Profil über das betonte Herausstellen des Frauseins gewann, setzen jüngere Frauen, die sich für Frauenpolitik und Frauenforschung interessieren häufig tendenziell eher auf die Auflösung der Geschlechterdifferenz und das spielerische Überschreiten der Geschlechtergrenzen.

Aus perspektivitätstheoretischer Sicht lassen sich – stichpunktartig – einige klärende Überlegungen zu diesen Auseinandersetzungen anstellen:
• Ein zentrales Ziel der Frauenbewegung ist Selbstbestimmung für Frauen. Wenn Frauen die Perspektive der Auflösung von Geschlechtergrenzen wählen, so sind diese Wünsche und die Schritte zu ihrer Verwirklichung im Sinne der Selbstbestimmung legitim.

- Forschungen aus dieser Perspektive sind geeignet, Übergänge zwischen den Geschlechtern, ihre Gemeinsamkeiten und die vielfältigen individuellen Interpretationen von Geschlechterdifferenzen sichtbar zu machen.
- Problematisch werden Aussagen aus dieser Perspektive, wenn sie zur einzig richtigen im Interesse der Frauen erklärt wird, die ihr eigenen Grenzen nicht reflektiert werden und Ansätze von Frauenpolitik und Frauenforschung, die sich nach wie vor auf die Kategorie „Frau" beziehen und sich im Rahmen der Struktur der Zweigeschlechtlichkeit ansiedeln, als hierarchiebildend diskriminiert werden. Denn wenn es denkbar erscheint, dass Zweigeschlechtlichkeit insgesamt aufgelöst wird, warum sollte es dann nicht denkbar sein, die Ineinssetzung von „Frau" mit „unterdrückt sein" aufzulösen?

Die *evolutionstheoretische* Perspektive richtet ihr Augenmerk auf einen völlig anderen Erkenntnisausschnitt: Aus dieser Sicht werden phylogenetische Universalien menschlichen Lebens in der gesamten prähistorisch-historischen Zeitspanne seiner Existenz auf der Erde sowie Gemeinsamkeiten mit Tieren untersucht. Im Betontheitsrelief des stammesgeschichtlichen Blicks zeichnen sich in Jahrmillionen durch den Selektionsprozess genetisch angelegte soziale Verhaltensmuster ab (vgl. Voland 1993, Chasiotis/Voland 1998, Lenz 1999). Nachdem feministisch orientierte Sozialisationstheorie sich gegen die traditionellen, schließlich in nationalsozialistischer Herrenmenschendoktrin gipfelnden Lehren von der Natur der Geschlechterhierarchie wandte, wird sie auf neue Weise mit jetzt soziobiologischen Naturlehren konfrontiert. Was bedeutet es für alle an Geschlechterdemokratie Interessierten, wenn in diesem Denken zum Beispiel Frauenunterdrückung, einschließlich Vergewaltigung, als genetisch begründet gelten (vgl. Sommer 2000)? Folgt daraus, dass das Ziel zivilen gesellschaftlichen Zusammenlebens mit gleichberechtigten Geschlechterbeziehungen neu infrage gestellt wird?

Auch hier lassen sich aus perspektivitätstheoretischer Sicht einige klärende Überlegungen anstellen:
- Die evolutionstheoretische Perspektive kann nicht an die Stelle von soziologischer und psychologischer Perspektive treten, sie fasst vielmehr einen anderen Erkenntnisgegenstand. Darum ist es legitim und bereichernd, die lange Stammesgeschichte der Menschen sowie gemeinsame Strukturen im Sozialverhalten von Menschen und Tieren zu untersuchen; nicht legitim wäre es hingegen, wenn diese Sichtweise ihre spezifischen Grenzen nicht reflektieren, sich als wichtigste oder einzig richtige ausgeben und andere Erkenntnisperspektiven negieren würde.
- Viele der neuen evolutionstheoretischen Aussagen sind nicht mit unaufgeklärtem traditionellem Biologismus gleichzusetzen, denn sie gehen von Veränderlichkeit und großer Variationsbreite menschlichen Verhaltens

aus (vgl. Chasiotis/Voland 1998), während jener *bestimmte* Verhaltensweisen, Gefühls- und Körperzustände als naturgegeben postulierte. Für alle möglichen unterschiedlichen bis hin zu diametral entgegengesetzten Erscheinungen im menschlichen Zusammenleben werden stammesgeschichtliche Erläuterungen bemüht. Darum müssen Forschungsergebnisse aus evolutionsorientierter Perspektive nicht per se emanzipatorisch orientierten Interpretationen der Geschlechterverhältnisse entgegengesetzt sein, vielmehr kann es durchaus interessant sein nach den stammesgeschichtlichen Hintergründen *jedes* menschlichen Verhaltens, unabhängig ob erwünscht oder nicht erwünscht, zu suchen. Aus feministischer Sicht müssen hingegen all jene soziobiologischen Argumentationsweisen zurückgewiesen werden, die geschlechtshierarchische Strukturen für zukunftsweisend erklären, weil man solche in Lebenskontexten von Steinzeitmenschen, Primaten oder gar allen möglichen anderen Tierarten entdeckt habe. Spannend wäre es, wenn man schon von der Annahme ausgeht, dass heutige Sozialstrukturen mit prähistorischen Entwicklungen erklärt werden können, auch aus evolutionärer Perspektive Wurzeln von Gleichheit in der Früh- und Vorgeschichte zu erkunden.

• Aus perspektivitätstheoretischer Sicht ist es unsinnig, zum Beispiel das sozialwissenschaftliche Paradigma durch das evolutionäre Paradigma (oder umgekehrt) ersetzen zu wollen, da jedes Aussagesystem nur auf der Ebene des jeweils gewählten Weltausschnitts überhaupt aussagefähig ist und darum in seinem spezifischen Erkenntnispotenzial genutzt werden sollte. So ist das, was wir in unserem Leben tun und lassen, nicht erklärlich ohne elementare Dispositionen, mit denen wir auf die Welt kommen und nicht ohne soziokulturelle Strukturen, die wir uns konstruierend aneignen und nicht ohne individuelle Lebensläufe, die unverwechselbare und einzigartige Biografien darstellen. Könnte man nicht von der Annahme ausgehen, dass jede Frau und jeder Mann vernichtende *und* liebevolle elementar-universelle phylogenetisch entstandene Bestrebungen – von der Psychoanalyse „Triebe" oder „Lebenswünsche" genannt (vgl. Bauriedl 1994) – in sich hat und dass diese je nach gesellschaftlicher Situation und je nach biografischer Entwicklung völlig verschieden manifest werden? Voraussetzungen für Dominanz, Unterordnung, Konkurrenz, Kooperation, Aggression, Liebe, reziproke Gleichheit könnten sich in jedem Menschen finden, aber nicht jede und jeder lebt sie auf gleiche Weise aus, soziokulturelle Umwelten und biografische Entwicklungen bewirken einen außerordentlich unterschiedlichen Umgang mit ihnen.

• Soziobiologisch begründete Naturbeschreibung ist nicht gleichzusetzen mit ethisch begründeter Naturrechtslehre (Sommer 2000). Die Aufgabe, Ziele und Wege von Frauenpolitik und Geschlechterforschung zu formulieren und zu begründen, stellt sich angesichts der *aktuellen Situation* in unserer Menschheitsgeschichte. Unabhängig davon, ob wir die Ursachen undemokratischer Geschlechterhierarchien aus biografischer, soziologischer oder evolutionärer Perspektive analysieren – an Demokratie interessierte Politik sucht nach Wegen, Gleichberechtigung zu realisieren.

III.

Für die pädagogische Forschung und Praxis gehen Konsequenzen aus der Unterschiedlichkeit der Interpretationen der Geschlechterverhältnisse hervor. In der Frauen- und Geschlechterforschung folgt aus der perspektivischen Verfasstheit unseres Wissens, dass die gewählte Forschungsperspektive präzise beschrieben und begründet werden sollte, damit sie auch später noch überprüfbar ist (Graumann 1960). Forschungsergebnisse sollten nur auf der Ebene als gültig angesehen werden, auf der sie gewonnen wurden, denn es kommt zu falschen Aussagen, wenn man die Ebenen unreflektiert wechselt (Welz 1974). So kann man zum Beispiel auf sozialstruktureller Ebene feststellen, dass Frauen weltweit über weniger Vermögen verfügen, daraus folgt aber keineswegs, dass jede einzelne Frau arm ist und es keine vermögenden Frauen gibt. Umgekehrt darf der Einzelfall einer reichen Frau nicht als Indiz für einen allgemeinen Reichtum des weiblichen Geschlechts gelten. Wenn die Begrenztheit von Einzelperspektiven bewusst bleibt, kann es zu fruchtbaren Perspektiventriangulationen kommen, da die Chance entsteht, über den jeweiligen Tellerrand hinauszublicken, ohne die Potenziale der eigenen gewählten Perspektive aufgeben zu müssen. Nach diesen Überlegungen sind nach wie vor Forschungen dazu, wie Kinder aktiv konstruierend Mädchenwelten und Jungenwelten entwerfen, und Forschungen dazu, wie wir durch gesellschaftliche Verhältnisse in geschlechtstypische Verhaltensweisen gedrängt, ja sogar gezwungen werden, notwendig. Wenn enthnografische Untersuchungen Regelhaftigkeit in den kindlichen Konstruktionen aufdecken, eröffnet sich die Frage, woraus die Kinder die Regeln schöpfen, nach denen sie sich als Mädchen und Jungen im Alltag entwerfen (Breidenstein/Kelle 1998). Finden sich hier Antworten aus soziologischer und aus evolutionstheoretischer Perspektive?

Wie dem auch sei: Je besser wir soziokulturelle und biografische Hintergründe in pädagogischen Situationen analysieren können, um so fundierter lassen sich Handlungsentwürfe entwickeln. Dabei könnte es durchaus auch interessant sein, evolutionstheoretische Forschungsergebnisse zur Kenntnis zu nehmen, da sie möglicherweise erklären können, warum bestimmte gewollte oder ungewollte Verhaltensstrukturen so hartnäckig wiederkehren. Sie sind aber nicht gegen die sozialwissenschaftlichen Perspektiven auszuspielen, sondern mit ihnen zu kombinieren.

Feministisches pädagogisches Handeln orientiert sich zurzeit an verschiedenen Erkenntnisperspektiven. Gemeinsam ist den verschiedenen Ansätzen das Ziel des Abbaus der Geschlechterhierarchie; wie das geschehen könne, darüber gibt es Streit. Während in der feministischen Pädagogik die einen durch „undoing gender" in pädagogischen Einrichtungen primär auf die Entfaltung von Individualität setzen, können die anderen mit kollektiver Gruppenzugehörigkeit der Frauen noch etwas anfangen und favorisieren eine Pädagogik der Geschlechterdemokratie. Neue biologische Perspektiven auf das Geschlechterverhältnis können aus der Sicht feministischer Pädagogik nur interessant sein, wenn sie nicht alte biologistische Vorurteile aufwärmen und auch die Grenzen des vielfach hochspekulativen Erklärungspotenzials von Urgeschichte für Erziehung im 21. Jahrhundert in Erwägung ziehen.

Anmerkung

[1] Vgl. dazu die ausführlichere Darstellung der Bedeutung von Perspektivität für die Analyse schulpädagogischer Ambivalenzen (Prengel 1999) und für die Erkenntnispotenziale verschiedener Forschungsmethoden (Prengel 1997).

Literatur

Bauriedl, Thea (1994): *Auch ohne Couch. Psychoanalyse als Beziehungstheorie und ihre Anwendungen.* Stuttgart

Beck, Ulrich (1997): *Kinder der Freiheit.* Frankfurt a.M.

Bilden, Helga (1991): *Geschlechtsspezifische Sozialisation.* In: Hurrelmann/Ulich 1991, a.a.O., S. 303-317

Breidenstein, Georg / Helga Kelle (1998): *Geschlechteralltag in der Schulklasse.* Weinheim/München

Brück, Brigitte / Heike Kahlert / Marianne Krüll / Helga Milz u. a. (1992): *Feministische Soziologie – Eine Einführung.* Frankfurt a.M.

Butler, Judith (1991): *Das Unbehagen der Geschlechter.* Frankfurt a.M.

Chasiotis, Athanasios / Eckart Voland (1998): *Geschlechtliche Selektion und Individualentwicklung.* In: Heidi Keller (Hrsg.) (1998): *Lehrbuch Entwicklungspsychologie.* Bern, S. 563-595

Fraser, Nancy (1994): *Demokratie und Differenz.* In: Frauenstiftung e.V. (Hrsg.): *Demokratie und Differenz. Feministische Bündnispolitik auf dem Weg zu einer Zivilgesellschaft.* Hamburg

Gildemeister, Regine / Angelika Wetterer (1992): *Wie Geschlechter gemacht werden. Die soziale Konstruktion der Zweigeschlechtlichkeit und ihre Reifizierung in der Frauenforschung.* In: Gudrun-Axeli Knapp / Angelika Wetterer (Hrsg.): *Traditionen Brüche. Entwicklungen feministischer Theorie.* Freiburg, S. 201-254

Graumann, Carl F. (1960): *Grundlagen einer Phänomenologie und Psychologie der Perspektivität.* Berlin

Hausen, Karin (1978): *Die Polarisierung der „Geschlechtscharaktere".* In: Heidi Rosenbaum (Hrsg.): *Seminar Familie und Gesellschaftsstruktur.* Frankfurt a.M.

Heinzel, Friederike / Annedore Prengel (1998): *Gemeinsam Leben und Lernen in der Grundschule.* In: Horstkemper/Zimmermann, a.a.O., S. 83-107

Honegger, Claudia (1991): *Die Ordnung der Geschlechter*. Frankfurt a.M.

Horstkemper, Marianne / Peter Zimmermann (1998): *Zwischen Dramatisierung und Individualisierung - Geschlechtstypische Sozialisation im Kindesalter*. Opladen

Hurrelmann, Klaus / Dieter Ulich (Hrsg.) (1991): *Neues Handbuch der Sozialisationsforschung*. Weinheim/Basel

König, Gert (1989): *Perspektive, Perspektivismus, perspektivisch*. In: Joachim Ritter / Karlfried Gründer (Hrsg.): *Historisches Wörterbuch der Philosophie*. Basel, Spalte 363-375

Krappmann, Lothar / Hans Oswald (1995): *Alltag der Schulkinder. Beobachtungen und Analysen von Interaktionen und Sozialbeziehungen*. Weinheim/München

Leibniz, Gottfried Wilhelm (1994): *Monadologie*. Neu übers. u. eingel. v. Hermann Glockner, Stuttgart (erstmals 1720)

Lenk, Hans (1993): *Interpretationskonstrukte. Zur Kritik der interpretatorischen Vernunft*. Frankfurt a.M.

Lenz, Michael (1999): *Geschlechtssozialisation aus biologischer Sicht. Anlage und Erziehung*. Stuttgart.

Mead, George Herbert (1969): *Philosophie der Sozialität. Aufsätze zur Erkenntnissphilosophie*. Frankfurt a.M.

Nietzsche, Friedrich (1969): *Zur Genealogie der Moral*. In: *Werke III*. Hrsg. v. von Karl Schlechta. Frankfurt a.M. (erstmals 1887)

Oswald, Hans (2000): *Geleitwort*. In: Friedrike Heinzel (Hrsg.): *Methoden der Kindheitsforschung. Ein Überblick über Forschungszugänge zur kindlichen Perspektive*. Weinheim/München, S. 9-15

Prengel, Annedore (1995): *Pädagogik der Vielfalt. Verschiedenheit und Gleichberechtigung in Interkultureller, Feministischer und Integrativer Erziehung*. Opladen

Prengel, Annedore (1997): *Perspektivität anerkennen - Zur Bedeutung von Praxisforschung für Erziehung und Erziehungswissenschaft*. In: Barbara Friebertshäuser / Annedore Prengel (Hrsg.): *Handbuch Qualitative Forschungsmethoden in der Erziehungswissenschaft*. Opladen, S. 599-627

Sommer, Volker (2000): *Mauer im Gutmenschenkopf. Der Soziobiologe Volker Sommer über die Vergewaltigung als Fortpflanzungsstrategie*. In: Der Spiegel, 2000, Nr. 16, vom 17. April 2000, S. 262f.

Tzankoff, Michaela (1995): *Interaktionstheorie, Geschlecht und Schule*. Opladen

Voland, Eckart (1993): *Grundriß der Sozialbiologie*. Stuttgart/Jena

Welz, Rainer (1974): *Probleme der Mehrebenanalyse*. In: Soziale Welt, 1974, Heft 2, S. 169-185

Zeil-Fahlbusch, Elisabeth (1983): *Perspektivität und Dezentrierung, Philosophische Überlegungen zur genetischen Erkenntnistheorie Jean Piagets*. Würzburg

Andrea Günter

Postfeminismus, das Ende des Patriarchats und frauenbewegte Politik

Postfeminismus und das Ende des Patriarchat

Erst vor kurzem, in der Mitte der 90 Jahre, wurde der Postfeminismus ausgerufen. Etwa gleichzeitig, nämlich 1996, schrieben die Frauen des Mailänder Frauenbuchladens eine Flugschrift mit dem Titel *Das Patriarchat ist zu Ende. Es ist passiert – nicht aus Zufall*.[1] Beide Aussagen erregen die Gemüter von Feministinnen gleichermaßen, stellen sie doch den Sinn und die Notwendigkeit des Feminismus in Frage. Nur, worauf reagieren beide Aussagen? Was lässt sich heute an gesellschaftlichen Veränderungen wahrnehmen, die die einen dazu veranlasst, vom Postfeminismus, und die anderen, vom Ende des Patriarchats zu sprechen? Und: sagen beide dasselbe? Folgt daraus dasselbe?

Während die Rede vom Postfeminismus tatsächlich ein Ereignis der 90er Jahre ist, so gilt dies für die vom Ende des Patriarchats jedoch nicht. Die Rede vom Ende der Patriarchats ist in der neuen europäischen Frauenbewegung seit ihren Anfängen gegenwärtig. Ich zitiere hierzu Gabriele Dietze, die das Vorwort zu dem Band *Die Überwindung der Sprachlosigkeit*, einer der ersten deutschen Sammelbänden mit frauenbewegten Texten von 1979, mit folgendem Satz beginnt: „Wird es so etwas wie ein Ende des Patriarchats geben, wie es ein Ende der Steinzeit gegeben hat? Leben wir im Zeitalter des Spätpatriarchats wie ein Vergleich mit dem euphemistischen Begriff Spätkapitalismus nahe legt? Fast ist es nicht zu denken, so ehern – vielgestaltig und doch immer gleich – scheint die patriarchale Herrschaft zu sein. Dass der Koloss auf tönernen Füßen steht, ist eine hoffnungsvolle, aber unbewiesene Behauptung. Immerhin, wenn es möglich ist, das Ende von etwas zu denken, kann auch der Anfang von etwas Neuem in den Blick genommen werden."[2]

Die neue Frauenbewegung hatte von Anfang an die Vorstellung ausgebildet, dass mit ihrem Erscheinen das Ende des Patriarchats eingeläutet ist. Dabei kann frau sich, wie bei Dietze, die Frage stellen, wie, auf welche Weise es zu Ende geht. Denkt frau dabei in geschichtlichen Zusammenhängen, dann muss sie sich zugleich fragen, an welchen Zeichen und Phänomenen unserer Zeit wir das Ende des Patriarchats erkennen können.

Meines Erachtens reicht die Frage nach dem Wie des Endes des Patriarchats allerdings nicht aus. Vielleicht ist sie sogar irreführend, weil sie von etwas wichtigem Anderen ablenkt. Dies zeigt sich darin, mit wieviel

Empörung nun einige die Rede vom Ende des Patriarchats kritisieren und mit wieviel Energie all die Phänomene herangezogen und aufgezählt werden, die gegen ein solches Ende sprechen: die zunehmende oder zumindest nicht abnehmende Gewalt gegen Frauen und Mädchen, die zunehmende Armut von Frauen, das unbezwingbare Fehlen von Frauen in Führungspositionen und an den Schaltstellen der Macht usw. Bei dieser Aufzählung handelt es sich um die Erscheinungsformen des Patriarchats, wie wir sie in den 70er Jahren benannt haben. Neue Erscheinungsformen gehen hierbei leicht unter, so dass sich einerseits bewahrheitet, dass sich kaum etwas verändert hat und das Patriarchat ewig zu existieren scheint, andererseits die Fehler der feministischen Analyse und Standpunkte der 70er Jahre einfach tradiert werden. Außerdem: Kaum eine zählt mit dem gleichen Enthusiasmus die Zeichen auf, die für das Ende des Patriarchats sprechen.[3]

Der logische Denkfehler, der hierbei sichtbar wird, scheint mir im gewählten Ausgangspunkt zu liegen. Also darin, dass beispielsweise Dietze davon ausgeht, der Anfang von etwas Neuem lasse sich erst dann in den Blick nehmen, wenn wir das Ende von etwas denken, wenn wir es gar konstatieren können. So, als ob es im Leben einer Person oder in der Geschichte der Menschen immer dann einen eindeutig feststellbaren Einschnitt gäbe, an dem etwas zu Ende gegangen ist und das andere klar und unverkennbar beginnt. Das ist nur selten der Fall, oft finden sich fließende, manchmal kaum merkliche Übergänge, so auch von der Steinzeit in die nachfolgende Epoche. Terminierungsversuche sind oft nur nachträglich und auch dann nur in Form von Thesen möglich. Dies gilt auch für das Tätigwerden einer einzelnen Frau, die zu einem bestimmten Zeitpunkt beginnen kann, etwas neu zu sehen und zu beurteilen, nach und nach andere Verhaltensweisen auszubilden und infolge ihr Leben, die Beziehung zu ihren Mitmenschen und auch selbst ihr Wollen zu verändern. Dazu kann durchaus ein einziger Anstoß ausreichen. Ein neuer Maßstab erlaubt, alles in einem anderen Licht zu sehen. Aber unterschiedlichste Bedingungen, Bewegungen, Reaktionen und Initiativen werden Einfluss auf ihr Tun nehmen, so dass von heute auf morgen nicht einfach alles anders sein wird.

Das, was sich vor allem von jetzt auf nachher in einem Schritt verändern lässt, ist das Denken: Eine neue Erkenntnis, eine neue Erfahrung, ein neuer Maßstab kann die ganze Welt in einem anderen Licht erscheinen lassen, für immer. Eine Revolution im Denken – im Symbolischen, wie es die Mailänderinnen nennen – kann durchaus Ursprung, Anlass und Prinzip von grundlegenden materiellen, gesellschaftlichen Veränderungen sein. Simone Weil geht sogar davon aus, dass alle sozialen Revolutionen unwissentlich ihrem Wesen nach symbolischer Natur sind.[4]

Bei dieser Art von Veränderung muss nicht etwas grundsätzlich Neues in die Welt oder in unser Leben treten, etwas, das zuvor noch nicht da war.

Es handelt sich nicht um einen radikalen Bruch mit dem schon Bestehenden. Wenn wir beginnen, etwas in einem neuen Licht zu betrachten, dann ist dieses immer schon da. Was sich zunächst hauptsächlich ändert, ist, welche Bedeutung es für uns heute annimmt, und manchmal, ob etwas überhaupt Bedeutung noch für uns hat. So können wir in verschiedenen Lebensphasen die Erlebnisse unserer Kindheit und das, was unsere Mutter getan hat, unterschiedlich beurteilen. Oder wir können dies unterschiedlich beurteilen, weil wir verstanden haben, wie der patriarchalische Mutterhass funktioniert, eine Erkenntnis, die uns dazu herausfordert, die Beziehung zur Mutter neu zu verstehen. Unsere Mutter der Vergangenheit verändert sich dadurch nicht, aber die Beziehung zu ihr heute.

Politik, Gebürtigkeit und der neue Anfang

Es ist also möglich, Initiativen zu starten, etwas Neues zu beginnen, unabhängig davon, das etwas Altes beendet worden ist. Dafür steht bei Hannah Arendt das Prinzip der Gebürtigkeit, das besagt, dass der Neuankömmling in der Welt das Prinzip des Anfangens verkörpert, insofern er durch Geburt in die Welt eintritt und beginnt, seine Fäden ins Bezugsgewebe der menschlichen Angelegenheiten zu schlagen.[5] Dies ist ein Anfang, der nicht ein Ende voraussetzt, etwa den Tod einer anderen Person, die den Platz für einen neuen Menschen räumt.

Ebenso kann nach dem Tod das, was ein Mensch ins Leben gerufen hat, weiter wirken. Für das Alte bleibt offen, was mit ihm geschieht, und das ist durchaus gut so. Es wird auf unterschiedliche Weise weiterwirken: Einzelnes wird fortgesetzt, manchmal sogar bewusst aufgegriffen, dabei womöglich verändert, anderes verabschiedet, es kann als Folie zur Abgrenzung dienen, als Feindbild, im Einzelfall aber auch rehabilitiert werden. – Das Denken im Freund-Feind-Bild ist ein alter Fehler des politischen Denkens, in dem die Herkunft von Politik im Leben der Menschen damit erklärt wird, dass es Menschen gibt, die sich feindlich gegenüberstehen. Dieser Politikdefinition liegt ein dualistisches Denken zu Grunde, in dem „gut" und „böse" eindeutig zuordenbar zu sein scheinen[6] und das gleichzeitig nach der Ganz-und-Gar- sowie der Alles-oder-Nichts-Logik funktioniert: Das Patriarchat beherrscht alles ganz und gar. Die Grenzen seiner Macht zu behaupten, hieße dann zu behaupten, dass es nicht existiert hätte. Und da das Patriarchat unser Feind und eindeutig „böse" ist, dürfen wir davon nichts übernehmen oder gar für gut befinden.[7] – Ein anderes Politikverständnis muss zu einem anderen Verständnis des Patriarchats führen, das beinhaltet, dass das Patriarchat nicht Verursacher allen Leidens in der ganzen Welt ist und andere Wege des politischen Selbstverständnisses eröffnen.

Die Frage nach dem Ende des Patriarchats muss dabei dringend um die nach dem Anfang ersetzt werden. Was hat angefangen? Was hat die neue

Frauenbewegung in die Welt gebracht? Ist es sinnvoll? Ist es stark? Was sind die Zeichen, die für den Neuanfang sprechen? Sind die neuen und alten Zeichen des Übels in der Welt automatisch Folge des Patriarchats, oder gibt es neue Ursachen, zum Beispiel feministische? Hat etwa die zunehmende Jugendkriminalität oder die sich häufenden Kindstötungen durch Mütter und Väter Ende der 90er Jahre mit dem Wiedererstarken des Patriarchats oder aber mit den problematischen Seiten des feministischen Denkens zu tun? Für das letztere spricht, dass Ursache für die Kindstötungen heute in Deutschland nicht mehr die Angst vor Schande einer unehelichen Schwangerschaft und vor der daraus folgenden sozialen Ächtung ist – das war der patriarchale Grund für Kindstötungen –, sondern mehr und mehr die Unwissenheit darüber, was es heißt, ein Kind zu haben, es zu pflegen, zu nähren, zu beruhigen, aufzuziehen, ein Wissen, das das Patriarchat schätzt und pflegte.[8] Das heißt, dass der Feminismus an diesem Punkt erfolgreich war, dass auf ihn gehört wurde, was die Beurteilung der „unehelichen" Schwangerschaft durch die Gesellschaft betrifft. Allerdings handelt es sich beim abnehmenden Wissen über die mütterliche soziale Kompetenz aber auch um eine Folge der Abwertung und Vernichtung der mütterlichen Tätigkeiten in den letzten 30 Jahren, zu der der Feminismus wesentlich beigetragen hat.

An diesem Beispiel zeigt sich, dass die Rede vom Ende des Patriarchats nicht identisch ist mit der vom Postfeminismus. Denn es scheint, dass bei beiden etwas jeweils anderes zu Ende geht, einmal das Patriarchat und einmal der Feminismus. Dabei beinhaltet das Letztere nicht notwendigerweise, dass der Feminismus sich selbst überflüssig gemacht hat, weil das Patriarchat zu Ende gegangen und damit zugleich der Feminismus gegenstandslos geworden ist, sondern es könnte auch beinhalten, dass der Feminismus keine adäquate Initiative dafür ist, an die Stelle des Patriarchats etwas sinnvolles Anderes zu setzen.

Das heißt auch, dass es andere Initiativen als den Feminismus braucht, damit das Patriarchat an seinem Ende durch etwas Taugliches und Annehmbares ersetzt wird. Er hat durchaus neues Leiden hervorgebracht und altes, das wir dem Patriarchat verdanken, verschärft. Feministinnen können darüber hinaus als patriarchatsgläubig verdächtig werden. Zum Beispiel dann, wenn Feministinnen Aussagen von Männern über Frauen glauben und sich nicht anschauen, was Frauen tatsächlich tun. Wenn Literaturwissenschaftlerinnen in Männertexten etwa lesen, Frauen hätten keine Dramen geschrieben, dies in ihren eigenen Schriften wiederholen und nicht überprüfen, ob dies stimmt. Hier wird oft nicht unterschieden, ob es sich bei Aussagen über Frauen um Spekulationen, Projektionen, Verschleierungstaktiken oder um Aussagen über die Realität, ob es sich um männliche Appelle und Aufforderungen an Frauen zu bestimmten

Verhaltensweisen oder um Beschreibungen des tatsächlichen Tätigwerdens von Frauen in der Welt handelt. Wenn wir nun in die Geschichte zurückschauen, dann stellen wir fest, dass Frauen zu allen Zeiten gesprochen und sich zu allen Zeiten maßgeblich zu den Themen ihrer Zeit geäußert haben. Dass Frauen sprachlos waren, was der Titel *Die Überwindung der Sprachlosigkeit* des genannten Sammelbandes von Dietze nahe legt, stimmt also nicht, sondern reproduziert feministischerseits ein patriarchalisches Klischee über Frauen. Zugleich heißt es, dass wir es bei der allgemein etablierten Unkenntnis von Frauenworten mit einem anderen Problem zu tun haben. Als frauenpolitisches Problem stellt sich heraus, dass Frauen und Männer auf die Worte von Frauen nicht gehört und diese nicht tradiert haben: dass es keine weibliche Autorität gab.[9]

Oder aber dann erweist sich der Feminismus als patriarchatsgläubig, wenn Kulturwissenschaftlerinnen das, was Männer als das Weibliche von sich selbst abgespalten haben, untersuchen und als neuen gesellschaftlichen Wert verkünden, und infolge mit ihrer ganzen Kraft und Intelligenz damit beschäftigt sind, den Männern ihr Imaginäres und ihr Begehren zurückzuerstatten. Damit erfüllen sie die Funktion der Tochter im bürgerlichen Patriarchat, die dem Vater als Austragungsort seiner Konflikte diente.

Die Versuchung des Neutrums scheint mir jedoch die größte Falle zu sein, in der der Feminismus getreten ist. So im ständigen Nachweis, dass Frauen alles genauso gut können wie Männer, oder anders gesagt, über dieselben vernünftigen Kräfte verfügen wie diese. Diese Vernunft aber, in der es darum geht, formale Fähigkeiten zu erlernen, ist neutral. Vernunft macht regelrecht neutral, denn sie selbst ist der Ort der Neutralisierung, der Objektivierung. Das heißt, dass der Feminismus an vielen Stellen auf Strategien setzt, die den bürgerlichen patriarchalischen Ideen folgen, und dies, obgleich er diese kritisiert.

Erst die Klärung dessen, ob etwas Neues angefangen hat, erlaubt im komplexen Gang der Dinge eine wirkliche Veränderung festzuhalten, das Ende also, das schon irgendwie geschehen ist. Genau daher war es der Frauenbewegung auch von Anfang an möglich, das eigene Erscheinen als Ausdruck des Endes von etwas anzusagen. In diesem – Arendtschen – Sinne des Anfangens liegt der Anfang nämlich in der Initiative selbst. Diese Seite des Anfangens scheint mir auch der einzig legitime und sinnvolle Grund zu sein, warum wir so große Erwartungen an das Tätigwerden von Frauen haben und unsere Hoffnungen in sie setzen, wenn es um die Gestaltung der Welt geht. Diese Erwartungen und Hoffnungen lassen sich nicht auf ein wie auch immer geartetes weibliches Wesen oder ein besseres Menschsein der Frauen zurückführen, sondern darauf, dass Frauen etwas anfangen, die Initiative ergreifen, politisch tätig werden. Es ist das

Anfangen im Hier und Jetzt, mittendrin, dort, wo eine Frau immer schon ist – zur Welt gekommen ist –, das sie anfangen lässt, ohne dass etwas zu Ende sein muss. Dazu zählt unabdingbar, folgen wir wiederum Arendt, dass Frauen sich aktiv von anderen unterscheiden und in Verschiedenheit miteinander tätig werden. Die Frauenbewegung scheint daher doppelt das Anfangen zu verkörpern. Einmal weil sie selbst ein Anfangen ist, und dann, weil es Frauen sind, die durchaus Unterschiedliches anfangen, aber so, dass es um einen neuen Sinn des gemeinsamen Frauseins und der Geschlechterdifferenz in der Welt, dass es um die weibliche Freiheit geht. Die Potenz des frauenbewegten Anfangens, das das Anfangen einer Frau in Zusammenhang mit anderen Frauen in Verschiedenheit ist, ist die Revolution, die die Frauenbewegung in die Welt gebracht hat.[10]

Die Politik der Frauenbewegung in diesem Sinne als frauenbewegtes Anfangen zu verstehen, führt übrigens nicht dazu, dass nach dem Ende des Patriarchats frauenbewegte Politik überflüssig wäre. Damit unterscheidet sich frauenbewegte Politik von einer bestimmten Lesart der Rede vom Postfeminismus, die durchaus beinhalten kann, dass es mit der Überwindung des Patriarchats keinen Feminismus mehr braucht, weil dieser die Reaktion auf jenes ist, sich beide demnach gegenseitig bedingen und definieren, also auch gleichzeitig in der Geschichte der Menschen erscheinen und verschwinden.[11] Hier muss zwischen dem feministischen Bewusstsein als Gegenbewegung gegen das Patriarchat und der Liebe der Frauen zur Freiheit unterschieden werden, die sich nicht über den Widerstand gegen das Patriarchat definiert. Frauenbewegte Politik ist demnach auch nach dem Ende des Patriarchats notwendig. Denn auch danach werden Frauen sich aktiv von anderen Frauen und Männern und folglich von dem, was ist, unterscheiden (wollen), das heißt, sie werden Initiative ergreifen, anfangen.

Patriarchat und Politik

Auffällig ist, dass heute, in den 90 Jahren, in feministischen Kreisen verhältnismäßig nur noch selten vom Patriarchat gesprochen wird. Es scheint eine Kategorie zu sein, auf die wir uns selbst kaum mehr beziehen, beziehen wollen und vielleicht auch beziehen können. Vermutlich hängt das damit zusammen, dass wir es zeitweise mit einer Inflation dieses Begriffes zu tun hatten: Alles, was einer Frau nicht passte, konnte zu Blütezeiten der Rede vom Patriarchat „patriarchal" genannt werden, einmal dies, einmal das, und dann auch wieder das genaue Gegenteil davon. Dadurch ist die Kategorie „Patriarchat" unscharf geworden und hat seine analytische, aber auch seine politische Kraft verloren. Zugleich haben wir die feministischen Theoreme der 70er Jahre, zu denen die Rede vom Patriarchat gehört, irgendwie überwunden oder zumindest andere „Modelle" ergänzt, so dass die alten Definitionen des „Patriarchats" nicht mehr als adäquat erscheinen, und nur selten nach passenden neuen Definitionen gesucht. Wenn wir nun aber vom Ende des Patriarchats und vom Anfang von etwas Neuem sprechen wollen, dann können wir das nur, wenn wir eine einigermaßen klare Vorstellung davon haben, was wir unter „Patriarchat" verstehen, und worum es geht, wenn wir etwas Neues suchen und finden, erfinden, wieder finden wollen. Im Folgenden möchte ich darum drei verschiedene Begriffsebenen von „Patriarchat" durchspielen.

1. Die Wortbildung „Patriarchat" bringt eine Herrschaftsform zum Ausdruck. Leitmodell, nach dem die gesellschaftlichen Beziehungen geregelt werden, ist die Beziehung zwischen Männern als Väter ebenso wie die zwischen Vater und Sohn als Tradierer des Väterlichen bzw. als zukünftigem Vater. Patriarchat impliziert, dass Männer in allen als wichtig erachteten gesellschaftlichen Bereichen eine beherrschende Macht ausüben, die der Erhaltung der väterlichen Macht dient, und dass den Frauen der Zugang zu diesen Machtpositionen verwehrt ist. Dies betrifft zunächst die gesellschaftliche Regelung des Zusammenlebens: das Recht, die Ökonomie, der Zugang zu Institutionen.[12]

In dieser Patriarchatsdefinition werden gesellschaftliche Positionen definiert, wobei das männliche und das weibliche Subjekt in unterschiedlichen Bereichen angesiedelt werden, die als Gegensatz definiert sein können. Die feministische Strategie beläuft sich auf einen wechselseitigen Austausch der bisherigen Stellenverteilung, auf einer Aneignung der „männlichen" Stellen und Aufgaben durch Frauen und der Zuweisung der „weiblichen" Stellen und Aufgaben an Männer.

2. Der Vater und dessen symbolische Bedeutsamkeit kann zum Ausgangs- und Orientierungspunkt für das ganze Leben werden, das Politik, Pädagogik, Psychologie, Medizin, Kultur usw. umfasst. Das Patriarchat beruht also auf einem bestimmen Vermittlungs- und Tauschsystem, dessen Gesetze, dessen Wege, dessen Maßstäbe und dessen Tauschwert durch das Väterliche normiert sind. Das Väterliche wird damit zu einer Art Ursprung und Ziel, das in die Bedeutungsbildung einfließt und diese prägt. Hierbei kommt die Bedeutung von „Patriarchat" zum Tragen, in der „archein" den Anfang, die Ursache und das daraus resultierende Prinzip benennt: den Vater und sein Gesetz.

Die Kulturwissenschaftlerin Friedericke Hassauer-Roos kann daher sagen, dass das Patriarchat auf einem Ensemble bestimmter Sinnbildungsprozesse beruht.[13] Die Mailänderinnen sprechen gleichermaßen davon, dass das Patriarchat ein Glaubenssystem ist. Es ist überwunden, weil wir nicht mehr daran glauben.[14]

Das Patriarchat als ein bestimmtes Sinnbildungssystem aufzufassen, beinhaltet die Orientierung des Sprechens am Vater – der Eintritt in die

Sprache und Gesellschaft wird über den Vater vermittelt, dazu braucht das Kind den Vater (Freud/Lacan) - und damit auch die Art und Weise des Sprechens. Die väterliche Ordnung des Sprechens wiederum beruht auf der Unterordnung von Gefühlen und Erfahrungen unter Rationalität und Objektivität, von Lust unter Pflicht und von Liebe unter Gesetz/Vertrag, von der Partialität unter die Abstraktion, ebenso auf der Unterordnung von Sich-selbst-Sagen und nicht unbedingt Verstandenwerden unter das Primat der Verstehbarkeit und Kommunizierbarkeit. So wird eine Kultur männlich, wenn die Art und Weise, die im Akt der Vermittlung vorherrscht, vorzugsweise mit Mann-Sein und männlicher Autorität identifiziert wird.[15]

3. Hierbei wird die kommunikationspolitische Seite des Patriarchats sichtbar. Damit ist gemeint, dass wir im Patriarchat lernen, das, was andere sagen - die Worte oder das Urteil des Vaters -, über das zu stellen, was wir selbst denken.[16] Es handelt sich also um das Problem, wie wir die Worte und die Beziehungen zueinander anordnen und miteinander vermitteln. Das Patriarchat hat dabei wesentlich auf dualistische Positionen des Sprechens und Denkens gesetzt, die hierarchisiert werden, wobei die untergeordnete Seite abgewertet, als zu überwinden dargestellt oder aber ausgeschlossen und negiert wird.

Was nun sind heutige Zeichen und Verfahren dafür, dass es den Anfang von etwas Neuem gibt?

ad 1. Wenn nun heute durch die Änderungen im bürgerlichen Gesetzbuch der Vater - oder der Ehemann - nicht mehr als Machthaber einer Frau auftreten darf, wenn Frauen selbst über Eigentum verfügen (dürfen) und wenn mehr und mehr Frauen an Schaltstellen der Macht sitzen, dann ist das Patriarchat überwunden. Zumindest auf der Ebene, auf der es um die öffentliche Definition von Positionen und Verfügungsgewalt einer Gesellschaft geht.

Zu dieser Ebene lassen sich ferner viele Phänomene von „erspartem Leid" aufzählen, so vor allem das zunehmende eigene Verfügen von Frauen über ihren Körper und ihre Gebärfähigkeit oder die zunehmende öffentliche Anerkennung von traditioneller Frauen-Haus-Kinder-Fürsorge-Arbeit. Ebenso zählt die Klage der Männer über den Verfall der Werte, die ihre, also männliche Werte sind, zu den Zeichen, die den Untergang der patriarchalischen Definitionsmacht bezeugen.[17]

Neuralgischer Punkt scheint dabei die frauenbewegte Frage nach dem Vater zu sein. Also von frauenbewegter Seite aus danach zu fragen, wer der Vater eigentlich ist und welche Position wir ihm geben (können). Diese Frage ist ein unhintergehbares Zeichen dafür, dass das Patriarchat zu Ende geht.[18] Sie ist allerdings davon zu unterscheiden, dass wir ganz schnell nach dem Vater fragen, wenn es um die Lösung praktischer Probleme im

Leben von Frauen, um die Freiheit von Müttern sowie um die richtige Erziehung der Kinder geht. Hier kommt die alte Abhängigkeit der Definition der Mutterschaft über die Vaterschaft, aber auch die Idealisierung des Vaters zum Ausdruck, der in der an väterlicher Autorität orientierten Pädagogik der Aufklärung und in der mutterfeindlichen Psychoanalyse als Lösung der Probleme mit der Mutter erscheint. So ist die Rede von der vaterlosen Gesellschaft mutterfeindlich, eine unverschämte Abwertung des mütterlichen Werks.

Gleichzeitig aber ist es kein Zufall, dass wir heute ständig nach dem Vater fragen. Denn es ist das Grundproblem des Väterlichen, dass nicht sicher ist, was der Vater ist. Während es der Welt – den anderen – immer klar ist, wer die Mutter eines Kindes ist, dann ist es das beim Vater – zumindest vor Zeiten der Gentechnologie – nie. Und die Unsicherheit darüber, wer der Vater ist, überträgt sich auf das Was, darauf, welches seine Position in der Welt ist.

Wer der Vater ist, das kann nur die Mutter bezeugen, und manchmal weiß auch sie es nicht. So haben die Männer dafür gesorgt, die Vaterschaft zu sichern, indem sie die Kontrolle über die weibliche Gebärfähigkeit zu erlangen suchten und dazu einen unglaublichen sekundären Apparat institutionalisiert haben, der von der Moral bis zum Recht reicht. Darauf basierte wesentlich das Patriarchat, und dass wir Frauen diese Versicherungs- und Kontrollsysteme zurückweisen, zeigt, dass das Patriarchat zu Ende ist, und dass heißt, dass wir die Männer, uns selbst und letztlich die Welt mit der Unsicherheit der Vaterschaft und den damit verbundenen sekundären Erscheinungen konfrontieren. Die technologische Reproduktion der menschlichen Gattung wiederum entspricht dabei dem Väterlichen, denn es bedeutet, die Welt des organischen Ursprungs vom Zur-Welt-Kommen zu berauben, und das heißt, es zum Ergebnis eines sekundären, weil allein weltimmanenten, durch das Äußere bewirkte Geschehens zu machen – eine bessere Ausdrucksweise finde ich gegenwärtig noch nicht dafür. Wenn wir die Freiheit der Frauen ernst nehmen und die Gebürtigkeit nicht auf ein sekundäres, „künstliches" Geschehen reduzieren wollen, dann wird kein Weg daran vorbei führen, die Frage der Vaterschaft offen zu lassen.[19]

ad. 2 Die Veränderung von Sinnbildungsprozessen und Glaubenssätzen liegt in der Art und Weise begründet, wie die Dinge neuartig kombiniert werden, „das heißt, in ihrem Sinn. Es gibt neue Kombinationen, die der gegebenen Realität jeglichen Sinn nehmen und sie verändern, indem sie sie untergehen lassen."[20] Diese Veränderung besteht weder in einem Bruch noch in einem anderen Gewaltakt, sondern „die ganze Gewalt besteht darin, dass den in der gegebenen Realität einzig gültigen Kombinationen neue Kombinationen entgegengestellt werden."[21] Im Unterschied zum väterlichen Dualismus beruht die mütterliche Ordnung der Sinnbildung darauf, dass durch Austauschen und Verhandeln versucht wird, Übereinkommen zu stiften, ohne auch nur irgend etwas auszuschließen oder zu hierarchisieren. Hiermit lässt sich „patriarchalische" Autorität von „mütterlicher" Autorität unterscheiden, denn patriarchalische Autorität lebt davon, Dinge auszuschließen, z.B. Vorentscheidungen zu treffen, Richtlinien, Verträge und Gesetze festzulegen, Selbstbilder zu entwickeln, die als unumstößlich gelten. Mütterliche Autorität wiederum beruht auf einem „Übereinkommen ohne jeden Ausschluss."[22]

ad 3. Zu dieser Neukombination zählt auch die der menschlichen Beziehungen, insbesondere die von der Beziehung zur Mutter, von Frauenbeziehungen und der Beziehung von Frauen zur Welt. Es handelt sich um „die neue Kombination freier Beziehungen unter Frauen mittels Worten und Gesten des täglichen Lebens, durch ein Wiederzusammensetzen der spezifischen Bedürfnisse."[23]

Der dazu notwendige offene Austausch ist offen für alle und alles, „denn seine Existenz hängt von der Vervielfachung von Beziehungen" zwischen den Menschen, aber auch zwischen den Menschen und den Dingen ab.[24]

Frauenbewegte Politik

Die Mailänderinnen gehen in ihrer Flugschrift davon aus, dass Politik auf immer wieder neu zu machenden Vermittlungen zwischen der einen und der anderen Frau, zwischen dem Persönlichem und dem Allgemeinen beruht. Das Allgemeine ist demnach Vermittlung. Austauschen und Verhandeln sind die Grundtätigkeiten einer Politik, die immer wieder Übereinkommen zu stiften versucht, ohne dabei etwas auszuschließen.

Damit verfechten die Mailänderinnen ein durchweg demokratisches Konzept der Politik, das auf freier Willensäußerung beruht, wozu unabdingbar zählt, dass keine und keiner bzw. nichts ausgeschlossen wird. So heißt moderne Demokratie, etwa auch nach Brunkhorst, dass es in allen lebenswichtigen Fragen Dissens, Konflikt und folglich immer wieder Veränderungsbedarf gibt.[25]

Zum Ethos der Politik wird es dabei, die Chance zu erhöhen, Konflikte offen zu halten, weil Freiheit entsteht, wenn es Raum dafür gibt, etwas Neues zu erfinden, Perspektiven zu eröffnen und nicht mehr notwendige Verbindlichkeiten zu lösen.[26] Vor diesem Hintergrund haben die Mailänderinnen die politische Praxis der Beziehung unter Frauen entwickelt, in der die Konflikte in Erscheinung treten und verhandelt werden können. Um das vorherrschende Spiel zu verändern, braucht eine Frau die Worte und Gedanken von anderen, muss sich dem Austausch mit den anderen öffnen, „weil die Worte eine vollständige Bedeutung nur von und mit den Worten von anderen erhalten können."[27]

Postfeminismus, Ende des Patriarchats, frauenbewegte Politik 159

Es handelt sich also um eine Praxis, in der der Konflikt im Vordergrund steht, die Hoffnung auf ein frauenbewegtes, harmonisches Paradies auf Erden ist verabschiedet. Konfliktvermeidung hat ausgedient, „denn wer Autorität übernimmt, übernimmt auch den Konflikt."[28] Autorität benennt dabei „das Werk der Vermittlung, nicht die besänftigende, sondern die objektivierende und beziehungsstiftende Vermittlung."[29]

Konflikte, aber auch Unterschiede und Differenzen in dieser Beziehungspraxis bedeuten „keine Trennung, wenn man zur Vermittlung bereit ist. Mit einer Vermittlung gibt es keine Barriere zwischen dem Einen und dem Anderen, die den Austausch, das Wissen, die Liebe aufhalten kann."[30]

Scheitern kann die Praxis der Beziehung allerdings daran, dass bei Vermittlungsversuchen eine Seite meint, die eigene Identität verteidigen zu müssen.[31] Der Verhandlungsspielraum kann sich dann „als zu eng erweisen, wenn Personen sich nicht selbst verändern und von der eigenen Position abrücken können. Das eigene Ich, die Identität, an der wir uns aus Mangel an Freiheit festklammern, nimmt viel Raum in Anspruch – Raum, der der Vermittlung entzogen wird." – „Die Kreisbewegung zwischen politischen Handeln und Selbstveränderung ist das Geheimnis der großen Politik."[32]

Anmerkungen

[1] Libreria delle donne di Milano: *Das Patriarchat ist zu Ende. Es ist passiert – nicht aus Zufall*. Rüsselsheim 1996.

[2] Gabriele Dietze (Hrsg.): *Überwindung der Sprachlosigkeit. Texte aus der neuen Frauenbewegung*. Darmstadt 1979, S. 7.

[3] Vgl. die Diskussion in „Emanzipation" über Muraros Text *Freudensprünge*: Andrea Günter: *Unmöglich, aber wunderbar. Das Ende des Patriarchats als frauenbewegte Errungenschaft*. In: Emanzipation, 1996, Heft 3, S. 15–18; Dorothee Markert: *Über die Bedrohlichkeit befreiender Gedanken*. In: Emanzipation, 1996, Heft 3, S. 19–21; Lisa Schmuckli: *Freudensprünge – oder Kopfsprünge*. In: Emanzipation, 1996, Heft 2, S. 14–16.

[4] Vgl. Libreria delle donne di Milano: *Wie weibliche Freiheit entsteht. Eine neue politische Praxis*. Berlin 1988, S. 142.

[5] Vgl. Hannah Arendt: *Vita activa oder Vom tätigen Leben*. München 1981.

[6] Vgl. Erhard Eppler: *Die Wiederkehr der Politik*. Frankfurt a.M. 1998ff.

[7] Auf die grundsätzliche Fragwürdigkeit der Argumentation, inwiefern frühere Frauen angepasst, patriarchatskritisch oder subversiv waren, weist Janet Todd hin. Sie appelliert daran, zu überlegen, welche Funktionen solche Wertungen von feministischer Seite jeweils erfüllen sollen. Vgl. Janet Todd: *Jane Austen. Politics and Sensibility*. In: Susan Sellers (Hrsg.): *Feminist Criticism. Theory and Practice*. New York/London/Toronto 1991, S. 71.

[8] Vgl. Die Zeit, Nr. 46, vom 11. November 1999.

[9] Vgl. Andrea Günter: *Frauen – Sprache – Autorität. Die Erfahrungen mitteilen, die gelingende Aussage versuchen, die weibliche Leidenschaft für Gott feiern*. In: Zeitschrift für Gottesdienst und Predigt, 1999, Heft 3, S. 7–11.

[10] Vgl. Andrea Günter: *Politische Theorie und sexuelle Differenz. Feministische Praxis und die symbolische Ordnung der Mutter.* Königstein 1998, S. 69-79.

[11] Diesen Zusammenhang lässt die Anlage der Untersuchungen von Gerda Lerner vermuten. Vgl. Gerda Lerner: *Die Entstehung des feministischen Bewußtseins.* Frankfurt a.M. 1993; dies.: *Die Entstehung des Patriarchats.* Frankfurt a.M. 1991.

[12] Lerner 1991, a.a.O. (Anm. 11), S. 294.

[13] Friederike Hassauer-Roos: *Das Weib und die Idee der Menschheit. Zur neueren Geschichte der Diskurse über die Frau.* In: Bernhard Cerquiglini / Hans Ulrich Gumbrecht (Hrsg.): *Der Diskurs der Literatur- und Sprachhistorie.* Frankfurt a.M. 1983, S. 425f.

[14] Vgl. auch Ina Praetorius: *Zum Jahr 2000. Das Ende des Patriarchats.* In: Norbert Sommer (Hrsg.): *Mythos Jahrtausendwechsel. Beiträge aus Wissenschaft, Religion und Gesellschaft.* Berlin 1998, S. 115-118.

[15] Luisa Muraro: *Die symbolische Ordnung der Mutter.* Frankfurt a.M. 1993, S. 148.

[16] Waltraud Gölter: *Zu einigen psychoanalytischen und sozialpsychologischen Aspekten „weiblicher" Kreativität".* In: Henning Krauß / Reinhold Wolff (Hrsg.): *Psychoanalytische Literaturwissenschaft und Literatursoziologie.* Frankfurt a.M./Bern 1980, S. 228-231. Die Frauenbewegung ist damit vor ein Paradox gestellt. Denn einerseits sollen Frauen auf die Worte von anderen Frauen hören und andererseits ein fremdes Urteil nicht über das eigene stellen. Dazu ausführlicher: Günter 1999, a.a.O. (Anm. 9); Günter 1998, a.a.O. (Anm. 10), S. 40-51.

[17] Vgl. Luisa Muraro: *Freudensprünge. Die Zeit der weiblichen Freiheit hat längst begonnen.* In: Emanzipation, 1996, Heft 1, S. 10-12, wiederabgedruckt in: Diotima: *Die Welt zur Welt bringen. Politik, Geschlechterdifferenz und die Arbeit am Symbolischen.* Königstein 1999.

[18] Vgl. Muraro 1993, a.a.O. (Anm. 15), S. 123.

[19] Andrea Günter: *Die weibliche Hoffnung der Welt. Die Bedeutung des Geborenseins und der Sinn der Geschlechterdifferenz.* Gütersloh 2000.

[20] Libreria 1988, a.a.O. (Anm. 4), S. 142.

[21] Ebd.

[22] Libreria 1996, a.a.O. (Anm. 1), S. 42.

[23] Libreria 1988, a.a.O. (Anm. 4), S. 142f.

[24] Libreria 1996, a.a.O. (Anm. 1), S. 42.

[25] Vgl. Hauke Brunkhorst: *Demokratie und Differenz. Vom klassischen zum modernen Begriff des Politischen.* Frankfurt a.M. 1994, S. 92. Zum Verhältnis des Mailänder Ansatzes und Demokratie vgl. Heike Kahlert: *Weibliche Subjektivität. Geschlechterdifferenz und Demokratie in der Diskussion.* Frankfurt a.M. 1996.

[26] Vgl. Lia Cigarini / Maria Marangelli: *Politische Praxis, um Freiheit zu schaffen.* In: Frankfurter Frauenschule (Hrsg.): *Frauen - Arbeit: Entfremdung und Freiheit. Reflexionen aus Italien.* Königstein 1999, S. 20.

[27] Luisa Muraro: *Das Spiel ändern.* In: Frankfurter Frauenschule (Hrsg.): *Frauen - Arbeit: Entfremdung und Freiheit. Reflexionen aus Italien.* Königstein 1999, S. 70.

[28] Libreria 1996, a.a.O. (Anm. 1), S. 55.

[29] Ebd., S. 40.

[30] Ebd., S. 35.

[31] Vgl. ebd., S. 52.

[32] Ebd., S. 55f.

HELGA KUHLMANN

Neue Wirklichkeit?

Zum Modus der Rede und zur Relevanz der ver-rückten Verheißung der Auferstehung des Leibes von den Toten

Die biblischen Schriften und die christlichen Bekenntnisse überliefern die unglaubliche Verheißung, dass Tote, und zwar alle Toten leiblich auferstehen werden. Im Neuen Testament berufen sich die, die dies hoffen, auf die Auferstehung des einen, auf den sie als Messias vertrauen. Einige behaupten, ihm Tage nach seinem Foltertod am Kreuz leibhaftig begegnet zu sein. Die ersten, die verkündeten, dass der Gekreuzigte lebte, waren Frauen, nach Aussage des Markusevangeliums Maria aus Magdala, Maria, die Mutter des Jakobus, und Salome. Sie waren ihm nicht begegnet, auch ihnen war erzählt worden, er gehe ihnen voraus nach Galiläa. Obwohl sie sich fürchteten, gaben sie dies weiter, allerdings ohne dass ihnen jemand glaubte. Vom jüdischen christusgläubigen Theologen Paulus wird die Auferstehung dieses einen als Pfand, als Anzahlung dafür verstanden, dass alle auferstehen werden.[1]

Neben dem Glauben an den Auferstandenen und an die Auferstehung aller bzw. vieler von den Toten, der seit der Alten Kirche in die christlichen Glaubensbekenntnisse aufgenommen wurde, wird der derzeit durch den Göttinger Theologen Gerd Lüdemann wieder populär gewordene Verdacht, die Auferstehung sei erfunden, bereits biblisch überliefert.

Vieles spricht für ihn. Niemand hat die Auferstehung Jesu gesehen. Der Evangelist Matthäus erzählt, dass die Hohepriester die wachhabenden Soldaten bestechen, das Verschwinden des Leichnams aus dem Grab als Diebstahl der Jünger auszugeben. Alle Erscheinungsgeschichten stellen den Auferstandenen so dar, dass er zunächst nicht erkannt wird und nach kurzer Zeit auf unfassliche Weise verschwindet.

In Abgrenzung von der These der Erfindung der Auferstehung erklärt Paulus die Auferstehung vom Tod zum Ausgangspunkt und zentralen Inhalt des christlichen Glaubens, ohne den dieser umsonst, nichtig, leer wäre. „Gibt es keine Auferstehung der Toten, so ist auch Christus nicht auferweckt worden, ist aber Christus nicht auferweckt, so ist ja unsere Predigt leer, leer auch euer Glaube" (1. Kor 15,13f.).

Gegenwärtig wird die Kritik an der Auferstehung vom Tod innertheologisch am deutlichsten in feministischen Befreiungstheologien formuliert. Dabei fällt auf, dass der Glaube an die Auferstehung vom Tod häufig als Gegensatz oder Hinderung einer Auferstehungspraxis im Diesseits erscheint.

Demgegenüber plädiere ich dafür, den Glauben an die Auferstehung vom Tod, der sich auf das Jenseits des irdischen Lebens richtet, als Kraftquelle einer aufrichtenden und lebensermöglichenden Praxis im Diesseits zu begreifen. Eine mit Schwachen solidarische lebens- und lebensqualitätsfördernde Praxis kann durch den Glauben an die Auferstehung des Leibes vom Tod teilbekommen an einer Verheißung, die besonders Menschen Kraft und Stärke schenkt, deren Leib als schwach und unvollkommen gilt und deren Leib schwach und unvollkommen ist. Die Validität und die Überzeugungskraft des Glaubens an die Auferstehung des Leibes vom Tod können allerdings nicht universalisierbar erwiesen werden. Statt der Form eines Beweises oder universalisierbarer Aussagen eignen sich dafür die Kommunikationsformen des Plädoyers oder des Bezeugens.

I. Zur feministisch-theologischen Kritik der Auferstehung von den Toten

Innerhalb der feministisch-theologischen Diskussion der vergangenen Jahre wurde die Vorstellung einer Auferstehung von den Toten vielfach problematisiert und nicht selten verworfen. Sie steht unter dem feministisch-theologischen Verdacht, das leibliche Genießen des Hier und Heute und den praktischen Einsatz für das gute Leben irdischer Seelenleiber zu hindern. Ihr wird vorgehalten, sie sei androzentrisch und sinnenfeindlich. Manche erfahren das Bekenntnis zu dieser Hoffnung als Druckmittel, das andere auf sie ausüben und an dem ihre Christlichkeit gemessen wird. Die Kritik lässt sich in folgenden Motiven bündeln:

Projektion patriarchaler Machtwünsche

Wie im 19. Jahrhundert besonders von Feuerbach und im Anschluss daran vor allem in der psychoanalytischen Religionskritik wird in der feministischen Theologie der Vorwurf der Projektion formuliert. Galt er bei Feuerbach, der den Glauben an die Auferstehung als Gipfel und „Schlusslehre der Religion" begreift, der Verdrängung der menschlichen Sterblichkeit im Glauben an die Auferstehung, der den Menschen in seiner Endlichkeit von sich selbst entfremde,[2] bezieht die amerikanische Theologin Carter Heyward den Projektionsvorwurf auf die Einseitigkeit der Macht, mit der Gott den toten ohnmächtigen Jesus auferweckt. In dieser Macht erkennt sie ein zentrales Attribut eines Gottesbildes, das eine „Projektion des patriarchalischen Verlangens" darstelle, „die Welt zu beherrschen und zu kontrollieren".[3] Die Auferweckung setze eine von asymmetrischer Macht geprägte Gottesvorstellung voraus, sie impliziere ein hierarchisches und nicht-reziprokes Beziehungsmodell zwischen Gott und den Menschen und stütze damit Machtstrukturen von oben nach unten.

Stattdessen habe sich, so Carter Heyward, der jüdisch-christliche Gott als gerechte Macht in grundlegend gegenseitigen (mutual) Beziehungen zwischen Menschen sowie zwischen den Menschen und der Schöpfung gezeigt, die unmittelbar in diesen Beziehungen wirke und aus der Menschen in ihren Beziehungen Kraft schöpfen könnten.[4] Die Gegenseitigkeit fasst sie so weit, dass sie auch Menschen befähigt versteht, Gott vom Bösen erlösen zu können, wenn sie ihre ihnen von Gott geschenkte „Macht menschlicher Liebe" verantwortlich wahrnähmen.

Zynische Vorstellung der (All-)Macht Gottes
Bereits Carter Heyward nimmt Abstand vom Gedanken der Allmacht Gottes und problematisiert die Macht des Jesus auferweckenden Gottes. Die amerikanischen Theologinnen Joanne Carlson Brown und Rebecca Parker sowie daran anschließend die schweizerische Theologin Regula Strobel bauen im Zusammenhang ihrer theologischen Analyse der Gewalt gegen Frauen diese Kritik weiter aus. Sie werfen einer Gottesvorstellung Zynismus vor, nach der Gott Jesus erst rettet und auferweckt, nachdem er Folter und Kreuzigung ertragen und sein Leben verloren hat. Angesichts des Leidens Jesu stellen sie die Theodizeefrage. Ihre Kritik richtet sich sowohl gegen den Gedanken eines (all-)mächtigen Gottes, der seine Macht zu spät einsetzt, als auch gegen den Gedanken eines mitleidenden Gottes, der nur Jesus, nicht aber die anderen unschuldig Leidenden dem Tod entreißt.[5]

Abwertung des Lebens Jesu
Neben der Gotteslehre wird auch die Christologie im Kontext der Auferstehung feministisch-theologisch hinterfragt. Die zentrale Positionierung von Kreuz und Auferweckung in der Christologie und im christlichen Glauben dränge das Leben Jesu in den Hintergrund. Die konkrete solidarische Lebenspraxis des Jesu von Nazareth, von der die Evangelien erzählen, werde zu Gunsten eines abstrakten Christus des Glaubens abgewertet und die Christologie der Evangelien verzerrt. Dass Jesus vor seinem Tod gegenüber seinen Mitmenschen liebevoll, heilend, befreiend und solidarisch gewirkt habe und ihm deshalb Menschen gefolgt seien, mit denen er Beziehungen der Gegenseitigkeit gelebt habe, erscheine dann gegenüber Kreuz und Auferstehung irrelevant.[6]

Passivität, Jenseitsvertröstung und Marginalisierung von Aufstehgeschichten kleiner Leute
Obgleich die neutestamentlichen griechischen Begriffe zwischen „aufstehen" und „auferstehen" („anistemi" bzw. „egeirein") nicht differenzieren und somit eine Bedeutungsidentität von „aufstehen" und „auferstehen" nahelegen,[7] stelle die Auferstehung Jesu vom Tod mit seinem Leben vor dem Tod auch die Wahrnehmung der Gegenwart des lebendigen Jesu in

den Geschichten „kleiner Leute" in den Schatten, die die Erfahrung von Auferstehung in ihrer Lebenspraxis machten. Wie Feuerbach und Marx kommen feministische Theologinnen zu dem Schluss, dass die Auferstehungshoffnung als Jenseitsvertröstung Passivität fördere und ein Engagement für ein besseres Leben hier und heute damit verhindere oder zumindest entwerte.[8]

Marginalisierung von weiblichem Körperleiden

Auf ein weiteres christologisches Problem der Männlichkeit Jesu weist die schweizerische Theologin Doris Strahm hin. Der männliche gefolterte Körper Jesu am Kreuz verdecke die Leiden von Frauen in „Armut, Hunger, Krieg und Männergewalt", die mit ihren Körpern für das Leben, ihr eigenes und das ihrer Kinder kämpfen.[9] Ob die Auferstehung dieses Mannes auch die Befreiung von der Gewalt erhoffen lassen könne, das Frauen als Frauen erleiden, insbesondere der sexuellen Gewalt von Männern gegenüber Frauen, bleibt fraglich.

Sinnenfeindlichkeit

Die Tübinger Theologin Elisabeth Moltmann-Wendel beklagt die Sinnesfeindlichkeit der Auferstehungsvorstellung. Die Auferstehung des Leibes werde auf eine Befreiung des Leibes von Leidenschaften, von Sexualität und von Vergänglichkeit reduziert, das erscheint ihr als körperfeindlich sowie als Widerspruch zur Aussage der Schöpfungsgeschichte, alles sei gut geschaffen.[10] In der johanneischen Geschichte der Begegnung Maria Magdalenas mit dem Auferstandenen erkennt sie demgegenüber eine „Beispielgeschichte für die Auferstehung der Sinne", da Maria am Grab alle ihre Sinne mobilisiere: „Trauer, Schmerz, Verzweiflung, Sehnsucht und Liebe", die ihr die Wahrnehmung „ein[es] Licht[es] in der Tiefe, Gott[es] in der Erde" ermöglichen.[11]

Bekenntniszwang zur Auferstehung

Schließlich monieren einige feministische Theologinnen, dass der Glaube, in der die Auferstehung Jesu von den Toten vermittelt wird, bekannt werden *müsse*.[12] Das Bekenntnis könne anstelle einer Forderung nach einem der Auferstehung entsprechenden Handeln treten.

Gegenüber der Auferstehung vom Tod wird das Aufstehen im Leben vor dem Tod als Auferstehungspraxis entfaltet. Feministischen Theologinnen geht es ähnlich wie Feuerbach, Marx und Nietzsche darum, wie die Botschaft von der Auferstehung in der Praxis wirkt, insbesondere darum, welche Bedeutung sie im Leben von Frauen gewinnt. Im Unterschied zur nichttheologischen Religionskritik wird kaum bestritten, Jesus sei auferstanden. Wenige feministische Theologinnen wie z.B. Doris Strahm weisen darauf hin, dass die Betonung der Auferstehung im Leben die eschatologische Hoffnung der Auferstehung von den Toten nicht ausschließt.[13]

Dennoch wird feministisch-theologisch Auferstehung vorrangig und von nicht wenigen ausschließlich als Aufstehen bzw. Aufstand von Frauen und anderen Schwachen im diesseitigen Leben interpretiert, als Aufbrechen in Räume, die ihnen bisher verwehrt waren. „Auferstehung bedeutet", so die Schweizer Theologin Regula Strobel, „dass der Tod in jenen Momenten überwunden wird, in denen Menschen das Leben wählen, für das Leben einstehen, Todesdrohungen zurückweisen. Wenn Menschen sich für Gerechtigkeit, radikale Liebe, Solidarität und Befreiung entscheiden, passiert Auferstehung, werden Todesmächte entmachtet."[14] Auferstehung wird als Ereignis im Leben der Jüngerinnen und Jünger Jesu begriffen, die eine Bewegung auslösten, die sich bis heute fortsetzt.[15] Elisabeth Moltmann-Wendel postuliert überdies eine Auferstehung in die Sinne.[16] Die amerikanische feministische Theologin Rosemary Radfort Ruether und andere deuten Auferstehung vom Tod kosmisch, als Ende des Individiuums und als Rückkehr in die kosmische Materie, in die Mutter Erde.[17]

Dabei beschränken nicht alle feministische Theologinnen Gotteserfahrungen auf die Immanenz. Carter Heyward beispielsweise nimmt ein immanentes Verständnis von Transzendenz konstruktiv in Anspruch und beschreibt Gott als radikal transzendente Macht in Beziehung, „dessen Wesen gerade darin besteht, uns über die Grenzen unserer eigenen Haut in gegenseitige Beziehungen zu Schwestern und Brüdern zu tragen. [...] Wir waren nicht fähig zu erleben, dass diese Regung mit Gott verknüpft ist, dass sie von Gott ist und durch Gott Macht empfängt."[18]

Vier Thesen zur feministisch-theologischen Reflexion der Auferstehung, die als Problemanzeigen zu verstehen sind, sollen diesen Abschnitt abschließen und zugleich die weiteren Schritte vorbereiten.

1. Theologische Rede von der Auferstehung vom Tod hat sich den verschiedenen Verdachtsmomenten der Projektion, der Illusion, der falschen Versöhnung, der Vertröstung auf das Jenseits, der Verhinderung des Protests und der Liebe zum Diesseits, der Ablenkung von irdischen Freuden und körperlicher Lust zu stellen. Wenn der Auferstehungsglaube tatsächlich das Engagement im und die Liebe zum Diesseits einschließlich seiner Freuden verhindert, wenn er Illusionen erzeugt und ungerechte Machtordnungen in der Gesellschaft bestärkt, haben die alte und die neue Religionskritik Recht. Der dann geglaubte Auferstandene hat zum Gekreuzigten und seinem Leben vor seinem Tod keine Verbindung mehr, er ist nicht der Christus praesens, der anwesende, gegenwärtige Christus, der nach christlicher Überzeugung das Leben von Christinnen und Christen nach seinem Tod bestimmt und in dem sie sich verbunden fühlen. Aus diesem

theologischen Grund gehört Religionskritik einschließlich der feministischen Religionskritik zu den genuinen Aufgaben der Theologie. Das Kriterium dafür, was die Auferstehung bedeutet, dafür, dass sie nicht mit jedem guten Gefühl und jeder Kontingenzbewältigung gleichzusetzen ist, ist in der Person des auferstandenen Gekreuzigten zu finden. Nähe zu ihm bedeutet eine bestimmte Wahrnehmung der Welt und eine bestimmte Praxis, in der u.a. Menschen aufstehen und anderen Aufstehen ermöglichen.

2. Die Theologie muss sich allerdings darüber klar sein, dass die Argumente der Religionskritik theologisch nicht im Sinn einer Beweisführung widerlegt werden können. Begegnen kann die Theologie ihnen einzig im Modus des Bezeugens einer Wahrheit, an der die bezeugende Person Anteil hat. Sie kann allenfalls ein Plädoyer halten, eine Einladung aussprechen, sich auf ihre Wahrheit einzulassen.

3. Ein großer Teil feministischer Auferstehungstheologie minimiert oder verwischt zwei Differenzen, von denen ich meine, dass sie auch für Frauen höchst relevant sein können. Damit verstellen sich feministische Theologinnen in meinen Augen einen Weg zu der verrückten Verheißung von der Auferstehung des Leibes von den Toten, die schon vielen Kraft gegeben hat. Zum einen meine ich die Differenz zwischen einem neuen und ewigen Leben, das nach biblischen Aussagen nach dem wirklichen Tod kommt, und einem Wiederaufstehen im Leben vor dem Tod, von dem auch viele biblische Geschichten erzählen. Die neue Wirklichkeit, von der in der Vorstellung der Auferstehung vom Tod gesprochen wird, ist nicht nach menschlichem Maß gestrickt und nicht quantitativ und empirisch erfassbar, sondern alles in ihr wird nach biblischen Aussagen von Gott erneuert. Selbst der Tod wird nicht mehr sein, hofft schon das Jesajabuch. Die andere der ersten entsprechende Differenz ist die zwischen dem Handeln von Menschen, die sich gegenseitig unterstützen, und beim sowie zum Aufstehen helfen, und dem Handeln Gottes, der noch dort heilsam und neues Leben schaffend handelt, wo Menschen nicht mehr atmen und nichts mehr tun, nicht einmal mehr rezeptiv sein können, im Tod.

4. Aus der Perspektive des Glaubens an die Auferstehung Jesu von den Toten können Aufstehgeschichten als Gleichnisse für Geschichten der Auferstehung vom Tod verstanden werden.

II. Zum Modus der Rede von der Auferstehung

Die Historie, die empirischen Erfahrungen und die Vernunft lassen die Möglichkeit einer Aussage, dass einer, nachdem er tot war, auferstanden sei, und dass sogar alle vom Tod auferstehen werden, nicht zu. Die Ausgangsbasis einer Argumentation für Auferstehung von den Toten steht auf schwachen Füßen. Kein Mensch war Augenzeuge der Auferstehung. Die biblischen Geschichten lassen die Auferstehung erzählen, zunächst von

Engeln oder von Jesus, den Maria nicht sofort erkennt, dann von den Frauen, sowie von denen, denen er als Auferstandener erschienen ist. Die Auferstehung eines Toten oder mehrerer Toter bleibt nach unseren Erfahrungen das Gegenteil einer Erfahrung. Gestorbene leben nicht nach den Gesetzen der Empirie, nicht nach unserer Vernunft, nicht nach allem, was wir aus der Geschichte wissen.

Die Auferweckung ist auch kein besonderer Fall des Aufrichtens, die Auferstehung kein besonderer Fall des Aufstehens oder des Aufstands.[19] Vielmehr erscheint zumindest aus irdischer Perspektive die gestorbene Person vollkommen passiv. Was für alle irdischen Aufstehgeschichten vor dem Tod gilt, dass sie eine Aktivität oder zumindest eine aktive intellektuelle, körperliche und/oder psychische Rezeptivität seitens der aufstehenden Person erfordern, gilt von der Auferstehung der Toten gerade nicht. Einer, der gar nichts mehr tut, der nicht einmal mehr atmet, dessen Herz aufgehört hat zu schlagen, der klinisch nicht nur hirn-, sondern auch herztod ist, der im Fall Jesu bereits drei Tage tot war, lebt neu.[20]

Die Aussagen der Menschen über den Auferstandenen stimmen aber überein. Der Gefolterte, der am Kreuz Gestorbene lebt, der als Gotteslästerer und Staatsfeind zum Tod Verurteilte, den sie in seinem Leben so bewundert und geliebt haben, starb am Kreuz und wurde zum Leben erweckt.

Er hatte ihnen in seinem Leben Gottes Nähe gezeigt, sie geheilt, sie herausgerissen aus Zwängen, sie befreit zum Leben, aufgerichtet aus Unterdrückung, obwohl sie arm und ausgegrenzt waren, mit ihnen gegessen und getrunken. Damit war er gescheitert. In der Welt lässt sich die Liebe nicht zum obersten Grundsatz machen, dort gilt nicht primär, was Menschen brauchen, sondern was Menschen leisten. Dort (wie in der Natur) werden Unschuldige umgebracht, dort leiden Gerechte.

Dass Menschen es für wichtig hielten, die Geschichte Jesu festzuhalten und zu überliefern, dass die ersten Christinnen und Christen in seinem Namen zusammen das Mahl feierten, das sie an ihn erinnerte und mit ihm verband, dass sie die Botschaft von ihm weitervermittelten, liegt den Nachgeborenen unter der Voraussetzung vor, dass an diesen als den Auferstandenen geglaubt wurde. Alle neutestamentlichen Überlieferungen schauen von da aus zurück, dass für sie gilt, was den Frauen nicht geglaubt wurde, die es als erste bezeugten. Der Auferstandene lebt! Insofern bildet den Grundstein christlicher Theologie, dass Jesus auferstanden ist.

Eine Kausalität lässt sich sicher nicht ausmachen, ob die Überlieferung und die Bewegung der ersten jüdischen Christusgläubigen nur deshalb so stark wurden, weil er nicht nur als der geglaubt wurde, der heilte, der mit Ausgegrenzten aß und trank, der Menschen das Gottesreich verkündete und vieles mehr, sondern auch als Auferstandener. Keinesfalls aber sollte ignoriert werden, dass die Heilungs- und Sättigungsgeschichten, die Streitgespräche und Gleichnisse zugleich von dem erzählt werden, der später gekreuzigt und auferweckt wurde. Daher teile ich zwar diese Kritik an einer Theologie, die Jesus als Christus nur vom Kreuz und von der Auferweckung her interpretiert und halte die Berücksichtigung seines Lebens vor dem Tod und vor der Passion für christologisch wesentlich, beurteile aber eine umgekehrte Vereinseitigung als ähnlich problematisch. Der biblische Jesus ist immer auch der auferstandene und immer auch der gekreuzigte, er wird in allen überlieferten Geschichten als der verstanden, in dem sich Gott zeigt, in dem Gott handelt.

Dass der auferstanden sei, wie es mehrere übereinstimmend behaupten, und dass dies ihr Leben vor dem Tod grundlegend zum Guten hin verändert habe und ihnen und allen außerdem noch ein Leben nach dem Tod verheiße, klingt sehr merkwürdig, sehr unplausibel, sehr unfasslich, damals wie heute. Das einzige, worauf Christinnen und Christen verweisen können, sind die Aussagen und das Zusammenleben der wenigen ersten Zeuginnen und Zeugen, die inzwischen eine weltweite Bewegung entfacht haben.

Sie geben den Nachgeborenen die Auferstehung des einen vom Tod als Erfahrung weiter, die ihr Leben hier und heute verändert. Zugleich qualifizieren sie diese Erfahrung als einzigartig, als so einzigartig, dass sie alle Erfahrungen in ein anderes Licht rückt, dass sie alle Erfahrungen neu sehen lässt, dass sie das Leben und Sterben, das Heil und das Leiden aller Menschen und aller Lebewesen ver-rückt, zurecht-rückt. Alles wird neu und heil, so behaupten z.B. Paulus und der Verfasser der Apokalypse, wenn Gott so in die Welt kommt. Die Erfahrung, dass dieser lebt, verändert für sie den Lauf der Welt. Die Einzigartigkeit dieser Gottesbegegnung bewegt sie auf dem Hintergrund der jüdischen Überlieferungen dazu, aus ihr universale Schlüsse zu ziehen. Obwohl diese Erfahrung als Erfahrung überliefert wird, an der Menschen nach ihren Aussagen Anteil bekommen, bleiben für die, die subjektiv keinen Anteil daran bekommen haben, andere Erfahrungen unzureichend, um diese Erfahrung mit universaler Überzeugungskraft zu bewahrheiten. Was die, die an ihr teilhaben als Pfand, als Anzahlung auf das Ganze verstehen können, beweist den Zweifelnden nicht, dass die Instanz, die sie gezahlt hat, genug Vermögen hat, die verbliebenen Schäden auszugleichen und „das Ganze" zu bezahlen.

Die Wahrheit der Auferstehung kann daher wie der christliche Glaube insgesamt nur bezeugt oder bekannt, aber nicht vernünftig oder historisch eindeutig bewiesen werden. Solch ein Bekenntnis zum auferstandenen Christus ist auf absolute Freiwilligkeit angewiesen.

Kann der Glaube an diese Auferstehung gefordert werden? Kann Glauben überhaupt gefordert werden, und darüber hinaus das Bekenntnis dieses Glaubens? Was ist ein Bekenntnis? „Ein Glaubensbekenntnis spricht nicht aus, was ein anderer glauben *muss*, sondern was man selbst *glaubt*", schreibt Dietrich Bonhoeffer in seinen Briefen aus der Haft.[21]

Weil aber die Auferstehung von den Toten weder in menschliches Denken noch in die menschliche Geschichte noch in die menschliche Vernunft hineinpasst, und weil niemand je erfahren hat, was nach dem Tod kommt, können sich nachdenkende Christinnen und Christen nicht der Erkenntnis entziehen, dass alles menschliche Nachdenken über ein Leben nach dem Tod fragwürdig bleibt. Von der Bedeutung der Auferstehung kann nur gleichnishaft gesprochen werden. Damit wird die realitätsverändernde Bedeutung der Auferstehung nicht ausgeschlossen. Der Klang, in dem von dieser „neuen Wirklichkeit" gesprochen werden, bleibt jedoch nach üblichen Maßstäben schräg, fremd, „unrealistisch".

III. Die Auferstehung vom Tod nach Bildern des Paulus nach 1. Kor 15

Von dem, was nach dem Tod kommt, spricht das Alte und das Neue Testament in vielfachen Bildern. Exemplarisch möchte ich den Bildern des Paulus im 15. Kapitel seines ersten Briefes an die Korinther nachdenken. In diesem Text, dessen Einleitung Elisabeth Schüssler Fiorenza als Autorisierung individueller männlicher Auferstehungserfahrung beurteilt[22] und den Luise Schottroff als „vollständig androzentrisch" einschätzt,[23] entdecke ich Verheißungen, die für Frauen und für Männer gelten, und die sich m.E. besonders an Frauen und andere Personen mit „schwachen" bzw. „anderen" Leibern richten.[24]

Im Ersten Korintherbrief spricht Paulus die Zuversicht und Hoffnung aus, dass mit der Auferstehung aus dem irdischen Leib ein himmlischer würde, aus dem natürlichen sterblichen Seelenleib ein himmlischer, unsterblicher Geistleib. Ist diese Hoffnung tragfähig, noch heute, und auch für Frauen? Manche feministische Theologinnen verneinen dies.

Was besagt sie? Der durch Gottes „Ruach" (hebräisch für „Wind" „Atem", „Geist") erfüllte Erdleib, ein vielleicht schöner oder hässlicher, ein starker oder ein schwacher, ein verletzlicher, sterblicher Leib wird nach dem Tod in der Auferstehung von den Toten verwandelt werden in einen himmlischen und unsterblichen Leib.

Aus der Fülle der Bilder und Anstöße dieses Textes möchte ich fünf hervorheben.

1. Die Auferstehung ist eine leibliche

Im Unterschied zur hellenistischen und in der christlichen Tradition häufig vertretenen Vorstellung von der Sterblichkeit des materiellen und sichtbaren Leibes und der Unsterblichkeit des immateriellen unsichtbaren Seele erfasst nach Paulus die Auferstehung den ganzen Menschen. Leib und Seele oder Leib und Geist gehören so eng zusammen, dass sie zusammen sterben und zusammen neu leben. Von Beginn an bedeutet somit Menschsein, d.h. genauer, ein weiblicher oder ein männlicher Mensch zu sein, auch Leib und Seele zu sein. Nicht allein der Leib wird alt, dem man es ansieht und dessen Alterungsprozess körperlich nicht ignoriert werden kann. Die Seele hat teil an der menschlichen Vergänglichkeit. Auch sie wird alt und stirbt. Und der Leib wird mit der Seele auferstehen. Die Gemeinschaft am Ende der Zeit, mit Gott und mit den anderen Auferstandenen, wird keine reine Seelen- oder Geistergemeinschaft sein, sondern ganze leibliche Menschen werden auferstehen. Die Seele ist dem Leib nicht übergeordnet, nicht sie allein bietet dem Göttlichen im Menschen einen Wohnort, während sich im Leib die Sünde ausbreitet. „Wisst Ihr nicht, dass, so ergänze ich jetzt, gerade Eure Leiber Tempel des Heiligen Geistes sind?", so fragt Paulus im 6. Kapitel des Ersten Korintherbriefs. Wenn Gott in einer Person wohnt, dann wohnt er in ihrem Leib und in ihrer Seele, in ihrem Körper und in ihrem Geist, in ihrem Denken und in ihrem Fühlen. Und wenn die Sünde Macht über die Person gewinnt, dann ergreift sie deren Äußeres und deren Inneres. Paulus unterscheidet Leib und Seele, aber er denkt sie im Tod und in der Auferstehung zusammen.

Damit wird Paulus keineswegs zum Feministen. Problematisch für Frauen ist in diesem Zusammenhang, dass er nicht immer klar zwischen Fleisch und Leib differenziert. Das hat für Frauen gravierende Folgen. Denn da Fleisch bei Paulus vorwiegend für die Macht der Sünde steht, wird mit dem Fleisch der symbolisch weiblich besetzte Leib doch in größerer Nähe der Sünde als der männlich symbolisierte Geist lokalisiert. Dazu trägt bei, dass Paulus die Auffassung vieler zeitgenössischer Theologen teilt, die Frau habe durch ihre Erschaffung als zweite aus der Rippe des Mannes sowie durch den Sündenfall ihre Gottesbildlichkeit verloren. An die Stelle ihrer Gottesbildlichkeit setzt Paulus die Mannesbildlichkeit. Im 11. Kapitel des Ersten Korintherbriefes stützt Paulus eine Theologie, in der die Frau der Sünde deutlich näher steht als der Mann.

Einen Hintergrund für diese Auffassung könnte die Befangenheit des Paulus in zeitgenössischen Urteilen über sexuelle Normalität darstellen, die die Rollen des aktiven und des passiven Partners stark an das Geschlecht binden und daher Frauen auf passive Sexualität festlegen und gleichgeschlechtliche Sexualität diskriminieren. In der symbolischen und in der nicht-symbolischen Ordnung des Paulus stehen dann die Frau/das Weibliche, die Sexualität, das Fleisch/der Leib und die Sünde dem Mann/dem Männlichen, dem Geist, und dem Göttlichen gegenüber, demnach ist das Weibliche dem Männlichen unterzuordnen, wie Paulus im 11. Kapitel des Ersten Korintherbriefs erklärt.

In der Gleichstellung von Leib und Seele kann ein Potenzial zur Kritik an dieser frauendiskriminierenden Argumentation entdeckt werden. Die

Auferstehungshoffnung des Paulus hebt den Leib eigens hervor. Der zuvor als Tempel Gottes gewürdigte Leib wird auferstehen und am ewigen Leben teilhaben wie die Seele.

2. Der auferstandene Leib bleibt mein Leib

In einem zweiten Sinn verstehe ich die Auferstehungshoffnung als Trost und Stärkung für Frauen und Männer.

Obwohl eine Person ganz stirbt und damit ihre Identität im irdischen Sinn endet, ist sie es, der die Auferstehungshoffnung gilt. Sie wird als Ganze leiblich-seelisch auferweckt. Sie wird als sie selbst erkennbar sein. Wer aber kann ihre Identität bewahren? Anders als im irdischen Leben, in dem sie selbst in ihrer Geschichte lebt, kann nach dem Tod ihre Identität eine Zeitlang von anderen bewahrt werden, die noch leben. Aber selbst wenn eine Tote nicht erinnert wird, wird sie zwar verändert, aber noch als diese Person auferstehen. Gott bürgt für ihre Identität, wenn sie es selbst nicht mehr tun kann, wenn sie tot ist und auch dann, wenn sie nicht oder nicht mehr erinnert wird. Mit dem Tod ist das irdische Leben aus, aber laut der nach den Maßstäben irdischer Vernunft ver-rückten Hoffnung des Paulus, nicht das Leben einer Person. Aus seiner Perspektive kann die verstorbene Person von Gott her leben und neu leben, nachdem sie gestorben ist. Wie ihr Leben vor ihrer Geburt und von Gott her schon vor ihrer Zeugung begönne, endete ihr Leben nicht mit dem Ende ihres irdischen Lebens. Paulus hofft und glaubt, dass mit dem Tod die Geschichte Gottes mit der einzelnen Person nicht beendet sein wird, sondern dass sie weitergeht, dass Gott der verstorbenen Person die Treue hält, dass er ihre Identität bewahrt. Nach ihrem Tod sorgt er weiter für sie und schenkt ihr später am jüngsten Tag, dem Tag seines Rechts und seiner Gerechtigkeit, neues nicht vergängliches Leben.

Das bedeutet für jede und jeden: Auch nach dem Tod bleibe ich als ich selbst leiblich erkennbar. Mein Leib und meine Seele, ich selbst werde in Fülle leben, in der Gemeinschaft mit meinen Vertrauten und in der Gemeinschaft aller.

3. Der Leib zieht das Kleid der Sterblichkeit aus und das Kleid der Unsterblichkeit an

Paulus beschreibt das Neue der Auferstehung in mehreren Bildern, die die Kontinuität und die Diskontinuität verschieden betonen. Trotz der Unvereinbarkeit sind beide zusammenzudenken. Der Leib, der im irdischen Leben ein Kleid der Sterblichkeit trug, zieht ein Kleid der Unsterblichkeit an. Was im irdischen Leib alt wird, an Kraft gewinnt in der Kindheit und in der Jugend und an Kraft verliert in der Zeit des Erwachsenseins, das legt nun die Vergänglichkeit ab. Kommt damit die Zeitlichkeit des Körpers an ihr Ende, die ihn doch mitkonstituiert im irdischen Leben? Ist ein unverweslicher und „pneumatischer" Leib noch ein Leib?

Paulus geht davon aus. Ich verstehe es so: Die Wunden, die Narben und das Kranke ziehen ein Kleid der Gesundseins an, das Verletzte wird geheilt, die Angst wird verwandelt in Zuversicht. Die von Paulus formulierte Hoffnung richtet sich darauf, dass im neuen himmlischen Leibleben nach der Auferstehung heil werde, was in diesem irdischen sterblichen Leibleben nicht heil ist, nicht heil war und nicht heilen konnte, auf das Unabgegoltene, in diesem Leben weiter Schmerzende. Nicht mehr Krankheit und nicht mehr Tod und auch nicht mehr Gewalt und Unrecht werden Macht haben über die Leiber der Frauen, über die Leiber der Kinder, über die Leiber aller. Auch die erblindeten Augen werden wieder sehen, die tauben Ohren wieder hören. Die lahm gewordenen Beine und Füße werden springen, die verkrümmten Rücken werden aufgerichtet sein. Die zu früh Gestorbenen werden leben, die Verhungerten werden satt. Die Erschossenen, die Vergasten, die auf andere Weise Ermordeten, die tot Geborenen werden ihr Leben leben. So groß ist die Hoffnung. Sie schließt ein, dass am Ende der Zeit, nach dem Tod das Versehrte ganz werden möge. Gott bringt jedes Leben zurecht. Die unschuldigen Opfer bleiben am Ende der Zeit nach dieser Hoffnung nicht Opfer, ihre Narben – unabhängig davon, ob sie noch erkennbar sind wie bei Jesus zwischen seiner Auferstehung und seiner Himmelfahrt oder nicht mehr – werden nicht mehr schmerzen. Denen, die an ihrem Leib und an ihrer Seele gelitten haben, wird es mit ihrem Leib und mit ihrer Seele gut gehen.

4. Der Same der Schwäche wird verwandelt in eine Pflanze der Kraft

Weil Frauen im irdischen Leben mit dem Körper identifiziert werden und sich selbst damit identifizieren und damit auch in der Ordnung der sterblichen Körper benachteiligt werden, wird ihnen der Gewinn der Auferstehung des Leibes in besonderer Weise zuteil. Die irdische Leiblichkeit wird trotz aller Gleichheits- und Gerechtigkeitsregeln des gemeinschaftlichen Lebens noch immer weitgehend nach dem Gesetz regiert, dass sich das Stärkere durchsetzt und das Schwächere leidet. Schwache Körper werden auf Grund ihrer schwachen Körperlichkeit regelmäßig zu Opfern von Gewalt, das gilt für das „schwache" Geschlecht wie für alte, behinderte sowie krank und ausländisch aussehende Menschen. Die neue himmlische Ordnung ist nach anderen Maßstäben ausgerichtet, endlich. Dann wird gelten, was unter Christinnen und Christen im Geist schon in der irdischen Wirklichkeit gilt: nicht mehr die geltende Ordnung bestimmt die soziale Hierarchie, sondern weiblich und männlich, Sklave sein und Herr-Sein, Jüdisch-Sein und Nicht-Jüdisch-Sein wird gleichgestellt. An die Stelle der Schande tritt die Doxa, der Glanz, an die Stelle der Schwäche tritt die Kraft.

Dabei verwendet Paulus das Bild des Samens anders, als es die Biologie weiß, die eine Kontinuität zwischen Samen und Pflanze kennt. Paulus geht demgegenüber davon aus, dass zwischen dem Einsäen und dem Wachsen der Pflanze das Samenkorn in der Erde stirbt und neues, ganz anderes Leben aus der Erde hervorkommt. Die Wirklichkeit ist eine neue, andere, trotz einer Erkennbarkeit der alten Identität in der neuen kein Abbild der alten.

5. Die Auferstehung wird geschenkt

Die Auferstehung des Leibes nach dem Tod verheißt das neue Leben als ein Geschenk, nicht als Aufforderung zum Kampf. Manche bleiben ungetröstet, so viel sie auch tun und so groß sie auch hoffen. Die Krebskranken und die Aids-Infizierten, die trotz großer Anstrengungen und Investitionen arbeitslos und arm bleiben, denen der Traum einer großen Liebe versagt bleibt und der sehnliche Kinderwunsch unerfüllt, können dazu gehören. Genauso die in sich selbst unsicher bleiben, obwohl sie Erfolg haben, die jahrelang kämpfen um Anerkennung, die Heimatlosen, die auf der Flucht, die auf Grund von Verletzungen hart und verbittert Gewordenen, die verzweifeln auf Grund der Gewalt, des Unrechts und der Ermordung eines oder so vieler unschuldiger Opfer.

Ihnen allen gilt die Verheißung der Auferstehung von den Toten, auf ein gutes, gerechtes und glückliches Leben nach dem Tod. Vielleicht hilft sie ihnen sogar dazu, wozu sie im diesseitigen Leben aus sich heraus keine Kraft mehr finden, zum Trost schon im Diesseits, der seinerseits Kraft gibt zu Neuem schon jetzt.

Wenn Auferstehung das Aufwecken einer Person von ihrem Tod meint, dann muss sie, die keine Kraft mehr besitzt, überhaupt nichts, nicht einmal mehr ihr irdisches Leben, nicht das Geringste dafür tun. Auferstehung meint dann nicht zuerst, dass sie sich aufrichtet, sondern dass sie hinaufgehoben wird, dass sie transzendiert und herausgerissen wird aus ihrem Tod in ein strahlendes Leben, in ein Leben, in dem sie strahlen wird, weil sie von der Doxa, dem Glanz Gottes leuchtet.

IV. „Aufstehgeschichten" als Auferstehungsgeschichten deuten

So verstanden, nimmt die große und großartige Verheißung dem Tun und dem Genießen im Diesseits nichts weg. So verstanden, könnte sie vielleicht, hoffentlich, die Schwächsten und die Verzweifelten trösten, ihnen Kraft schenken. Die Auferstehung der Toten und ein Aufstehen im Diesseits müssen sich nicht widersprechen.

Von der Auferstehung Jesu vom Tod her können Aufstehgeschichten als Auferstehungsgeschichten verstanden werden, als Geschichten, die über das Leben vor dem Tod hinausweisen, die von der neuen Wirklichkeit schon zu schmecken geben. Der umgekehrte Weg, den manche feministische Theologinnen beschreiten, von den Aufstehgeschichten vor dem Tod auf die Auferstehung vom Tod zu schließen, erscheint mir als nicht tragfähig. Überdies steht er in der Gefahr, die Wahrnehmungsfähigkeit für die Kraft dieses Erbes, das die Bibel und die christliche Gemeinschaft weitergeben, zu blockieren.

Zwei Grenzen sind der Rede von der Auferstehung vom Tod gesetzt. Zum einen kann nach den Regeln der Vernunft vom Endlichen nicht auf das Unendliche geschlossen werden, vom Begrenzten nicht auf das Unendliche, von physisch verifizierbarer Wahrheit nicht auf metaphysische. Zum anderen haben Menschen die einzigartige, ihr Leben verändernde Wahrheit dessen erfahren, dass der Gekreuzigte lebt, und sie weitergegeben. Für die, die sich in diese Wahrheit hineinziehen lassen und die in sie hineingezogen werden, erschließen sich daher Geschichten des Aufstehens vor dem Tod als Bewährung, als Vorgeschmack, als Anzahlung der Verheißung der Auferstehung vom Tod. Einer nicht an dieser Wahrheit partizipierenden Perspektive kann diese Deutung von Erfahrungen des Aufstehens vor dem Tod allenfalls als Möglichkeit eines Hinweises erscheinen, mit demselben Recht aber als Zufall, als Schicksal oder als Ausnahme.

Zum ewigen Leben, zur in den biblischen Texten umfassend verstandenen Auferstehungsverheißung können Erfahrungen punktuellen Aufstehens von sich aus nicht durchdringen. Auch Schmerzen, Schrecken und Gewalt können allenfalls Hoffnung auf Besserung und Ganzheit und Sehnsucht nach Trost und Heilung wecken, nicht aber einen tragfähigen Grundstein legen für ein Vertrauen auf Erlösung. Ohne den überlieferten Gehalt der Verheißung reicht das menschliche irdische Aufstehen nicht aus, um alle Tränen abzuwischen. Aus christlicher Perspektive wäre solch ein Versuch eine Selbstüberforderung, die Annahme seines Gelingens eine Selbsttäuschung. Aus dieser Perspektive ist diese Überlastung aber auch nicht mehr notwendig. Sondern das Licht von der Erlösung, von der Auferstehung Jesu vom Tod und von seinen Zusagen, dass alle damit am ewigen Leben teilhaben werden, leuchtet bereits jetzt auf die Aufstehgeschichten und lässt sie als Gleichnisse der Auferstehung vom Tod (er-)scheinen.

Diesseits und Jenseits werden damit nicht dissoziiert, dies verkehrte die Wahrheit der Menschwerdung Gottes im Diesseits und machte den Erfahrungsgehalt dessen, dass der Gekreuzigte lebt, zunichte. Für die, die sich auf den Glauben an den Auferstandenen Gekreuzigten und an die „allen" geltende Verheißung der Auferstehung des Leibes vom Tod einlassen können, hat sich die Sicht auf das Leben, die eigene Person, die anderen Menschen und die nicht-menschliche Natur sowie auf die eigene Praxis grundlegend gewandelt. Sie leben in einer erneuerten Wirklichkeit, obwohl sie zugleich vor ihrem Tod noch in der alten leben.[25] Nach Martin Luther muss

Neue Wirklichkeit? 175

sich im Leben einer Person vor ihrem Tod der neue noch mit dem alten Adam auseinandersetzen, die neue mit der alten Eva. Getauft zu sein, heißt für ihn, täglich die Taufe, das Sterben-Lassen des Alten und das auferstandene Leben des Neuen zu üben.[26] Trost und ein Vertrauen auf die Verheißung der Auferstehung vom Tod können wachsen und fordern nicht selten Geduld.

Denen, die trotz möglicher Erfahrung leiblichen Aufstehens im Diesseits ungetröstet bleiben, kann die allein im Glauben begründete Verheißung weitergegeben werden, von denen, die an sie glauben können, denen es gelingt, ihr zumindest zeitweise ohne Beweis zu vertrauen, die in ihr Trost finden können. Sie lässt sich auch hypothetisch einnehmen, ausprobieren. Mehr nicht, soviel aber immerhin. Menschen, die ungetröstet bleiben trotz mancher Aufstehgeschichten in ihrem Leben und im Leben um sie herum sind die, die als Schöffinnen und Schöffen darüber zu entscheiden haben, ob sie sich dem Plädoyer für einen Glauben an die Auferstehung des Leibes von den Toten zumindest probeweise anschließen wollen. Wenn die Überlieferung recht hat, können sie begründet hoffen, Anteil zu bekommen an der neuen Wirklichkeit, deren umfassende Erfüllung noch aussteht.[27]

Anmerkungen

[1] Paulus steht in einer Tradition jüdischer Vorstellungsgehalte. Schon das Jesajabuch kennt die Verheißung, Gott werde den Tod vernichten, das Ezechielbuch malt aus, dass Totengebeine durch lebendiges Fleisch zu neuem Leben kommen. Im Alten Testament gilt Gott nicht nur als Herr des Lebens, sondern auch als Herr über den Tod. Mehrere jüdische Endzeitvorstellungen beziehen sich auf einen universalen Horizont. Die Überlieferung eines Kampfes der Völker und der kosmischen Gewalten steht neben der Überlieferung der gemeinsamen Völkerwallfahrt zum Zion.
Klaus Bieberstein entdeckt drei wesentliche Hoffnungsgehalte alttestamentlicher apokalyptischer Literatur: „die Option letztgültigen Heils als Ziel der individuellen Geschichte", „eine(r) immer weitergehende(n) Universalisierung" und „das Prinzip einer individuellen Vergeltung" (Klaus Bieberstein: *Der lange Weg zur Auferstehung der Toten. Eine Skizze zur Entstehung der Eschatologie im Alten Testament*. In: Sabine Bieberstein / Daniel Kosch (Hrsg.): *Auferstehung hat einen Namen. Biblische Anstöße zum Christsein heute. Festschrift für Hermann Josef Venetz*. Luzern 1998, S. 3–16, hier: S. 13. Vgl. außerdem Bernhard Lang/Colleen McDonell: *Der Himmel. Eine Kulturgeschichte des ewigen Lebens*. Frankfurt a.M. 1990).

[2] Ludwig Feuerbach: *Das Wesen des Christentums (Leipzig 1849)*. Stuttgart, 3. Aufl. 1969, S. 270.

[3] Carter Heyward kritisiert besonders die Vorstellung von Transzendenz innerhalb der problematischen patriarchalen Gottesvorstellung. Deren Problem sieht sie explizit nicht darin, dass „er als männlich dargestellt" werde, sondern darin, dass er widerspiegele, „was Generationen von religiösen Männern verehrt haben", und zwar „einen Gott, der oben steht", einen Gott, der „wusste wie es anfangen und enden würde", einen „allmächtige(n) Gott", dessen „Essenz seiner Macht […] Kontrolle" sei. „Dieser Gott maßt sich an zu wissen, was das Beste für die Untertanen ist; er ist der anmaßende Herr über Kinder und Sklaven".

Diesen Gott bzw. „Götzen", dessen Transzendenz Zwang und Herrschaft bewirke statt schöpferische und erlösende Macht in Beziehungen, hält Heyward für eine „Projektion von Männern, die festgefahren, ja einbetoniert sind in ihrer Erfahrung davon, was herrschen und beherrscht zu werden bedeutet" (Carter Heyward: *Und sie rührte sein Kleid an. Eine feministische Theologie der Beziehung.* Stuttgart 1984, S. 166f. [Orig.: *The Redemption of God. A Theology of Mutual Relation.* New York 1982]).

[4] Ebd., S. 49.

[5] Vgl. Regula Strobel: *An jenem Tag wurde in Jerusalem ein Auferstandener gekreuzigt. Aufständische Gedanken zu Auferstehung aus feministischer Perspektive.* In: Bieberstein/Kosch 1998, a.a.O. (Anm. 1), S. 29-36, hier: S. 31.

[6] Claudia Janssen beurteilt die Auferstehung in der Eschatologie Bultmanns so: „Auferstehung wird mehr oder weniger zu einem überzeitlichen Glaubensinhalt, zu dem Menschen auf Grund ihrer eschatologischen Existenz Zugang haben. Letztlich bleibt damit aber unbeantwortet, warum den Menschen in der Nachfolge Jesu die Rede von der Auferstehung wichtig war, warum sie sie entwickelt haben" (Claudia Janssen: *Auferstehung.* In: Benita Joswig / Claudia Janssen [Hrsg.]: *Aufstehen und Erinnern. Antworten auf Kreuzestheologien.* Mainz; erscheint: Juni 2000).

[7] Vgl. dazu z.B. Luzia Sutter Rehmann: *Vom Mut genau hinzusehen. Feministisch-befreiungstheologische Interpretationen zur Apokalyptik.* Luzern 1998, S. 141f.

[8] So z.B. Luzia Sutter Rehmann, in: dies. / Elisabeth Moltmann-Wendel / Ofelia Ortega / Ruth Habermann: *„Da muss doch noch Leben ins Leben hinein ..."* – *Frauen erzählen von Auferstehung.* In: epd dokumentation, 1999, Nr. 33 (*Kirchentag Stuttgart '99 [6]: Die Frauen schweigen nicht in der Gemeinde ... Beiträge aus der Feministisch-theologischen Basisfakultät*), vom S. 17-25, hier: S. 18; Strobel 1998, a.a.O. (Anm. 5), S. 31.

[9] Doris Strahm: *Manchmal stehen wir auf, stehen wir zur Auferstehung auf. Gedanken zur Auferstehung aus feministisch-theologischer Sicht.* In: Zeitschrift für Gottesdienst und Predigt, 2000, Heft 1, S. 7-11, hier: S. 11.

[10] Vgl. Elisabeth Moltmann-Wendel, in: epd dokumentation, 33/1999, a.a.O. (Anm. 8), S. 21.

[11] Ebd., S. 22.

[12] Vgl. Janssen 2000, a.a.O. (Anm. 6).

[13] Strahm 2000, a.a.O. (Anm. 9), S. 11.

[14] Strobel 1998, a.a.O. (Anm. 5), S. 34. Doris Strahm, in: Ina Praetorius / Doris Strahm / Luzia Sutter Rehmann: *„Manchmal stehen wir auf ..." Gespräch über Auferstehung.* In: Evangelische Theologie, 57. Jg., 1997, S. 225-241, Hier: S. 241.

[15] „Es gibt uns Kraft, wenn wir anerkennen, dass die Auferstehung kein Ereignis im Leben Jesu, sondern im Leben seiner Freunde war" (Heyward 1984, a.a.O. [Anm. 3.], S. 108). Die brasilianische Theologin Ivone Gebara interpretiert Auferstehung als Praxis der Jesus-Bewegung von den ersten christlichen Gemeinden bis in die Gegenwart; Ivone Gebara: *The Face of Transcendence as a Challenge to the Reading of the Bible in Latin America.* In: Elisabeth Schuessler Fiorenza: *Searching the Scriptures. A Feminist Introduction. Volume 1.* London 1993, S. 172-186, hier: S. 184.

[16] Moltmann-Wendel 1999, a.a.O. (Anm. 10), S. 21f.

[17] Rosemary Radfort Ruether: *Sexismus und die Rede von Gott. Schritte zu einer anderen Theologie.* Gütersloh 1985, S. 304; ähnlich Gebara 1993, a.a.O. (Anm. 15), S. 182f.

[18] Heyward 1984, a.a.O. (Anm. 3.), S. 168. Auch Gebara spricht in doppelter Weise von Transzendenz, als Erfahrung auf dem Grund des Geheimnisses unserer begrenzten Existenz und Transzendenz als ethische Erfahrung als Einladung, Leben als absoluten Wert zu leben. Vgl. Gebara 1993, a.a.O. (Anm. 15), S. 179.

[19] Ingolf Dalferth: *Der auferweckte Gekreuzigte.* Tübingen 1994, S. 77.

[20] Damit möchte ich nicht die Möglichkeit ausschließen, dass Tote und auch der verstorbene Jesus aus der Perspektive Gottes nach ihrem Tod aktiv und rezeptiv sein können. Ich beschränke mich auf irdisch Erkennbares.

[21] Dietrich Bonhoeffer: *Widerstand und Ergebung. Briefe und Aufzeichnungen aus der Haft.* Hrsg. v. Eberhard Bethge, Neuausgabe 1977, S. 376.

[22] Elisabeth Schüssler Fiorenza: *Jesus – Mirjams Kind, Sophias Prophet. Kritische Anfragen feministischer Christologie.* Gütersloh 1997, S. 194.

[23] Luise Schottroff: *Der erste Brief an die Gemeinde in Korinth.* In: dies. / Marie-Theres Wacker: *Kompendium feministische Bibelauslegung.* Gütersloh 1998, S. 574-592, hier: S. 591.

[24] Im Folgenden nehme ich Gedanken auf, die teilweise bereits in der Zeitschrift für Gottesdienst und Predigt (ZGP), 2000, S. 12-14, veröffentlicht wurden.

[25] Dass das neue todüberwindende „ewige" Leben, das Christinnen und Christen leben, im Diesseits beginnt, dass Gottes Geist bereits vor dem Tod „in uns" ist und sich daran erkennen lässt, dass das Leben von gegenseitiger Liebe bestimmt ist, überliefern bereits mehrere neutestamentliche Schriften, vor allem der Verfasser der johanneischen Schriften. Johannes legt Jesus das Wort in den Mund, dass er selbst die Auferstehung und das Leben sei. „Wer an mich glaubt, wird leben, auch wenn er stirbt, und jeder, der an mich glaubt, wird in Ewigkeit nicht sterben" (Joh 11, 25f.). Mit dieser Aussage korrigiert Jesus im Evangelium des Johannes Martha, die zuvor ihre Überzeugung geäußert hatte, dass die Auferstehung erst im Jüngsten Gericht stattfindet. Jesus stellt sich Martha als der vor, der bereits vor dem Tod, „jetzt", allen, die an ihn glauben, das ewige Leben schenkt. Sie glaubt ihm und spricht ihn an als den, der in die irdische Welt, ins Diesseits kommt. „Ja ‚kyrios', ich habe den Glauben gewonnen, dass du der Christus bist, der Sohn Gottes, der in die Welt kommt" (Joh 11,27).

Auch Paulus kennt zwei Dimensionen der Auferstehung und des neuen bzw. ewigen Lebens. Einerseits das „neue" Leben, das Christinnen und Christen laut Röm 6 mit der Taufe nach dem Tod des alten Menschen beginnen, und andererseits das „ewige" Leben nach dem Tod des irdischen Menschen. Er versteht die christliche Existenz als Neuschöpfung, als neue Kreatur, die schon im Leben der Christinnen und Christen präsent ist und formuliert darüber hinaus eine Hoffnung, die sich auf die Zukunft nach dem Tod richtet. Er hofft, dass die Leiber der Toten nach dem Tod als unvergängliche aufstehen werden.

[26] „Diese zwei Vorgänge, das Untersinken unters Wasser und das Wiederherauskommen, deuten auf die Kraft und Wirkung der Taufe, die nichts anderes ist als die Tötung des alten Adams, darnach die Auferstehung des neuen Menschen. Beides soll unser Leben lang in uns weitergehen, so dass ein christliches Leben nicht anderes ist als ein tägliches Taufen, das einmal angefangen hat und in dem immer fortgefahren wird" (Martin Luther: *Der Große Katechismus, 1529.* Bd. 1 der Calwer Ausgabe, Gütersloh 1982, S. 142).

[27] Ich danke Ilona Nord für hilfreiche kritische Anmerkungen zu einer früheren Textfassung.

Herausgeberinnen und Autorinnen

ULRIKE BAIL, geb. 1960. Studium der Evangelischen Theologie und Germanistik. Pfarrerin der Württembergischen Landeskirche. Mitarbeit am feministischen Forschungsprojekt „Hedwig-Jahnow". 1994 – 1996 Wissenschaftliche Mitarbeiterin im Fachgebiet Altes Testament an der Johann Wolfgang Goethe-Universität in Frankfurt a.M. Seit 1996 Wissenschaftliche Mitarbeiterin am Lehrstuhl für Exegese und Theologie des Alten Testaments und Biblische Hermeneutik der Evangelisch-Theologischen Fakultät der Ruhr-Universität Bochum. Promotion in Evangelischer Theologie zum Thema: *Gegen das Schweigen klagen. Eine intertextuelle Studie über die Klagepsalmen Ps 6 und Ps 55 und die Erzählung von der Vergewaltigung Tamars* (Gütersloh 1998).

SYBILLE BECKER, geb. 1966. Studium der Evangelischen Theologie, Germanistik und Pädagogik in Frankfurt a.M. und Heidelberg. 1993 – 1997 Wissenschaftliche Mitarbeiterin am Fachbereich Evangelische Theologie. Stipendiatin der Hessischen Lutherstiftung. Zurzeit Studienreferendarin in Frankfurt a.M. Arbeit an einem Dissertationsprojekt im Fach Religionspädaggik mit dem Arbeitstitel: *Leib und Geschlechtlichkeit als bildungstheoretische Elemente der Religionspädagogik*.

UTE GERHARD, geb. 1939. Promotion in Soziologie. Seit 1987 Professorin für Soziologie mit dem Schwerpunkt Frauen- und Geschlechterforschung am Fachbereich Gesellschaftswissenschaften der Johann Wolfgang Goethe-Universität Frankfurt a.M. Seit 1997 geschäftsführende Direktorin des Interdisziplinären Zentrums für Frauenstudien und die Erforschung der Geschlechterverhältnisse an der Universität Frankfurt. Mitbegründerin der *Feministischen Studien* und Mitherausgeberin von *L'Homme, Zeitschrift für feministische Geschichtswissenschaft*. Arbeitsschwerpunkte: Geschichte und Theorie des Feminismus, Sozialpolitik, Frauen und Recht. Jüngste Veröffentlichungen u.a.: *Frauen in der Geschichte des Rechts. Von der Frühen Neuzeit bis zur Gegenwart*, München 1997; *Atempause. Feminismus als demokratisches Projekt*, Frankfurt a.M. 1999.

ANDREA GÜNTER, geb. 1963. Studium der Philosophie, Germanistik und Katholischen Theologie. Promotion in Literaturwissenschaft. Freischaffende Referentin in der beruflichen Fort- und Weiterbildung, Dozentin. Habilitation in Philosophie über *Politische Philosophie und das Denken der Geschlechterdifferenz*. Aktuelle Veröffentlichungen: *Die weibliche Hoffnung der Welt: Die Bedeutung des Geborenseins und der freie Sinn der Geschlechter-*

differenz, Gütersloh 2000; *Frauen – Mystik – Politik in Europa*. Mit Beiträgen aus Spanien, Italien und Deutschland (Hrsg. zus. mit Verena Wodtke-Werner), Königstein/Ts. 2000.

GESINE KLEINSCHMIT, geb. 1970. 1989 – 1996 Studium der Evangelischen Theologie, Germanistik und Philosophie, 1996 Erstes Staatsexamen. Seit 1996 Wissenschaftliche Mitarbeiterin am Lehrstuhl Sozialethik des Fachbereichs Evangelische Theologie der Johann Wolfgang Goethe-Universität in Frankfurt a.M. Frauenbeauftragte des Fachbereichs. Arbeitet an einer Dissertation zum Begriff des „Selbst" in der feministischen Theologie.

CORNELIA KLINGER, geb. 1953. 1978 – 1983 Wissenschaftliche Mitarbeiterin am Institut für deutsche Sprache und Literatur der Universität Köln. Promotion und Habilitation in Philosophie, letztere wurde veröffentlicht unter dem Titel: *Flucht, Trost, Revolte. Die Moderne und ihre ästhetischen Gegenwelten* (München 1995). Seit 1983 ständiges wissenschaftliches Mitglied am Institut für die Wissenschaften vom Menschen in Wien. Seit 1993 Privatdozentin für Philosophie an der Eberhard-Karls-Universität Tübingen.

HELGA KUHLMANN, geb. 1957. Studium der Evangelischen Theologie. Seit 1990 Wissenschaftliche Assistentin für Systematische Theologie/Ethik an der Ruprecht-Karls-Universität Heidelberg. 1992 Dissertation über *Die theologische Ethik Albrecht Ritschls*. Seit 1998 Professorin für Systematische Theologie und Ökumene an der Universität Paderborn. Arbeitet zurzeit an einem Projekt über Selbstverwirklichung und Selbstliebe aus theologischer Perspektive.

LENA LINDHOFF, geb. 1962. 1982 – 1989 Studium der Germanistik, Philosophie und Kunstgeschichte in Frankfurt a.M. 1990 Magistra Artium mit einer Arbeit über Walter Benjamin. 1990 – 1995 Wissenschaftliche Mitarbeiterin am Institut für Deutsche Sprache und Literatur I der Johann Wolfgang Goethe-Universität in Frankfurt a.M. 1995 Promotion; Dissertation in Literaturwissenschaft mit dem Titel *Einführung in die feministische Literaturtheorie* (Stuttgart 1995). Seit 1995 Lehraufträge am Institut für Deutsche Sprache und Literatur I und kulturjournalistische Arbeiten unter anderem für das ZDF und den HR. Seit 1997 Arbeit an einem Habilitationsprojekt mit dem Arbeitstitel *Zwischen Hysterie und Androgynie. Konzepte weiblicher Autorschaft im 20. Jahrhundert*.

ILONA NORD, geb. 1966. Studium der Evangelischen Theologie und Publizistik in Frankfurt a.M., Mainz und Heidelberg. Promotion im Fach

Systematische Theologie/Ethik zum Thema: *Liebe, Individualität und Geschlechterverhältnisse. Georg Simmel und Paul Tillich in der Diskussion mit Andrea Maihofer und Anthony Giddens.* Kommunikationswirtin GEP. Zurzeit Vikarin der EKHN. Habilitationsprojekt im Fach Praktische Theologie an der Johann Wolfgang Goethe Universität Frankfurt a.M.

GURY SCHNEIDER-LUDORFF, geb. 1965. Studium der Evangelischen Theologie in Frankfurt a.M., Rom und Heidelberg. Promotion in Evangelischer Theologie. Pfarrvikarin der EKHN. Seit WS 2000/2001 Wissenschaftliche Assistentin an der Friedrich-Schiller-Universität in Jena. Habilitationsprojekt im Fach Kirchengeschichte.

ANNEDORE PRENGEL, geb. 1944. Promotion in Pädagogik. Professorin für Grundschulpädagogik im Fachbereich Erziehungswissenschaften der Martin-Luther-Universität Halle-Wittenberg. Aktuelle Veröffentlichung: *Vielfalt und gute Ordnung im Anfangsunterricht. Ein historischer Augenblick.*

ANTJE SCHRUPP, geb. 1964. Studium der Politikwissenschaften, Theologie und Philosophie in Frankfurt a.M. Promotion in Politikwissenschaften zum Thema: *Nicht Marxistin und auch nicht Anarchistin. Frauen in der Ersten Internationale.* Seit 1989 Redakteurin bei der Evangelischen Öffentlichkeitsarbeit in Frankfurt a.M. und freie Autorin für Rundfunk und Fachpresse.

Renate Jost/Ulrike Schweiger (Hrsg.),
Feministische Impulse für den Gottesdienst
1996. 256 Seiten. Kart.
DM 39,80/öS 295,–/sFr 39,80
ISBN 3-17-014009-4

Frauen aus unterschiedlichen Praxisfeldern stellen in diesem Band eine Auswahl aus der ungeahnten Fälle feministischer Projekte zum Thema Gottesdienst vor. Darüber hinaus gibt ein Verzeichnis nachschlagwerkartig Auskunft über die sich derzeit entwickelnden feministischen Projekte zum Thema Gottesdienst.

Ein Band, der Impulse gibt und Überblick schafft.

Die Herausgeberinnen: Dr. Renate Jost ist Pfarrerin und Studienleiterin am Frauenstudien- und -bildungszentrum der EKD; Ulrike Schweiger ist Vikarin im Spezialpraktikum ebenda.

Stephanie Klein
Gottesbilder von Mädchen
Bilder und Gespräche als Zugänge zur kindlichen religiösen Vorstellungswelt
2000. 228 Seiten mit 20 Farbabbildungen. Kart.
DM 39,90/öS 291,–/sFr 37,–
ISBN 3-17-016303-5

Es ist das Anliegen der Autorin, Wissenschaft und Praxis zu verbinden. Erstmals in der Kinderbibelforschung legt sie eine Langzeit-Bilderstudie vor und stellt die dabei entwickelten qualitativen Methoden verständlich dar. Eltern, LehrerInnen und ErzieherInnen gibt das Buch viele Anregungen, wie sie die religiösen Vorstellungen von Mädchen und Jungen verstehen und sie bei der Entfaltung ihrer Religiosität unterstützen können.

Die Autorin: Dr. Stephanie Klein ist Wissenschaftliche Assistentin an der Universität Mainz.

Kohlhammer
W. Kohlhammer GmbH · 70549 Stuttgart · Tel. 07 11/78 63 - 2 80

Andrea Günter (Hrsg.)
Feministische Theologie und postmodernes Denken
Zur theologischen Relevanz der Geschlechterdifferenz
1996. 168 Seiten. Kart.
DM 49,–/öS 358,–/sFr 45,50
ISBN 3-17-014008-6

Feministische Theologinnen haben seit Beginn der neuen Frauenbewegung vielfältige und weitreichende Analysen und Ansätze erarbeitet. Die deutsche feministische Theologie betreibt dabei vor allem mit soziologisch-psychologisch-befreiungstheologischem Blick Theologie. Philosophisch-systematisch-erkenntnistheoretische Arbeit wird noch zu selten geleistet. Eine Auseinandersetzung mit der sogenannten Postmoderne fehlt gänzlich. Hier liegt ein großes Defizit, denn im Zuge der Postmoderne ist das Denken der Geschlechterdifferenzen entstanden – die gegenwärtig wohl wichtigste Kategorie der feministischen Denkbewegung. Die Auseinandersetzung mit ihr bietet Lösungsansätze für drängende theologisch-feministische Fragestellungen.

Sybille Becker/Ilona Nord (Hrsg.)
Religiöse Sozialisation von Mädchen und Frauen
1995. 218 Seiten. Kart.
DM 39,80/öS 311,–/sFr 39,80
ISBN 3-17-013910-X

Welche religiösen Erfahrungen prägen Mädchen und Frauen in ihrer Entwicklung?
Wie spielen gesellschaftliche Vorgaben und christliche Tradition bei der Ausbildung einer religiösen Identität bei Mädchen und Frauen zusammen?
Welche Funktion nimmt dabei die christliche Erziehung ein?
Jungen und Mädchen bilden unterschiedliche Vorstellungen von Gott aus, eine je eigene religiöse Sozialisation. Diesen Zusammenhang von spezifischen Erziehungs- und Lebensbedingungen von Frauen und den christlichen Inhalten und Traditionen untersuchen die Autorinnen dieses Bandes.

Kohlhammer
W. Kohlhammer GmbH · 70549 Stuttgart · Tel. 07 11/78 63 - 2 80